張元濟 著
王紹曾
程遠芬 整理
趙統
王紹曾 審定

百衲本二十四史校勘記

南齊書校勘記

商務印書館
二〇〇一年·北京

圖書在版編目(CIP)數據

百衲本二十四史校勘記．南齊書校勘記、梁書校勘記、陳書校勘記/張元濟著；王紹曾等整理．—北京：商務印書館，2001

ISBN 7-100-03074-9

Ⅰ.百… Ⅱ.①張… ②王… Ⅲ.①二十四史-校勘 ②南齊書-校勘③梁書-校勘④陳書-校勘 Ⅳ.K204.1

中國版本圖書館CIP數據核字(2000)第19234號

百衲本二十四史校勘記
南齊書校勘記、梁書校勘記、陳書校勘記
張元濟　著
王紹曾等整理
王紹曾　審定

商　務　印　書　館　出　版
(北京王府井大街36號　郵政編碼100710)
商　務　印　書　館　發　行
中　國　科　學　院　印　刷　廠　印　刷
ISBN 7-100-03074-9/K·667

2001年10月第1版　開本787×1092　1/16
2001年10月北京第1次印刷　印張24 1/4
定價：38.00圓

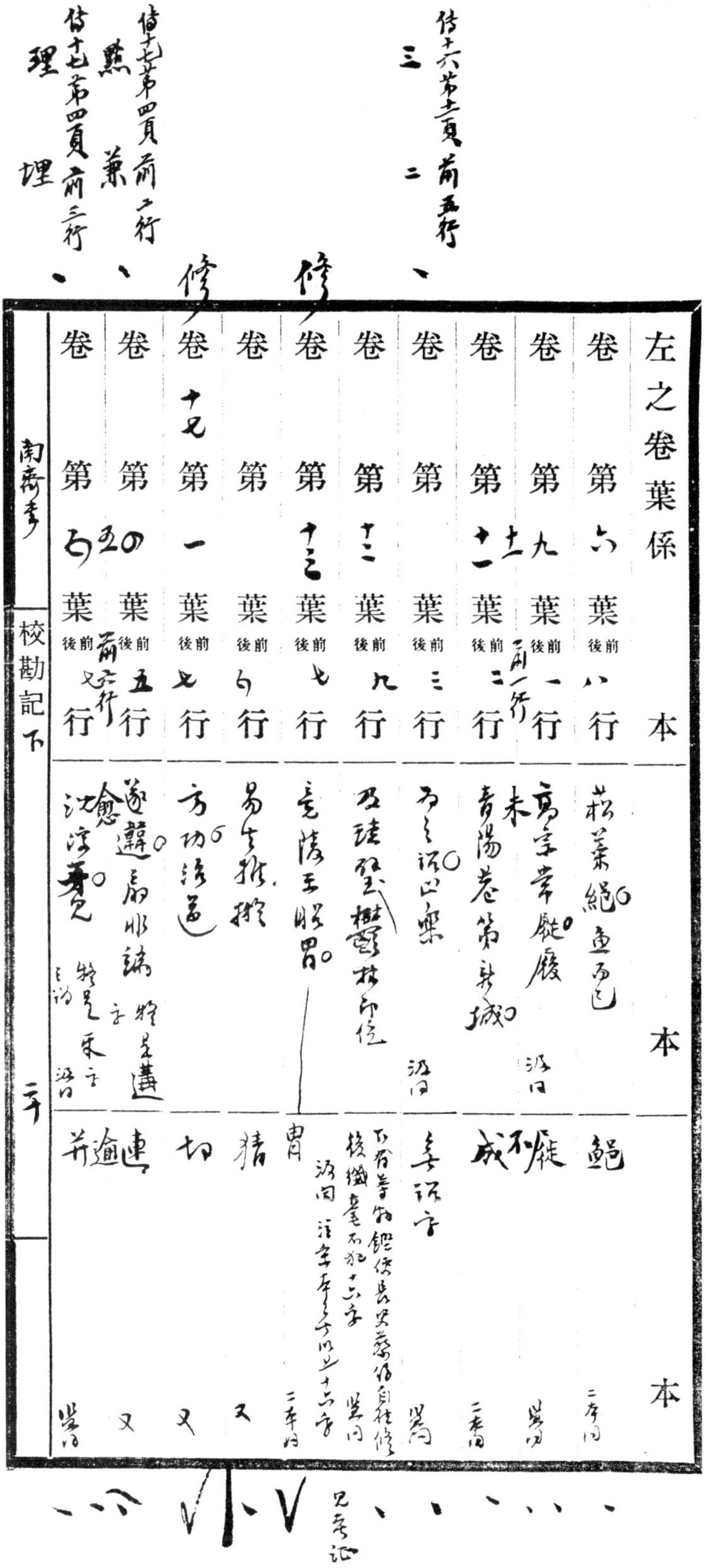

《南齊書校勘記》書影之一

（上闌爲宋本，下闌爲殿本）

張元濟手校原稿

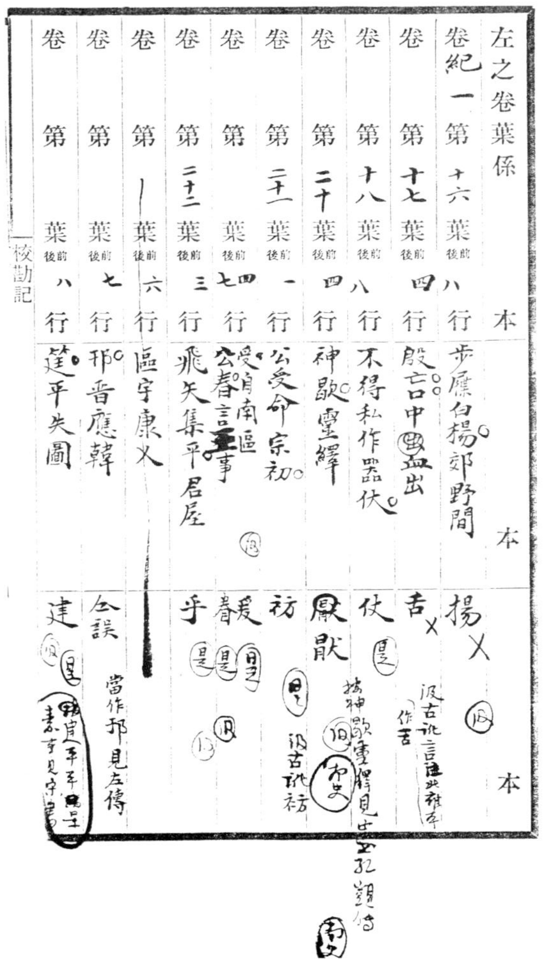

《南齊書校勘記》書影之二

（上闌爲宋本，下闌爲殿本）

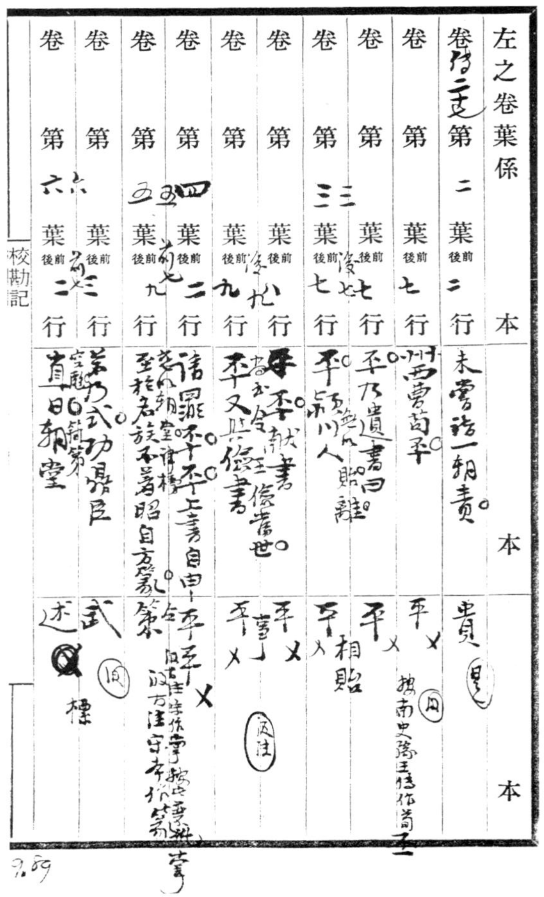

《南齊書校勘記》書影之三

（上闌爲宋本，下闌爲殿本）

目録

序

海鹽張菊生先生嘗慨今本正史之不可信，乃發重校正史之願，集宋元明善本之大成，輯印《百衲本二十四史》，沾溉海內外學人者多且廣矣。顧先生所撰校勘記百數十巨冊，以世變方殷，董理需時，至今五十餘年，迄未付梓，不獨學者引以為憾，且無以慰先生在天之靈。

猶憶龍於四十年代初應葉揆初文與先生之招，抵滬創辦合衆圖書館。時上海已成孤島，江浙藏書紛紛流散，揆文與先生率先倡議，網羅散佚，盡出篋藏，陳叔通、李拔可、陳陶遺諸公咸積極響應，於是庫藏之富，甲於東南。時《百衲本二十四史校勘記》稿本，由商務丁英桂君保存，龍以工作之便，幸得假觀。其中《史記》、《漢書》、《宋書》三種均為先生手稿，彌足珍貴。其他二十一種（《明史》原無校勘記，故實有二十三種。），均出自校史處同仁迻錄經先生審定者。眉端行間，率多先生斠語，蠅頭細書，朱墨爛然。亦間有錢唐汪仲谷、吳縣蔣仲茀兩先生所加按語，而為先生所認可者。大抵校勘記以《衲史》所據宋元明舊本為底本，校以武英殿本，復參校衆本。凡各本異文，雖一字之差，一筆之微，均網羅無遺。而先生斠語，每於異文是非，或取證本書，或旁稽他籍，所加案斷，咸能識其乖違，正其舛訛，並究其致誤之源。其諸本不誤而宋元舊本獨誤者，則亦未嘗曲徇。昔金壇段若膺論校勘之難，謂「非照本改字、不譌不漏之難，定其是非之難」。先生校史，不獨定異文是非，且援據衆本，擇善而從，融死校活校於一爐，自盧（文弨）、孫（星衍）、黃（丕烈）、顧（廣圻）以來未嘗有也。當有清乾嘉之際，治史校史之風浸盛，然如厲樊榭、全謝山、杭大宗等咸專治一史，自嘉定王西莊、錢竹汀並肩崛起，校勘全史，形勢為之一變。王氏《商榷》、錢氏《考異》，其博大精深，後人論之者衆矣。然王錢均以過人之精力，以推理校勘為主，而宋元舊本，未獲多見，故雖能舉其疑誤奪失而無所取證。王錢而後，百二十餘年間，治史校史者繼繼承承，但求其能彙集善本，通校全史者，則闃然無聞。先生生當中華文化存亡絶續之交，以搶救、弘揚傳統文化為己任，先後輯印《四部叢刊》、《續古逸叢書》，猶以為未足。於是廣採旁蒐，彙集善本，輯印《百衲本二十四史》。在創議之初，先生每獲善本，輒親自讎校，往往一校、再校而至三校，幾至廢寢忘食。一九二八年二月前，已校畢《宋書》、《南齊書》、《陳書》、《魏書》、《北齊書》、《新五代史》，一九二八年後，又續校《史記》、《漢書》、《晉書》、《南史》、《北史》及其他諸史。每校一史，先生必廣羅衆本，隨手記其異文，彙爲校記，然後比勘異同，拔取殊尤，如獲更勝之本，則舍去前者，有抽換至一而再者。惜先生校記原稿，除《史》、《漢》、《宋書》外，均未及見。夫校史之難，首在求本，善本難求，自古而然。先生獨不辭勞瘁，持以堅毅，「招延同志，馳書四出；又復舟車遠邁，周歷江海大都，北上燕京，東抵日本，所至官私庫藏，列肆冷攤，靡不恣意覽閱。耳目聞見，藉記於册。海内故家，聞風景附，咸出篋藏，助成盛舉」。此中甘苦，傅沅叔前輩知之最深，不有記述，後人將無由知成書之難與先生校史之勞。至考斠異文，篇帙浩瀚，先生所加斠語，少則一二字，多至數百言，無不執中至當，動中奥窾。其詣力所到，時與王錢諸人相發明，而精審且或過之。蓋先生以本校本，均以善本互校，故其改正謬誤，咸有依據，與王錢推理校勘有所不同。此誠王錢有志未逮之偉業，而必先生方有以成之也。惟令人深感遺憾者，先生校勘記二十三種，中華書局於一九六〇年點校《二十四史》久假不歸，逮一九八七年商務建館九十周年舉行先生誕生一百二十周年學術研討會，經龍及王紹曾先生多方呼籲，中華始於一九九〇年請還《史記》、《漢書》、《後漢書》、《三國志》、《宋書》、《南齊書》、《梁書》、《陳書》、《魏書》、《隋書》、《南史》、《舊唐書》、《新唐書》、《新五代史》、《金史》等十五種。一九九二年又繼續清倉，歸還《宋史》一種，共計十有六種，尚有《晉書》、《周書》、《北齊書》、《北史》、《舊五代史》、《遼史》、《元史》等七種迄無消息，無從追踪。此七種如果尚存天壤，則一旦延津劍合，實為史學界之幸事。今者商務印書館林爾蔚總經理，因校勘記為先生二十年心力所寄，倘不及時將現存十六種整理出版，恐將長茲湮滅。復以紹曾當年參與校史之役，爰將董理之事委諸紹曾。而校理之事，必學養兼備，不憚煩勞者庶克成之，則又非紹曾莫屬矣。現前四史即將付印。龍喜其觀成有日，俾世之治史者人手一編，受惠無窮，而先生之校史鉅著終得傳諸天下後世，豈能不額手稱慶哉！後學顧廷龍序。時年九十有二。

百衲本二十四史校勘記整理緣起

海鹽張菊生先生於三十年代輯印《百衲本二十四史》，海內外學人以其搜羅宋元舊本之廣，校勘之精，影印之工，裝幀之善，無不歎為觀止。其沾溉後生，有功史學，紹曾嘗於序先生年譜時發其端緒。竊以為先生於傳統文化存亡絕續之交，輯印《四部叢刊》、《續古逸叢書》、《百衲本二十四史》，為古今續命，世人類能言之，而不知先生之功，尤在校史。蓋自乾嘉而還，治史者頗不乏人，然自王西莊、錢竹汀後，校勘全史卓然有成者，惟先生一人而已。先生校史，先後垂二十載，每得善本，輒親自讎校，一史有一校再校而至三四校者，雖一筆之微，一字之差，亦必究其致誤之原。先生校史，務求還古人之真面目，于舊本不輕改，亦不曲徇。所撰跋文，辨版刻之源流，臚衆本之異同，定版本之精粗，雖清之盧抱經、顧千里無以過之。一九三○年衲史正式發售預約，然善本時有發現，必須反覆校勘，以定底本去取，先生以一人之力，日不暇給，爰於是年七月成立校史處。因就先生工作之便，賃屋於極斯非而路（現名萬航渡路）中振坊，與先生寓所望衡對宇，並委錢塘汪仲谷、吳縣蔣仲茀兩公為正副主任，以主其事。紹曾適畢業於無錫國學專修學校，以校長唐蔚芝師介，與同門錢鍾夏、趙榮長兩兄共預校史之役。校史處同仁約計十人，校勘之外，兼事描潤。每人每日均須填報工作，並將校勘記或描潤清樣，由仲犖先生向先生滙報。先生輒於當晚覆校，如發現問題，隨手批示或黏貼浮簽於上，例須於翌日上班前發還。一九三二年「一·二八」事變爆發，校史處暫行解散。是年秋恢復工作，校史處遷入先生寓所。紹曾等三人均因另有他就，未再復職，始終其事者惟仲犖先生及朱仲青等數人而已。大抵紹曾等所任者為以本校本，校其異同，或援先生囑付，以他本復查異文；或據指定參考書，摘錄考證文字。而辨析異文是非，則先由仲谷、仲犖兩公條陳所見，備先生參證。先生復親自釐訂，斟酌去取，或以本書前後互證，或以他書校本書，書眉上所加按語，往往蠅頭細書，朱墨爛然。可見先生校史之勤與功力之深。其中《史記》、《漢書》、《宋書》三種為先生手稿，尤彌足珍貴。顧校勘記因抗戰軍興，未及出版。胡適之先生早於一九二七年、一九三〇年兩次致函先生，建議校勘記必須早日發刊，並將校勘記附於每史之後，用以嘉惠學者。胡氏且以為如此則「庶幾一人之功力可供無窮人之用，然後可望後來學者能超過校史工作而作進一步之事業」胡氏所云，誠為篤論。然校勘記文字繁冗，董理需時，更值世變，能否付印，殊不敢言。故於一九三七年先生先就校勘記原稿，撮其領要，凡一百六十四則，輯為《校史隨筆》。迨一九五八年，先生雖在病中，猶敦促仲苐先生繼續董理校勘記原稿。經仲苐先生釐定，校勘記原稿凡一百七十三冊。其中定本二十種七十五冊，未定稿兩種十八冊，留供參考二十種七十四冊，共裝一木箱。可見先生始終謀求出版，及先生一九五九年謝世，又值商務專業分工，遂未暇顧及。一九六○年，中華書局點校《二十四史》，向商務悉數借用，久未歸還。一九八七年，先生誕生一百二十周年，在海鹽舉行學術研討會，紹曾在會上大聲疾呼，顧起潛先生在《我與商務印書館》一文中，亦力主校勘記必須整理出版，一九九○年中華書局始行歸還《史記》、《漢書》、《後漢書》、《三國志》、《宋書》、《南齊書》、《梁書》、《陳書》、《南史》、《魏書》、《隋書》、《舊唐書》、《新唐書》、《新五代史》、《金史》等十五種，一九九二年繼續從倉庫中清理出《宋史》一種（缺一冊）。其餘《晉書》、《周書》、《北齊書》、《北史》、《舊五代史》、《遼史》、《元史》等七種（《明史》原無校勘記）則已無從踪跡矣。先生二十年辛勤校史之成果，三分之一付諸東流，可勝浩歎。猶憶先生當年追尋薛居正《舊五代史》原本，知其書明清之際尚有存本，而近人歙縣汪氏亦藏有金承安四年南京路轉運司刊本，先生展轉尋訪，形諸夢寐，卒無所得，引為終身憾事。然則此七種校勘記之損失，先生地下有知，亦當為之不安。據紹曾蠡測，此七種校勘記，既未化為劫灰，則未必不在人間。倘一旦果能發現，延津劍合，失而復得，豈獨先生之幸，亦我國史學界之大幸也。

商務印書館林爾蔚總經理，於弘揚傳統文化，素具宿願，若干年來既將先生遺著，陸續付諸剞劂，並出版先生傳記、年譜，以《百衲本二十四史校勘記》為先生畢生心力所寄，且於史學貢獻至鉅，目前雖已遺失七種，僅存之十六種必須及早搶救，整理出版。因紹曾三十年代初曾預校史之役，而校史處同仁咸已物化，昔日侍坐先生獲聆緒論者惟紹曾一人。爰將整理校勘記事宜委諸紹曾。紹曾自惟學識譾陋，且年已老耄，何敢膺此重任。經商諸古文獻整理小組杜澤遜、王承略、劉心明諸君，俱願為此戮力分勞，並先後得程遠芬、趙統、李士彪、邵玉江諸同志響應，由紹曾總其成，並徵得顧起潛先生同意，最後請顧老審定。事既集矣，爰商定此十六種校勘記，分三個階段進行。第一階段為前《四史》，第二階段為魏晉南北朝六史，第三階段為隋、唐以下六史。先就校勘記原稿過錄，然後分別將衲本、殿本異文逐一覆核訂正。惟校勘記原稿，錯綜複雜，仲茀先生所謂「定本」，往往節刪異文，反不如所謂「留供參考」之本，較為翔實。蓋所謂「留供參考」之本，實係校勘記原本也。「留供參考」本名稱，有稱校勘記者，有稱「傳真舉疑」者（如《宋書》《梁書》），有稱「修版舉疑」者（如《南齊書》）。故過錄時既須以定本為主，又須參以「留供參考」之本。過錄前必須反覆核對，做到不錯、不漏。既保存校勘記原貌，又必須為之補缺、訂誤。良以校勘記出於衆手，先生當日亦未暇一一覆核，有摘句文字訛奪，或間有底本與殿本互倒者，有葉數行數不符者，有漏標校勘符號者，注文有未標出「注」字者，有批「修」而漏修者，有未批「修」而實已修者，類似情況，屢見不鮮。校勘記按語，有出自仲谷、仲茀兩公而為先生認可者，有出自先生或先生加批者，為統一體例，概逕錄於校勘記備注闌內，不再出按語姓名。現前《四史》已整理就緒，商務即將付印，今後陸續整理，陸續付印。先生多年未遂之宏願，終將見諸實行。此殆胡適之先生所謂「庶幾一人之功力可供無窮人之用，然後可望後來學者能超過校史工作而作進一步之事業」，先生亦將含笑於九泉矣。

抑尚有所申述者，先生校史，慎之又慎，紹曾嘗就《校史隨筆》中抉摘其義例為十五例。此十五例者，曰重闕疑，補闕脱，訂錯亂，釐卷第，校衍奪，斠臆改，證異文，辨誤讀，勘異同，存古字，正俗字，明體式，決聚訟，揭竄改，匡前修。（見《張元濟校史十五例》，載《文獻》一九九〇年第二期）今重讀先生校勘記，益證義例之嚴。其中斠臆改，揭竄改，先生尤三注意焉。然尚有一事未及闡發，即先生之慎校改。蓋先生深惡痛絶者，厥為明人刻書每多不知妄改。若宋元舊本確有明顯錯誤，殿本及諸本勝於宋元舊本，則亦未嘗不校改。清儒盧抱經嘗謂「古書流傳，譌謬自所難免，果有據依，自當改正」。又謂「書所以貴舊本者，非謂其概無譌也」。清初陸敕先校宋本《管子跋》亦謂「古今書籍，宋版不必盡是，時版不必盡非。然較是非以為常，宋刻之非者居二三，時刻之是者無六七，則寧從其舊也。余校此書，一遵宋本，再勘一過，復多改正。後之覽者，其毋以刻舟目之」。葉煥彬《書林清話》引敕先此跋，謂「然則前輩校書，並不偏於宋刻，是又吾人所當取法矣」。諸家持論，大抵與先生所見息息相通。先生於一九三○年九月五日致傅沅叔書，謂「承假宋刻《五代史記》，弟已校過，固有佳處，然訛字亦頗不少，且有甚離奇者，如「將兇」二字，誤作「狀元」。又謂「弟已將殘宋本及汪文盛本、劉氏覆宋本校過，將來尚擬取明監、汲古兩本再校。凡為諸本所不誤而此本獨誤者，擬將其字改正」。（見《張元濟傅增湘論書尺牘》第二四七頁）足證先生校史，其所以重視宋元舊本，並非因其「概無一誤」。先生可貴之處，不諱言宋本訛字，此與古今藏書家奉宋槧如金科玉律者迥然不同。然先生決不輕改舊文，必須一校再校，乃至四五校，凡為諸本所不誤而宋本獨誤，或諸本皆誤，獨殿本不誤，確鑿有據者，始將其字改正。其無所據依者，則寧從蓋闕。從現存十六種校勘記中觀之，此類校改，徧及諸史，不獨《五代史記》如此。以《史記》、《漢書》、《後漢書》、《三國志》為例，《史記》出校四千九百餘條，闌外批「修」者凡一千八百餘條，《漢書》出校四千四百四十九條，其中殿勝宋者七百零四條，義可兩通者二十二條，殿勝宋於闌外批「修」者二十條，殿勝宋原未批「修」實已修者七十三條。《後漢書》出校四千九百十四條批有「修」字者二百九十四條，其中批「修」已修者一百零四條，原未批「修」已修者一百九十條；原批漏修七條，誤修二條。《三國志》出校四千六百零五條，已修者為一千三百三十七條。總計前《四史》出校一萬八千八百六十八條，已修者三千五百二十四條。可見諸本不誤而宋本誤者約佔五分之一强，五分之四則宋本勝於諸本，而景祐本《漢書》殿本勝於宋本者，僅為六分之一强。以上情況，與陸敕先所云「宋刻之非者居二三，時刻之是者無六七」，大體脗合。校勘記闌外所批修字，均為先生所手批，如遇校史處同仁於闌外擅批「修」字者，即遭先生批評。蓋先生批「修」與否，須經反復推敲，務必參校其異同，斟酌其是非，未可鹵莽行事也。校勘記闌外，除批有「修」字外，尚有批「補」、「削」者，均係根據具體情況，採取不同處理方法。以校勘記核對衲本，一經處理，與原本字體毫髮不爽。無論改字或補字，均做到天衣無縫。此實整理影印古籍之極則，自晚清西法傳入中國以來未之有也。

此次整理，發現校勘記闌下有批「修」而實「漏修」者，有當年即已發現而加批「漏修」者。漏修之外，間有加批「誤修」者。所謂「漏修」，即應修而未修之字；所謂「誤修」，即宋本不誤而據殿本及諸本改字者。此類誤修之字，在《魏書》、《隋書》、《南史》校勘記內均附有《誤修字表》，《舊唐書校勘記》眉批：「誤修五十九條」，均在各條殿本闌內分別標明。先生之所以加批「漏修」、「誤修」，意在重印《衲史》時逐一改正，漏修者補修，誤修者回改。然一九五八年商務重印精裝縮影本時，先生已病重住華東醫院，仲芾先生亦已年邁，無能為力。此則先生始料所不及。現在校勘記即將付印，孰為漏修，孰為誤修，固彰彰明甚。於此益見先生襟懷之坦白，校勘之認真不苟，並世殆無其人。

或謂先生以宋元舊本影印《衲史》，若將宋元舊本誤字改正，則將無法保存宋元舊本之原貌。此實知其一而不知其二。夫宋元舊本之所以見重於世，無非因其刻印較早，錯誤較少。舊本既不能「概無一譌」，則誤者正之，缺者補之，實為實事求是之科學態度。昔王漁洋於《居易錄》中譏錢牧翁所定《杜集·九日寄岑參詩》，明知「兩脚」為「雨脚」之誤，竟不敢訂正，一仍宋本之誤，甚為可笑。若明知諸本不誤而宋本獨誤，猶必保存宋本舊貌，豈非陸敕先所謂「刻舟」之徒，不免重蹈牧翁之覆轍，而為漁洋所竊笑。或以為校本與影印本有別，校本以求是為目的，固當改字而出校記，以明所依據；影印本則以存真為原則，如確知宋元舊本有誤，當一存其真，而以校勘記揭示之。若逕行揣改，則將使讀者誤認為原本果無一誤字。竊以為此言誠是，然未可一概而論。清儒段若膺嘗謂「故刊古書者。其學識無憾，則折衷為定本以行於世，如戴東原師之《大戴禮記》、《水經注》是也。其學識不敢自信，則照舊刊之，不敢措一辭，不當据摭各本侈口談是非也」。（見《經韻樓集》卷十一《答顧千里書》）夫以張菊老之淹貫宏通，誠可謂學識無憾矣。先生既據宋元舊本影印，復校以衆本，折衷至當，取長補短，擇善而從，以定本行世，又何嘗不可。且所改之字，均一一見於校記，原本究屬何字，讀者不難明其底蘊。然則《衲史》之可貴，蓋在兼具校本與影印本兩者之長，當非淺學者据摭各本侈談是非者所可比擬也。

近人論校書之法，有死校，有活校。所謂死校者，據此本以校彼本，一行幾字，鉤乙如其書；一點一畫，照錄而不改，雖有誤字，必存原文。顧千里廣圻、黄蕘圃丕烈所刻之書是也。所謂活校者，以羣書所引，改其誤字，補其闕文。又或錯舉他刻，擇善而從；擇善而從，版歸一式。盧抱經文弨、孫淵如星衍所刻之書是也。斯二者，非清代校勘學家之秘傳，實兩漢經師解經之家法。先生校史，以死校為主，而參以活校。兼擅盧、孫、顧、黃之長而交相為用。羅各本之異同，存各本之真面；而又斟酌是非，擇善而從。此實集校勘家之大成，繼盧、孫、顧、黃之後而獨闢蹊徑。此十六種校勘記一旦公諸於世，先生校史之功不難一一覆按也。

一九九四年六月一日 後學王紹曾謹識

附《百衲本二十四史校勘記一覽表》

百衲本二十四史校勘記一覽表

書名	冊數	未定稿	定本	留供參考	附注
史記	6				附單頁九頁
漢書	11	11			未定稿中有宋校摘錄三冊
後漢書	7	7			內有一冊為後漢書劉氏校語摘錄
三國志	12		4	8	內有三冊為校勘記摘錄
晉書	9		4	5	遺失
宋書	6		2	4	
南齊書	3		1	2	
梁書	3		1	2	
陳書	3		1	2	
魏書	7		4	3	
北齊書	3		1	2	遺失
周書	3		1	2	遺失
隋書	4		2	2	
南史	7		4	3	
北史	9		5	4	遺失
舊唐書	15		7	8	
新唐書	14		6	8	留供參考中有跋材一冊
舊五代史	7		6	1	遺失
新五代史	5		2	3	
宋史	20		17	3	遺失定本一冊
遼史	4		2	2	遺失
金史	8		2	6	
元史	7		3	4	遺失
共計	173	15	75	74	遺失7種[illegible]冊

此表依據中華書局一九六〇年五月二十日借條並實際清點結果錄製

整理凡例

一、整理先按校勘記原稿過錄，然後進行覆覈。

二、過錄時以校勘記定本為主，參以留備參考之本。

三、過錄時概用衲本頁數、行數，填寫清楚、準確，如原校勘記間有誤填者，必須逐一改正。注文均須於「行」字下加「注」字，正文則不加「正」字。原校勘記如有加注「正」字而不加「注」字者，均須改正，以便統一體例。

四、校勘記原稿主要以殿本校宋元舊本（即上闌摘句為宋元舊本，下闌異文為殿本），間有以宋元舊本校殿本者（即上闌摘句為殿本，下闌異文為宋元舊本），宋元舊本校殿本為統一體例，必須一律以殿本校宋元舊本。過錄時先據殿本葉數行數，找出原文，然後與衲本覈對，改填衲本葉數、行數，並將摘句與異文互倒。

五、校勘記所用參校本概用小一號字填寫，版本概用簡稱。如汲古閣本稱「汲」，北監本稱「北」，大德本稱「德」，汪文盛本稱「汪」，孔繼涵校本稱「孔」。凡填入上闌者即同衲本，填入下闌者即同殿本。原稿中有「汲、德同」、「北、汪同」者，「同」字均可省去。

六、校勘記過錄時須按原稿在異文及衍文旁加「。」為記，倒文加「○○」為記，脱文加「＜」為記。原稿有應加而漏加者，均須增補。

七、校勘記摘句及異文過錄時必須逐條與衲本、殿本覈對，如發現原稿摘句與異文有錯誤或互倒時，均須逐一改正。過錄時如發現衲本、殿本確有異文但校勘記漏未出校，均須用另紙抄錄，作為校勘記補遺，附於校勘記之後。

八、校勘記原有朱墨筆批語，凡有關考辨異文是非者，均逐一迻錄於備注欄内。凡不同層次之批語加「○」間隔。校勘記批語，有出自張菊老者，有出自汪仲谷、蔣仲茀兩先生者，因校勘記由菊老總其成，不再標批語姓名，特殊情況，另行處理。批語内如有「宋勝殿」、「殿勝宋」或「義可兩通」者，亦須如式過錄。在校勘記宋元本欄内、殿本欄内用「×」表示異文是非者，迻錄時概用「宋是」、「宋訛」、「殿是」、「殿訛」或「殿疑訛」表示。如遇批語中引書有疑不能明之處，必須覈對原書，方可過錄。

九、校勘記欄外批「修」字或「補」字（間有批「削」字者）者，均須於備注欄内過錄。過錄時並須根據摘句及異文逐一覈對，以明衲本是否已修或已補、已削。如發現應修而漏修者，須於備注欄內加注「原批修、漏修」。如發現原未批修而實已修者，亦須加注。

凡校勘記欄外原批「漏修」或「誤修」者，則於備注欄內加注「原批漏修」、「原批誤修」。如校勘記原附有「漏修字表」、「誤修字表」者，除與原校勘記覈對加注外，並將原表過錄一份，附於校勘記之後。

十、校勘記過錄完竣，必須逐條覆覈訂正，統計出校若干條，批修者若干條，應修漏修者若干條，誤修者若干條，未批修而實已修者若干條，最後寫出整理說明。

南齊書校勘記整理説明

一、《南齊書校勘記》計定本一册、參考本二册。定本以殿本校宋本（即上闌摘句為宋本），汲古閣本為參校本，南監本及《南史》偶一及之。參考本第一册為張元濟先生手校原稿，分上下二卷。上卷以宋本校殿本（即上闌摘句為殿本），下卷以殿本校宋本。上下卷均以三朝本、南北監本、汲古閣本為參校本。二卷内容互不重複。卷首打印《南齊書後跋》，文字與衲史《南齊書跋》稍有出入，當係張元濟跋文初稿。第二册題《南齊書修版舉疑》，以殿本校宋本，三朝本、南北監本、汲古閣本為參校本。此册内容與前册稍有重複。此次整理以定本為基礎，而參以參考本，凡為定本所脱漏者（包括張元濟校語及參校本）均逐一增補，俾成完璧。校勘記定本及參考本均核定于民國二十七年六月，覆核于一九五八年五月十二日，下均署「苐」字。張元濟校勘記原稿校定于民國十六年十二月（見《張元濟傅增湘論書尺牘》第一八五頁）。《南齊書修版舉疑》當在民國二十年（一九三一年）《南齊書》付印前作為修版時參考之用，上距張元濟校勘原稿已在五年以上。

二、衲史《南齊書》所據底本係傅增湘藏宋蜀刻眉山七史紹興重刻元修本，校勘記簡稱「宋本」。對校本為清乾隆武英殿刻本，簡稱「殿本」。參校本為：三朝本、明南監本、明北監本、明末毛氏汲古閣刻本，分别簡稱為：三、南、北、汲。

三、原校記用紅格紙寫，自上至下分卷、葉、行、宋本、殿本各欄。今依式迻録。

四、原校記于宋本欄内摘出有異文字句，並于出校字旁加〇以資識别。再于殿本欄寫出殿本異文。參校本若與宋本同，則注參校本之簡稱于宋本摘句之下；與殿本同則注于殿本異文之下。今照式迻録。

五、張校原稿上卷係以宋本校殿本，葉數、行數均為殿本，今統一查明衲本葉碼，改以殿本校宋本，依宋本葉數行數散入校記。

六、書眉行間所有校語均鈔入備注欄内。校語不止一條者，以○間隔之。

七、衲史《南齊書》影印時曾對明顯訛誤且有版本依據，或板損墨污之字加以修補。校記上下欄外批「修」「補」等字，均係張元濟親批。其不應修者則批「不動」或「不修」二字。今將「修」「補」等字逐入備注欄内。查《南齊書修版舉疑》卷首，蔣仲茀先生對何字當修、何字不當修曾向張元濟請示，張元濟硃批云：「擬仍以可認為版損墨污者為限。嗣查三朝所誤多與此同。則由來已久，故又擬仍之。張元濟20/9/2」可見張元濟對修補之審慎

八、此次整理經覆檢衲史影宋本及殿本，其摘句偶有筆誤者，徑予改正。又有批「修」而實未修者，或未批「修」而實已修者，均于備注欄内加注。總計全書出校一五四九條，批修或「補」已修補者一五四條，批「修」或「補」而實未修補者十七條，雖未批「修」「補」而實已修補者四條。

正文

卷	葉	行	宋本	殿本	備註
目錄卷	六	前後四行	宣都王鑑。 三汲	鏗	鏗字疑是，見傳十六。
		後八行注	竟陵文宣王子良子く胄 三汲	有昭字 南	殿是，見傳二十一〇原批修，未修。
	七	後三行	江祏。 南	祐 汲	祐字疑誤，見傳二十三。
	十	後一行	沈麟士。 南北	驎 汲	按作子麟，傳文作驎
		後六行	韓係伯 南北汲	孫	孫字疑誤，見傳三十六
	十二	後九行	并與其深微□□□□□□□□ 無不盡也	之意而傳之小大精粗 南北汲	眉批：按本書每行十八字，此行存十字，空格八字。疑當作「者而傳之小大精粗」八字。
	十三	後七行	然顧以謂く不足以發難顯之情者	行「明不足以周萬事之理，道不足以適天下之用，智不足以通難知之意」，文二十八字 南北汲	按此句專承上「如還之文言」，故不及明道智三層。
		後八行	還圖有不能く達其情	行純字 南北汲	眉批：達其情即上文發難顯之情意

卷	葉	行	宋本	武殿本	殿本備註
紀卷一	二	前三行	徙爲威。烈將軍　南北汲	武	武字疑是，見宋書百官志上。○眉批：胡元進爲威烈將軍，見紀七、五葉前九行。
		後五行	諱。理民直亦不在武幹後　汲	承之　南	
		後五行	今擬爲兗州□□。檀征南詳	刺史　南北汲	疑「□□檀征南詳之」七字句。
			之		
	三	前六行	健與僞馮翊太守蒲早子。　南北汲	早	按宋書蕭思話傳作「馮翼太守蒲早子」，見考異
		後六行	諱。稟命先驅　汲	承之　南	
	四	前四行	梁土民思之　南北	士	士字疑誤
	五	後七行	與賊前鋒將程桿。孫曇瓘。	桿躍　南	躍字疑誤，見宋書孔覬傳。○汲作桿瓘
			等		
	八	後一行	蕭諱。當爲天子　汲	道成　南	
	九	前一行	加邑二百户　南北	食　汲	按太祖前封西陽縣侯，邑六百户，今加爲八百户也。○眉批：此世祖事。紀三：別封贛縣子邑三百户，不受○食字誤

卷	葉	行	宋本	殿本	備註
紀卷一	九	前後六行	更有窺窬之望。	伺覬 南	汲古訛「更有窺伺覬望」
		前七行	招聚亡命。	士衆 南北汲	殿本疑誤
		前八行	元徽二年五月舉兵於尋陽收略官民數日便辦。衆二萬人	得士 南	殿本疑誤○汲古脫「元徽二年五月」至「數日便辦衆」二十字○眉批：「衆二萬人」與下「騎五百匹」對舉。
		前九行	悉乘商旅船舫。南	艦	汲古作口
	十一	後五行	太祖秉燭正坐 三	祖	修
	十二	前三行	雖悔可追。南	何 汲	何字疑是
	十三	前四行	少有令譽	令 南北汲	令字疑是
		前八行	蕭諱有功於國 汲	道成 南	
		後六行	語左右楊玉夫	玉	本記十四頁亦作玉○修
	十四	後二行	太祖圍辭上台。即驃騎大將軍	命 南北汲	命字疑是
	十六	前二行	還至巳陵 汲	巴 南	巴字疑是
		後三行	秉從弟領軍韞。南北汲	韞	韞字疑是，見考證。
		後八行	步櫟白楊郊野間	楊 南北汲	楊字疑誤

卷	葉	行	宋本	殿本	本備註
紀卷一	十七	前後四行	殷亡口中血出	舌 南	舌字疑誤，汲古訛言。
	十八	後八行	不得私作器伏	仗	仗字疑是○三朝本挖改成仗○不動
	二十	前四行	神歆靈繹	歆 南北 汲 南史	按神歆靈繹見宋書孔覬傳。
	二十一	前一行	公受命宗初 三	祊 南北	祊字疑是○汲古訛祊○不動
		前四行	受自南區 汲	爰 南	爰字疑是○不動
		後七行	公眷言王事 三	眷 三汲	眷字疑是
	二十二	前三行	飛矢集平君屋	乎 汲	乎字疑是○三朝本微有勾形
		前六行	區宇康叉	乂 南北	修
		前七行	邗晉應韓 三	同誤	當作邘，見左傳、
		前八行	建平失圖	建 南北 汲	建字疑是
		後一行	諸憂麋梁沸	夏 南北汲	夏字疑是○汲古注宋本作憂
		後八行	蜂月豺聲	目豺 南北	豺字疑是○修目
	二十三	後三行	注哉邈乎	往 南北 汲	往字疑是○南史作注見考證
	二十四	前六行	內外之寄	寵 南北 汲	寵字疑誤

南齊書 校勘記 高帝上 四頁

卷	葉	行	宋本	殿本	備註
紀卷一	二十四	前（後）六行	命使持節	有令字 南北汲	
		前七行	授相國印綬	有公字 南北汲	
		前八行	持節兼司空副守尚書令	無副字 南北汲	
			贈慶		
		後一行	秩踰三鉉	事 南北汲	事字疑誤○眉批：三事，大夫；三鉉，司空。
		後二行	其以相國揔百辟。南	揆 汲	
		後五行	以公秉禮弘律	執 南北汲	
		後六行	民無異業	人 南北汲	
		後八行	百姓繁阜	行 南北汲	
	二十五	前九行	義感靈祇	祗 南北	祗字疑誤
	二十六	後三行	景和騁悖於前	騁 南北汲	騁字疑是
		後九行	遐邇寧謐	謐 南北汲	謐字疑是
	二十八	前二行	靈祇効祉	祗 南北	祗字疑誤
		前六行	難滅星謀	日蝕隕 南	殿本疑誤，見校語
		後六行	靈祇乃眷	祗 南北	祗字疑誤

卷	葉	行	宋本	殿本	備註
紀卷一	二十九	前六行	猶且隆替。 汲	贊 南北	贊字疑誤
		後六行	王。光改照	三 南北汲	三字疑是
		後九行	翱翔禮樂之揚。 汲	場 南	場字疑是
	三十	前一行	咸濟。仁壽之域 南北三汲	同誤	疑當作躋
		前三行	互象垂文。識當時有此寫	玄 汲	不動
		前七行	神祇。之眷如彼	祇 南北	祇字疑誤
	三十一	後四行	桓	桓	修
	三十二	後五行	策文難滅星謀 疑	無此校語	

卷	葉	行	宋本	殿本	備註
紀卷二	一	前後五行	皇帝臣諱。	道成　南	汲古口注道成宋本諱
		前六行	以命子諱。	道成　南	汲古口注道成宋本諱
		後一行	寔賴諱。匡拯之功	道成　南	汲古口注道成宋本諱
		後七行	敢不祗從。　汲	順　南	
	二	前六行	昔宋氏以陸夷有徵。　汲　南北	陵	陵字疑是
		後三行	賜民爵二級。	人　南北汲	
		後九行	宋晉熙王燮為陰安公　汲	有降字　南	
	三	後二行	諸責。釁流徙。普聽還本	負徙　衍土字　南北	「負釁流徙」見紀六第三頁後一行。
	四	前一行	流盡歲滋。拯遺弊	援	修
		後三行	辛。未詔曰	丁　南北汲	丁字疑是
		後八行	己。卯河南王吐谷渾拾寅奉	乙　南北汲	乙字疑是
			表貢獻		
	五	後六行	立皇太子諱。	賾　南	汲古口注賾宋本諱
	六	前二行	交阯比景。　汲	北　南	北字疑誤○按比景屬日南郡，見州郡志上。

卷	葉	行	宋本	殿本	備註
紀卷二	七	前三行（後）	末由旋反　（三）	末　汲	末字疑是
	八	前二行	制遣還本乚	衍土字　南北汲	
		前四行	以侍中西昌侯諱	鸞　南	汲古口注鸞宋本諱
		前六行	車駕幸樂遊宴會王公	苑宴　南	
			以下賦詩　汲		
	九	前七行	以冠軍將軍徐榮祖為徐	垣　南北汲	眉批：列傳九垣榮祖傳
			州刺史		無為徐州刺史事
		前八行	以河南王世子吐谷渾度易侯（汲南北）	易度	殿本疑是，見考證
	十	前九行	風道沾被	同誤	汲古北監並作沾
	十一	前二行	此制始自大明末得泰始乚	後　南汲	
			增其麗		
		前二行	留比罝主衣　汲	此　南	此字疑是

卷	葉	行	宋本	殿本	備註
紀卷三	三	前後八行	以司空豫章王嶷。為太尉	王 南北汲	本卷五頁亦作王○修
	四	後八行	委刺史以時察判。	判 南北汲	
	五	前二行	以衛尉蕭諱。為豫州刺史	順之 南	汲古口注順之宋本諱
	六	前二行	昌	昌	修
	九	前四行	竝加沾賚。	沾 南北	本卷二十二頁有沾卿二字○修
	十	前八行	進河南王度易侯為車騎將軍。 南北	易度	易度疑是
		後六行	太子詹事蕭諱。	順之 南北	汲古口注順之宋本諱
		後七行	皇太子諱。	長懋 南	汲古口注長懋宋本諱
	十一	後八行	車駕藉田。 汲	籍 南	
		後九行	夫耕藉所以表敬 汲	籍 南	
	十三	前三行	以西昌侯諱。為中領軍	鸞 南	汲古口注鸞宋本諱
	十四	後九行	寔此之曰。 南	是由	是字疑誤。汲古作寔。○
					由字疑是
	十五	前二行	良由圖法久廢上幣。稍寡 南北 汲	弊	弊字疑誤
		前八行	以中領軍西昌侯諱。	鸞 南	汲古口注鸞宋本諱
	十六	前一行	老落一斛	疾 南北汲	

卷	葉	行	宋本	殿本	備註
紀卷三	十六	前後五行	邊接疆場。	場　南北	
	十七	前二行	臨川王映薨。	王映　南北	王修王○映字疑是、見
					傳十六、
	十九	前四行	聽還其本。　南北	本土　汲	本土疑誤
		後六行	遣丹陽尹蕭諱。	順之　南	汲古口注順之宋本諱
	二十一	前四行	冠軍將軍主文和。	王　南北　汲	本書下頁亦作王○三朝明補本亦王，留此覓其誤之由來。不動
	二十三	前九行	悉與諱。參懷共下	鸞　南	汲古口注鸞宋本諱
	二十四	後三行	悉付蕭諱。優量驅使之	諶　南	汲古口注諶宋本諱
	二十五	後三行	中外寧如。	和　汲	和字疑是○汲古注宋本作如

卷	葉	行	宋本	殿本	備註
紀卷四	一	前後四行	尚書左僕射西昌侯諱。	鸞 南	汲古口注鸞宋本諱
	二	後一行	詔東西二省府國長老所積。	屯 南北汲	見校語
	三	後八行	車駕拜崇。安陵	景 南北 殿本疑是	眉批：高帝泰安陵，武帝景安陵。南史紀五「又多往文帝崇安陵」查齊無文帝，疑南史誤
	四	前七行	鎮軍大將軍諱。	鸞 南	汲古口注鸞宋本諱。
	五	後三行	以巽。已。宜戮	同誤 寘 南北	巳當作已〇批不動
	六	後七行	雜采相服。 汲	袒 南	按相疑當作袒〇眉批：衷其袒服以戲于朝，見左傳。
	八	後六行	東西二省府國長老一本長字作屯疑	無此校語	

卷	葉	行	宋本	殿本	備註
紀卷五	一	前二行	西昌侯諱。議立昭文為帝	鸞　南	汲古口注鸞宋本諱
		後四行	西昌侯諱。為驃騎大將軍	鸞　南	汲古口注鸞宋本諱
	二	前八行	王晏為尚書今。	令　南北	修○三朝本鈔配
	三	前九行	驃騎大將軍諱。假黃鉞	鸞　南	汲古口注鸞宋本諱
	四	前五行	宣城公諱。為太傅	鸞　南	汲古口注鸞宋本諱
	二	後一行	丁未。詔曰	未　南北	修

卷	葉	行	宋本	殿本	備註
紀卷六	二	前後六行	封宣城王邑五千巨。	户 南北	修
	三	前四行	用集賓。命予予一人 汲	寶 南	寶字疑是
		前五行	纘戎。大業	承 南北 汲	承字疑誤
		後八行	事非任王。	土 南北	土字疑是，見禹貢。批不動。
	四	後一行	諱。為隨郡王	寶融 南	汲古口注寶融宋本諱。
	五	前一行	孝子從。孫	順 南北汲	
	六	前四行	靜言日昊。三	昃 南北三朝汲	不動
		前六行	罔令游隋。 三 汲	惰	不動
	十	前一行	可詳滅。舊價	減 南北汲	
		後八行	闌。缺一畫	闌	修
		後八行	雖及。袂。避曠	反袂 南北汲	不動
		後九行	時祭舊呂。	品 南北汲	品字疑是
	十二	前二行	自。下蕭清	臣 南	汲注北雍本臣
		後五行	帝乃自至太官行氷。溝	水 南北汲	水字疑是○批不動
	十三	前一行	量物其必遠。 汲	遠 南	遠字疑誤

卷	葉	行	宋本	殿本	備註
紀卷七	一	前（後）七行	又詔雍州將士與虜賊死者。	戰　南北汲	戰字疑是
		後三行	詔研策秀孝。　汲	才　南	才字誤
		後六行	以冠軍將軍南康王諱。	寶融　南	汲古口注寶融宋本諱
	二	後六行	以為比徐州刺史	北　南北汲　三摺改	不修
	三	後一行	二年春正月壬子	二　南北	修
	四	前七行	五月乙巳。	巳	修
	五	前九行	以威烈將軍胡元進為廣州刺史　南北汲	武	見考證
		後三行	南康王諱即皇帝位於江陵	寶融　南	汲古口注寶融宋本諱
		後七行	秋七月癸巳。	巳	修
		後八行	奉建安王寶寅向臺。	向　南北汲	向字疑是。不動
	六	前三行	光祿大夫張瓌鎮石頭　南	瓌　汲	瓌字誤，見列傳五
	七	後一行	自江祐始安王遙光誅後　汲	祏　南	祏字疑是，見傳二十三
		後九行	置伏人防守　汲	伎　南北	伎字誤
	八	前二行	周遍京邑。　南北汲	逼	逼字誤
	九	後七行	朝我暮拔。	栽暮　南北	均修
	十	後七行	謂茹法珍曰。　多一樣三	謂　南北	不動

卷	葉	行	宋本	殿本	備註
紀卷七	十	前後七行	須來至白門前常。一決	當 南北汲	當字疑是
	十一	後二行	齊。仗千人 汲	齋 南	齋字疑是
		後七行	書。眠夜起如平常 三	晝 南北汲	晝字疑是
	十三	前三行	官車係晏。 南北	早	早字誤○係晏猶言相繼晏駕，承上文咸字言。
		後八行	流宄。道路 汲	竄 南	竄字誤，見後漢光武詔
	十四	前三行	干戈鼓譟。 汲	操	操字誤
	十五	後五行	青蕀疑	無此校語	
	十	後五行	封餘千。縣男 汲	干 南	

卷	葉	行	宋本	殿本	本備註
紀卷八	一	前後九行	奉梁王奉義。	舉　南北汲	舉字疑是
	二	前三行	可且討。宣城南琅邪南東海東陽臨海新安尋陽南郡竟陵宜都十郡	封　汲　三	封字疑是
		前六行	生者詳依舊典。	主　南北汲	主字疑是
		後二行	景	景	修○宋本欄內先注：疑避諱，未補。後批：無此諱字。
	四	前八行	晉安王寶義爲太尉。	太　南北汲	太字疑是

卷	葉	行	宋本	殿本	備註
志卷一	一	前六行 後	太尉用。廣撰舊儀	胡 南北 汲	
	六	前六行	或。於前郊年或別始	仍 南北 汲	仍字疑是
		後一行	始祠。五帝 南 汲	時	時字誤
	七	前七行	虞。祭明堂 汲	虞 南	虞字誤○汲古祭訛癸○眉批：按禮，既葬反哭後之祭曰虞祭。
		後六行	以。正月又祭天以祈穀 汲	於 南	於字誤，承上文以冬言。
	十三	後三行	瓦殿之與。惟宮 三 汲	帷 南北	帷字疑是○不修
	十四	後八行	皆以孟夏得。雨報太牢 南汲北	而	而字誤
	十五	後一行	其廣。論仍以四為度	輪 汲	輪字疑是○眉批：以周員故曰輪。
		後四行	孟夏雩。禜祈甘雨	祭 南	汲古作禜。
	十六	後四行	祀。部郎何佟之議 汲	祠 南	祠字疑是
	十七	前五行	大德配。象生肅云	王 南北	修
	二十一	前五行	至於諒闇之內。面圖婚	而 南北	修
	二十三	前四行	薦宣帝麪起餅鴨臛。 汲 南北	臛	臛字疑是。

卷	葉	行	宋本	殿本	備註
志卷一	二十三	前後四行	孝皇后笱鴨卵。脯醬炙白肉	卵 汲	
		後三行	光武八。簋簒 三	入 南北汲	入字疑是
		後五行	輙荷。舊宅 汲	祀 南	荷疑祠之訛
		後七行	甲。家人禮	申 南北汲	不動。申疑是用字，參看本頁前八行
					見前八行。
	二十四	後五行	故鎮東將軍陳顯達。	達 南北汲	達字疑是
	二十五	後五行	上公年。大裘玉輅	有 南北汲	有字疑是。不動
	二十六	前六行	竝置。百官 似係缺筆	置	修。宋本欄內批：無關係.
	二十七	前五行	其昭成哀和從。五君 三 汲	順 南	
		後六行	而追。以一謁兼敬 南北汲	返	
	二十九	前三行	諸執事西。向立南爲上 汲	面 南	面字誤
		前八行	陰氣。向北則宜向南	在 汲 南北 有位字 汲	在字疑是。不動
	三十	前九行	斯蓋始入之別。位兆接對之	非 南	
			時也 汲		
		後一行	社祭上。而主陰氣	土 南北汲	土字疑是
		後五行	餘祀雖亦地祇。之貴	祇 南北	祇字誤

卷	葉	行	宋本	殿本	備註
志卷一	三十	前後九行	自當如静。此言	静 南北	静字疑是○汲古北監如
					並訛加○指黍静]○不動
	三十二	前六行	自四望以止。	上 南北汲	上字疑是○批修未修
		後一行	莫不尊泰。矣。地	奉天 南北汲	殿本疑是○不動
	三十三	前七行	日月禮次天地敬。朝以之分	故有二字 南北汲	殿本疑是○不動
	四十	後六行	主人冠者之口。父兄也 汲	無口 南	
	四十二	後二行	年代汙。隆 三汲	汙 南	汙字疑是
		後八行	詳許。於經文 三汲	記	
	四十三	後一行	嘉禮實童。	重 南北汲	不動
	四十五	後七行	會天淵地。	池 南北	池字疑是○不動
		後八行	夫。淵池南石溝引御溝水	天 南北汲	天字疑是
	四十六	後三行	今據禊為田。水事 汲	曲 南	曲字疑是
		後九行	自東華門馳皇。神虎門 汲	往 南	
	二	後六行	明年春。禘	春 南北	修
	七	後七行	則析。穀也	祈 南北	修

卷	葉	行	宋本	殿本	備註
志卷二	一	前九行 後	今遷祔葬。廣有虞以安神 汲	廟 南	按廣疑庿之訛
	一	後五行	晉民。脩復五陵 汲	氏 南	氏字疑是
	二	前四行	於居宮。之所屬寧二日半	官 南北汲	不動
	五	前五行	經紀。之旨 汲	記 南	記字疑是，經記無聞，見六葉後二行
	六	後二行	相侍。之義 汲	待 南	待字疑是，應待聞喜
					「不見前五行」
	八	前七行	正。服暮制 汲	止 南	
	九	前七行	行奉慰之禮詔 三	有可字 南北	殿本疑是，不加
		後二行	干。時江充議云 汲	于	修
	十	後九行	方今聖曆御字。	宇 南北汲	宇字疑是
	十一	前二行	以引進。遠之慕 汲	追 南	追字疑是

卷	葉	行	宋本	殿本	備註
志卷三	一	前一行 後一行	孔義學者	肆 南北汲	
	三	前五行	泯祇合祉 南北	祇	眉批：疑泯祇當作泯祇
		後五行	權火通 汲	爟 南	按權爟通用見後漢郊祀志
	四	後二行	我皇崇暉祚 缺筆	崇	補
	五	後三行	皇帝八壇 三	入壇 南北汲	殿本疑是○不動
		後七行	靈正丹惟 汲	帷 南	
	七	前五行	石北郊歌 南	右 同 汲	右字疑是○按歌下當有辭字
		後五行	九言得木 南北汲	水 南北	水字疑誤
		後六行	則應朱八火七也	木	木字疑是，月令木數八 不動 見七葉前九行
	八	後二行	蕭肅嚴宮	肅 南北汲 明刻槎	肅字疑是○不動
		後三行	星靈降止	皇	修
		後四行	依徽昭且 三 汲	旦 南	不修
	十一	前六行	水言孝饗	永 南北 三槎補	永字疑是○ 不動

卷	葉	行	宋本	殿本	備註
志卷三	十二	前後七行	三代解途 汲	祇 南	祇疑當作祇
		前八行	王鑲息節 三	玉虡 南北	汲作玉鐻○不修
	十三	後九行	雨龍既御口炎精来	雨 南北	按宋本每句均上四字下三字中空一格，殿本不空格，南同殿。
	十四	前四行	右歌赤帝數七火成 汲		
		後五行	右歌白帝數九金成 汲		按宋本每句均上四字下五字中空一格，殿本不空格，南同殿。
	十六	前五行	俱説祭饗神明禮樂之盛 三 汲	俱	俱字疑誤○不動
		後五行	時有雨王韻而轉 三	三 南北 汲	三字疑是○不動
	十七	後七行	芬俎且陳 三	具 汲	且字可通○不動
		後八行	分熠星晳 南北 汲	晳	晳字疑是
	十八	前二行	迎神奏昭夏樂辭	有歌字 南	殿本疑是○汲古有歌字，無辭字
		後三行	太祝祼地奏登歌辭 汲	大 南	大字疑誤，見百官志
	十九	前九行	三清既陳 南北 汲	二	二字誤
	二十	後七行	人祇毖	祇 南北	祇字誤
		後八行	福無届 祚無疆 汲	祚福 南	

卷	葉	行	宋本	殿本	備註
志卷三	二十二	前後六行	大。似嬪周		應作太，但各本均作大
	二十六	後四行	俯仰觀玉。聲	王 南 汲	王字疑誤
		後七行	五王。既獻 三 汲	玉 南	玉是。本卷廿八頁後五行有五玉二字，監本同。不修
	二十七	前七行	仁繹。敷	澤 南北 汲	澤字疑是。不動
	二十八	前八行	仁。景祚 汲	介 南	介字疑是
	二十九	後一行	導忘。和聲 三	志 汲	張校先批修，傳真學疑上又批不動，衲本仍作忘
	三十四	後五行	貪汙。殺戮 南	汙 汲	不動
	三十六	後四行	趨步明月舞瑤堂。 汲	裳 南	裳字誤。按宋書樂志四作璫
		後七行	將流將引雙。度行 汲	雁 南北	度行，按宋書樂志四作雁翔。
		前後行			
	三十一	後八行	宴享所秦。	奏 南北	修

南齊書

卷	葉	行	宋本	殿本	備註
志卷四	二	前後三行	熒惑守南斗已	有斗成二字	宋本欄内注：上空二格。批：此是板破，或是書撕破了。○下邊欄批：當然要加○修
		前四行	孝建三年十二月一日	有月字	宋本欄内注：上空二格○下邊欄批：要加○修
	五	前一行	弱到亥時月蝕起東南七分之二至子時光色還復 三	無此二十字 南北汲 ~~買本二行[illegible]~~	殿本疑是○宋本欄批：與前一葉重複。○不動
	七	前九行	日暈帀○黄白色 汲三	帀 南	一帀是○本頁六九行均有此字○不修
	八	後二行	戍寅○ 三	戊	戊字疑是○不修
		後九行	日於倉○白雲中 三	蒼 南北	不動
	十四	前三行	日行在畢左股 汲	月 南	月字疑是
	十八	前七行	又八○東井曠中	入曠 南北汲	二十一頁又見作入○不動 作曠○殿本疑是
		後一行	十二月庚寅□□在歲星東南八寸	月行 南北汲	

卷	葉	行	宋本	殿本	備註
志卷四	二十一	前三行（後）	日。行在營室度 汲	月 南北	月字疑是
		前四行	月入畢在右股大赤星西。北六寸	左 南北	左字誤。按星圖畢只有大赤星一，見考證。
		前六行	月行大。微	太 南北 汲	太字疑是口不動

卷	葉	行	宋本	殿本	備註
志卷五	一	前後九行	五星相犯列宿雜災。	脱災字 南北	
	六	後四行	丁卯太白從行在口閉星西	揵 南北	宋本欄内批：板破○下
			北六寸爲犯 閉上空一格 版破		自邊欄批：要加○修
	八	前五行	熒惑犯氐。南星 南	亢	汲古訛受
	九	前七行	辰星去太白五尺三星。爲	寸 汲	
			合宿		
	十一	後九行	同在婁度爲合〻 南北	有宿字 汲	
	十三	前四行	同在虛度爲合〻	有宿字 南北 汲	
		前六行	在泣星西一尺五寸爲合〻	有宿字 南北 汲	
	十四	前六行	填星守哭尾。〻 三	星 南北 汲	不加
	十六	後五行	沒後有痰。三	痕 汲	
	十七	前九行	流星如鵝〻白色長五丈許	有卯字 南北 汲	殿本疑是
	十八	後一行	從天江星西出東北經天		
			過。入參中而沒	無過字 南北 汲	
	十九	前九行	從太微。端門出 三	微 南北	微字疑是○不動
		後三行	西行一丈五尺波。空中	沒 三種改 汲	沒字是○不動

卷	葉	行	宋本	殿本	備註
志卷五	二十	前後三行	世人嗚。為木殃	呼 汲	三朝本挖改呼〇不動
		前九行	照明下為天狗 三汲	昭南	本頁後二三行有昭字〇不動
	二十一	後三行	廣五文。	丈	修
	二十二	前七行	久久消没。	漫 南北汲	

卷	葉	行	宋本	殿本	備註
志卷六	二	前（後）七行	太夫。	末 南北	末字疑是，見宋書州郡志
	五	前一行	安丘郡省屬（東莞）新樂郡省屬（東莞）	脫新樂郡省屬（東莞）東武	並見宋書州郡志一
			東武。高密。 南北	高密	
	六	後一行	扞禦疆場。 南北	場	場字誤
		前七行	新蔡。	蔡	蔡字疑是
	八	後六行注	永元志屬北新蔡。 三	蔡	蔡字疑是
		後七行	尤城左郡	光 南北	光字疑是，見宋書州郡志二
		後八行	茹田。	同誤	當作由，見宋書州郡志二
	十	前五行	冠軍長史沈憲	冠 南北	冠字疑是〇眉批：按宋書沈約自傳有沈憲，仕於吳朝，與此當別是一人
		後一行	多蒙復徐。（浟）	除 南	除字疑是
		後五行	郡領隔舒。	灊 南北	灊字疑是，見十一葉後五行
	十三	前六行	東荒郡四縣	莞 南北	莞字疑是

卷	葉	行	宋本	殿本	備註
志卷六	十三	前九行	東莞。	莞	莞字疑是
		後二行	元。明元年置 汲	永 南	永字疑是，武帝年號
	十四	後三行	離寓夫所。	失	修
	十六	前四行	罷定淘。并	陶 南北	陶字疑是
		後六行	郡。縣虛置	都 南北	都字誤
	十七	後四行	案宋志。自知也	志 南北	殿本欄內批：三朝本此頁係宋刊，且甚清楚，的是志字。○修
		後九行	荊揚二州疆上。曠遠	土 南北	修○三朝本挖補土
	十八	前五行	雖相去。□事實覺過半 汲	機 南	
	二十六	前二行	使人遂。之	逐 南北	逐字疑是○不修
		前八行	唯以貶。伐為務	戰 南北	
	二十八	前三行	開城建元二年置。延。海。新。邑。	脫延海新邑建初六字	
			建。初。 南北		
		後一行注	中改為□□。三	闕	
		後一行注	還屬□。州 三	闕	殿本欄內注：北南作闕○

汲本各空一格。○不動

卷	葉	行	宋本	殿本	備註
志卷七	一	前後八行	刺史周顗避杜弢賊。	弢 南北	弢字疑是，見晉書
	三	全葉	永寧郡起涪陵郡止	脫此十八行 南北	
	四	前六行	〈壁相望	有堅字 南北	殿本疑是
	六	後八行	元嘉宋僑立州於汝南縣。	僑 南北	僑字是。本卷七頁前二行亦有僑。按宋當是中之誤。不動
			[illegible]三　三		
	八	前八行	安蠻。	蠻	蠻字疑是。不動
	九	後七行	驅場之地	場 南北	場字疑誤
	十二	前四行	從陽郡。	順 南 汲	汲古注順宋刻作從，疑誤
	十五	前三行	苟晞為刺史	晞 南北	汲古作晞
	二十	後八行	舂陵。 南北	舂	舂字疑是，見宋書
	二十四	前四行	南桓〈　三	南桓口陵 南北汲	當作南垣陵，見宋書州郡志三秦州。不動
	二十六	前一行	常有貴王臨境。 汲	當 南	當字疑是
		後一行	從陽。	樅 南北	樅字疑是，見宋書州郡志四
	三十一	前二行	郛龍。	雅 南 汲	汲古注北雍本作郛

卷	葉	行	宋本	殿本	備註
志卷八	一	前後五行	存改回流。	洄沿 汲	汲注北雍洄沿。南監本作洄盜
	三	後二行	區別階□。	資 南北汲	
		前一行	右長史于寶。南北	干	干字疑是。不動
	六	後八行	主簿戶曹各一人六品保舉。	與 汲	與字誤
	十一	後五行	刑皐。創業	臯 南北汲	不動
	十二	後一行	曹緣。諮如舊 汲	掾 南	掾字誤「諸曹緣常」
					見前八行
	十三	後三行	過白門闥。	闕 南北	汲古注宋本作鬭
		後八行	領宮。如左	官 南北汲	官字疑是
	十八	後二行	起漢從帝時	順 南北	汲古注宋本諱作從

卷	葉	行	宋本	殿本	備註
志卷九	二	前後二行注	和鑾鳥立花扶銜鈴。	趺　汲	
		前三行注	織成文。優游	衣　南北汲	眉批：前五行後一行均有織成衣
		前四行注	後捎鑿銀瑇瑁龜甲　南北汲	梢	梢字疑是。「後梢瑇瑁」見五葉後五行
		前六行注	絳系絡。　南北汲	絡	絡字疑是，「絳系絡」，見輦車。
		前七行注	淮色真孔雀毦。	雜　南北	雜字疑是
		前七行	一轅漆畫車衡。	畫	本卷六頁有畫字。修
		前八行注	和鑾鳥立花扶銜鈴。	趺　南北汲	見二行
		前九行注	竿首金塗龍銜火燄　三	竿　南北汲	竿字疑是
		後四行注	用赤油令有紫真毦。	金　南北汲	眉批：按令疑鈴之借字。
		後六行	鏤錫。　南北	錫	錫字疑是
	三	前七行注	首施火燄幡。　南北	大	大字誤
		前八行	宋□明三年　三	昇　汲	未批修，實修
	五	前八行注	上四角皆施龍子干。縣唯色。	于　雜　南北汲	于字誤○雜字疑是。不動

卷	葉	行	宋本	殿本	備註
志卷九		前後行	真孔雀眊		
	五	後五行注	錄○口帶星 汲	銀 南	
	六	後五行注	柒○畫金枝飾 南	漆	柒卽俗漆字
		後五行注	成○枝棟梁	戍 南	戍字疑是，見校語○不修
		後八行	衣畫○十二乘	同誤	校校語作書
	七	前五行	公主畫○安車駕六	畫 南	修
		前六行	公主畫○安車駕三	畫 南	修
		後三行注	二十八爪○	瓜	殿本欄內注：本卷五頁
					亦有瓜字○修
	八	後一行	又軺○車施後戶爲副	輅 南北汲	眉批：疑軺字是
	九	前三行注	以素爲池○而黼黻	地 南北 汲	不動
	十一	前九行	武冠待○臣加貂蟬 三	侍 南北	侍字疑是○不動
	十二	前四行	著赤介績○	幘 南北	幘字疑是
		後五行	妃六○同 三汲	亦	眉批：亦字可疑，若果
					同，不必衍亦字。
	十四	後一二三行	漆畫○牽車注，成棟梁一	脫此校語	按牽當作輦，見六葉

卷	葉	行	本	本備註
志卷九		前後行	本戍作戈輿車注戍校作戈杖衣書車注刺代棟梁平乘車注刺代棟梁並疑	

南齊書　校勘記　志第九　輿服　三十四頁

卷	葉	行	宋本	殿本	備註
志卷十	六	前後七行	蕭諱。是我第十九子。	道成 第 南	汲古口注道成宋本諱
		後一行	後從。帝自東城即位	順 南北	汲古注宋本諱作從，下做此。
		後四行	寀從帝實當援立 汲	順 南	
	七	前四行	謂著屐為。木行也 汲	而 南	而字誤
	八	前一行	泉中得一銀。木簡 三 汲	根	根字誤。銀謂白色，故下文云簡木堅白。
		後一行	青龍見從。陽郡	順 南北	汲古注宋本諱作從
	九	前一行	吏。臣曰	史	修
	十	前六行	世祖遣人詣宮亭湖廟。	廟 汲	
			還福 三		
	十三	前六行	僑。天明園中	高 南北 汲	眉批：僑即喬
	十四	後九行	至晡。乃上 三	止 南北	修
	十六	後二行	既經。旬日 南北	經	經字誤
	十七	前二行	往獲玉。璽一紐 三	玉 汲	玉字疑是
	十八	前七行	世祖班賜朝臣。以下各有差	臣	宋本欄內注：缺一璽口加
	十九	前五行	蒲濤。縣亮野村 三	儔 汲	殿本誤。見州郡志上南兗州。

南齊書　校勘記　志第十　祥瑞　三十五頁

卷	葉	行	宋本	殿本	備註
志卷十	十九	前後二行	長三十。三	寸 南北汲	寸字疑是
		後四行	獲蒼玉璧一枝。以獻三	枚 南北汲	
		後九行	從。陽丹水縣	順 南北	汲古注宋本諱作從

卷	葉	行	宋本	殿本	備註
志卷十一	一	前後五行	朱爵銜。華表柱生枝葉 三 汲	銜	銜字疑是
	二	前一行	巴州城西古樓脚栢柱。汲	樹 南	樹字誤，見考證
		前二行	后。子崗栢木 汲	石	
		前三行	時里。賀蔦數游幸 三	車 南北	車字疑是○不動
	四	前八行	十年。庚子雹雷起西北 汲	月 南	月字疑是○按紀永明十年十月有乙丑甲午，不應有庚子。
		前九行	因聞雷聲隱隱。三	聞	聞字疑是
	六	前八行	衡。氣相通 南北汲	衡	見考證
	九	前一行	僬朋。鳥質赤	明 南北汲	不動
		前七行	少日而散	有晏尋被誅四字 南北汲	
	十	前五行	八年六月乙酉加子時	時加子	
		前五行	風起迅急暴疾浪律。南北汲	津 南北汲	津字疑是。「迅疾浪津」十一葉前七行又見○不動
	十二	後五行	雲。雹闇都雷震于樂遊 三	雷	雷字疑誤
		後九行	震東宮南門 三 汲	有雷字 南	

卷	葉	行	宋本	殿本	備註
志卷十一	十五	前後七行	以此火炙。桃板七炷 汲	炙	炙字誤
		後八行	以火炙。數日而差 汲	炙	炙字誤
		後九行	此人便覺頤間。癢	閒 南北	修
	十六	前二行	後必有癩童累面。太孫失由	由 南北汲	由字疑是
			位		
	十八	前八行	濤人。石頭 三	入	入字疑是
	十九	後一行	四面上。霧入人眼鼻异 三汲	土	土字疑是、後屢見
		後六行	到甲夜仍。後濃密 三汲	後仍	不動
	二十一	前六行	當郊治丘圓。	圜丘 南北汲	圜丘二字疑是

卷	葉	行	宋本	殿本	備註
傳卷一	一	前後五行	諱道止。 三	正 南北汲	汲古注宋本作止
	二	前一行	宣帝從任。在外 汲	仕 南	汲注一作仕
		前四行	怨。不問也	同	汲古注宋本作怨。校此並
					不作怨
	四	前三行	吳郡韓蘭。英 南北	蘭 汲	汲古注宋本作蘭○三作蘭
		後四行	而后宋。帷陳設故舊釵	牀 南	汲古注宋本作宋○北監作床
			鑷十餘枚 三		
	七	前四行	所以垂戒於方來 汲	有也字 南	
	三	前二行	金紫光祿人。夫	大 南北	張校：宋本人字，然山字修○形似夫，且一畫末尾有迹

卷	葉	行	宋本	殿本	備註
傳卷二	一	前後二行	勅荀伯玉四。	曰 三南北汲	修
		後三行	我時時履行	有雖不行內外直防及諸門甲兵悉令長懋 十六字 南北	汲古注宋本無以上十六字
	二	前一行	梁州刺史范栢。年	柏 三朝	北、汲均作栢○修栢
	六	前二行	暎。曰	暎 汲	暎字疑是
		前三行	夫。孝榮親 三	大 南北汲	
		後八行	以晉明帝爲太。子時立西池 三	太 南北汲	太字疑是
	八	前九行	雖口。口。具美	温文 南北汲	汲古注二字宋本缺
		後二行	亦有。寘數矣 南北汲	無有字	

卷	葉	行	宋本	殿本	備註
傳卷三	一	前後七行	〈遺。隊主張莫兒」 三	有嶷字 遺 南汲	殿本疑是○北監隊訛據，莫作英○汲古注宋本無遺字
		後九行	入爲宋從。帝車騎諮議	順 南汲	汲古注宋本諱
			參運。府掾	軍 三北汲	修
	二	前三行	嶷〈左右儀刀戰於中庭 汲	有令字 南	汲注北雍本有令字○按下文「以爲有備」，則儀刀非備掩襲，乃適然之事。令字疑衍。
		前五行	太祖帶南兗州鎮軍府長史蕭諱。在鎮	順之 南汲	汲古□注順之宋本諱○按南監本無「帶南兗州鎮軍府長史蕭諱」十一字，見廿二史考異。
		前八行	必先人受禍。 汲	禍 南	
		前九行	從。帝即位 汲	順 南	
		後二行	加寇。軍將軍	冠 三北	冠字疑是○汲作冠

卷	葉	行	宋本	殿本	備註
傳卷三	三	前後四行	時太祖輔政，務在省約 汲	衍疑字 南	汲注有疑字○眉批：若有疑字，則太祖輔政為衍文。
		前七行	更定榪格。 汲	榪	無考
		前九行	不得與人為公。宜曹吏。聽分番假 汲	市諸 南	
	四	前一行	神。牧揔司王畿 汲	西關 南	西關疑誤○汲注神牧北雍本作兩關。按嶷時為揚州刺史，西關、兩關似均未當。神牧疑指嶷，猶言神父，見後漢書宋登傳。○眉批：按後漢書宋登鮑德並以賢令時人稱為神父，神牧疑即此意，指嶷言。
	五	前九行	厚為禮遣。 汲	遺 南	汲注北雍本作遺

南齊書 校勘記 列傳第三 豫章文獻王 四十二頁

南齊書

卷	葉	行	宋本	殿本	備註
傳卷三	六	前後三行	且。儲傳之重 南北汲	其	其字誤
		後六行	友于之愛豈當不。臣鍾其	獨 南	汲古注北雍本作獨
			隆遇 汲		
	七	前五行	治在風均政由一典 汲	鳳 南	
		後三行	一皆乙。都	止 南北	汲古注宋本作乙
		後四行	疑巖。不參朝務	不疊巖字 三北汲南	殿本疑是
		後九行	唯出大。極四廟。	同誤 廟 南北汲	大當作太
		後九行	自。此以來	比 三北汲	比字疑是
	九	前七行	臣項。所引 三汲	頊 北	
		後九行	沽。飲過量	沾 汲	沾字疑是
	十	前一行	今。自下知見以杜游塵	令 南北汲	令字疑是
		前五行	前侍幸。諱帝也梁文。宅	順之 南汲	汲古口注順之宋本諱
	十二	前二行	求解太傅 汲	有疑字 南	
		前五行	又因言。宴 三汲	宮 南北	
		後三行	此。籍聲聽。 汲	比 南	
	十三	後一行	吾政恨其不辦。大耳	辦 汲	

校勘記 列傳第三 豫章文獻王 四十三頁

卷	葉	行	宋本	殿本	本備註
傳卷三	十四	前後五行	醫從。術官	走 南	走字誤○汲古訛徒注
					北雍本作走
		後七行	極壽蒼旻。汲	旻 南	
	十六	前四行	清譽逾彰 南北汲	舉	舉字誤
	十七	後一行	緝頌九紘。汲	紘 南	紘字誤，見淮南子。
		後五行	侍中太司馬	大	
	十八	前一行	無吾欲。當共相勉厲	後 南北	汲古注宋本作欲
		前七行	唯香火槃水干。飯酒脯糗	干 南北	本頁第九行有干字○修
			榔而已 汲		○三朝板損。
	十九	前四行	〈性沉愛 汲	有疑字 南	殿本疑是
		前五行	齊。庫失火 汲	齋 南	按齋，古作齊。
		前九行	風流以浸遠撣。稱 汲	隳 南	
	二十	前八行	鄙士。之遺風	土道 南北汲	土，汲注宋本作士○道字誤
		前九行	庶幾。引烈	弘	汲古庶訛無○眉批：汲引
	二十一	後一行	第三。子子操	第	注北雍本作弘，後放此。

卷	葉	行	宋本	殿本	備註
傳卷三	二十一	前後一行	官無定准。 三 汲	准 南北	准字疑是
		後六行	弟。四子子衍	第	
		後九行	故巴陵王昭秀。胄。子周	同 諱 胄 三北 汲南	秀字疑衍。按昭胄建元元年封巴陵王，昭胄子同，梁受禪，降封監利侯，并見竟陵文宣王子良傳。胄、僧胄。
	二十二	前四行	東平憲王辭位永平本。及	末 南	汲古注北雍本作末。
			光武之業 汲		
		前六行	宰相之器 汲	有豫章二字 南	殿本疑是

卷葉	行	宋本	殿本	備註
傳卷四 一	前後九行	王。足自保	止 南北 汲	王疑正字之訛
二	前二行	與淵以風。素相善 汲	風 南	殿本輯內挍：有考證
	後六行	惟泣。淚盈乃見其本質焉	哭泣 南	汲古訛沾淚○眉批：按
				汲古沾當是沾之訛。
三	前二行	淵又謂之。曰 汲	人 南	
	後八行	況復造席舒衿。	衿 南北	衿字疑是
五	前五行	又以眷榮禮及解職 汲	有表字 南	
	前七行	非代所行 汲	有季字 南	
	前八行	淵默然歸心 汲	有太祖二字 南	
六	前一行	儉以非所宜。言	宜	汲古注宋本作實。按此
				並不作實
	前三行	百僚遠國 汲	衍使字 南	
	後二行	陛下不待。言臣不早識龍顏 汲	得 南	汲注雍作得
八	前三行	實願方。僖堯世	萬 南北 汲作万 有極淡極微之影 三万上	當從汲古作方
	後九行	前王習留。但盛典咸必由之	祖 南北 汲	
九	前二行	新除司徒。領驃騎將軍	同誤 南北	當作司空，見考證○

卷	葉	行（前/後）	宋本	殿本	本備註
傳卷四					眉批：按進司空在齊建
					臺前，見五葉後六行。建
					元元年進位司徒，乃改授
					司空，見八葉前六行。但
					詔文並作司徒（見八葉前
					八行）司空掾屬（見八葉
					後二行）
	十	前四行	解褐爲員外郎出〻義興	有爲字	按此句當作解褐員外
			太守　南北		郎，出爲義興太守。
		後九行	時東陽徐嗣醫術妙　汲	妙醫術　南	
	十一	前二行	令傖父髁身坐石啓以百	上　南	上字誤，按啓字貫下
			瓶水從頭自灌　汲		自灌爲句。
		前七行	此病其重	甚　南北汲	
	十二	前一行	太子含人　三	舍　南北汲	舍字疑是
		前八行	遷長〻兼侍中　南北汲	有史字	考證云監本脫史字，
					從南史增入〇眉批：按：

卷	葉	行（前／後）	宋本	殿本	備註
傳卷四					長史恐未確，再查○
					按：下文引為右長史，轉
					左長史，則此時未遷長
					史也○按：長，尚書之長。
		後六行	天應民從○	順 南	汲古□注宋本諱作從。
	十四	前五行	如使傾宗殞兀○有益塵露	元 三南北汲	修
		後一行	未○必其○在代來 三	未 三南 北汲 具 南 北作具	修未○眉批：「代來之澤」
					見傳六十六葉後四行。
	十五	後一行	於儉宅閑學士餝○悉以四部書充儉家	館 南北汲	館字疑是
		後四行	令史諮○事	諮 南三北汲 三似補修板	修
	十六	前四行	具簡天明○	朝 南北汲	
		前八行	聖不獨○治	獨 三北汲	獨字疑是
		後二行	轂響○於當時	響 南北汲	響字疑是
		後三行	若天○珥貂衣袞之貴 三汲	夫 南	夫字疑是
	十七	前七行	太子少傳○ 北	傳 三汲	傳字疑是

卷	葉	行	宋本	殿本	備註
傳卷四	十七	前後七行	葬禮依故太宰文簡公褚大。 淵故事 南北	大	大字誤
		後九行	家無遺時。 南北	財 南北	財字疑是
	十八	後四行	與之從事。 南北 汲	後	後字誤

卷	葉	行	宋本	殿本	備註
傳卷五	二	前後四行	令。世祖率衆下 汲	令 南	令字疑是
	四	前六行	網。漏吞舟	綱 南北	綱字誤
		前九行	再紹。王師	棄 南北汲	汲古注宋本作紹
		後九行	盡户上丁。 南北	土	土字誤○上丁猶言出丁
	五	後九行	振武將軍部。寧 北汲	部	按宋書沈攸之傳作卲寧。
	六	前六行	驍騎將軍蕭諱。	鸞 南	汲古口注鸞為宋本諱
	八	前一行	女壻張平虜。	慮 南北汲	
	九	後四行	悉令。戍非疑也	令 南三北汲	張校先批修，修版擧疑上 又批不修，衲本仍作令
		後五行	鍾離間。賊已渡淮 汲	闌 南北	闌字誤○不修
	十	前二行	民殆。無驚恐 三汲	始 北	
		前七行	世隆題州齋。壁 三汲	齋 南	齋字疑是
		後二行	揔督代。鑾衆軍 三	伐 南北汲	伐字疑是
	十一	後三行	痛怛。之深	怛 南北三汲	怛字疑是
		後四行	誠心。風聞	悃 南	汲古作悃○眉批：宋書
					無悃字
		後五行	亦當無已。已耶 三汲	已 北	已字疑是

卷	葉	行	宋本	殿本	備註
傳卷五	十二	前一行 後一行	宋孝武問永以太◦極殿前太 鍾聲嘶	三北南汲	太字疑是
		後一行	因沈攸之事難◦ 汲	起 南	
		後五行	進中齋◦取遐 三汲	齋 北	
	十三	前三行	馬◦程令顧昌玄有罪	烏 南北汲	烏字疑是
		後六行	瓌託腳疾不下◦	至 南北汲	
	十四	前三行	建武未◦ 三汲	末 北南	末字疑是
	十二	前三行	壞◦解褐	瓌	三北汲均作瓌◦修瓌◦
	八	前八行	都督南豫司◦一州諸軍事	二 南北	修

卷	葉	行	宋本	殿本	備註
傳卷六	一	前後八行	父諱積射將軍　三	有之字　北汲	按：洪頤煊諸史考異云：諱之，宋書附子垣護之傳，為積弩將軍。
		後三行	道隆求出為梁州。　三	梁　南北	梁字疑是
		後八行	軍主劉珍之　三汲	彌　北南　汲古注雍作彌	洪頤煊諸史考異引宋史均作彌。
	二	後四行	但一人情駭。　三	人情一　南北汲	
	三	前二行	事功何立。　三	可　南北汲	可字疑是
		前九行	入虜界七百、據南城固蒙山　三汲	有里字　南北	汲注雍本有里
		後四行	大敗而歸　汲	有追者二字　南	殿本疑是
	四	前九行	督兗青冀二州諸軍事　三北南	三　汲	三字疑是。二字中微有墨痕，迅係校攙
		後五行	封望蔡縣侯　三	蔡　南北汲	蔡字疑是，見州郡志上，屬江州。
		後八行	今欲偃肥水　三汲	堰　南北	堰字疑是，下"不築肥堰"，見五葉前二行。
	五	後九行	莫恒自擬韓白。　三	白　南北汲	白字疑是。自比韓侯白起，見六行。

卷	葉	行	宋本	殿本	備註
傳卷六	六	前後八行	追奔數十百。殺護。千計 三	里獲 南北	殿本疑是○汲作百獲
		前九行	上遣使人。關參虜消息 三汲	入 三北汲	入字疑是
	七	前四行	恐。以彌廣	浸 北南 汲古注籍作浸	浸字疑是
		後七行	稍官。寧蠻府行參軍	官 南三北汲	
	九	前一行	陽致木。祖密意	太 三北南汲	傍
		前四行	太祖以敬兒人。依既輕 三	位 南北汲	位字疑是
		後一行	敬兒乘也。艑。過江詣晉	舴艋 南三北汲	殿本疑是.
			熙千。變	王 南三北汲	王字疑是
		後二行	餘二小吏沒輪下叫呼官。三汲	救 南北	救字誤。按官指敬兒，為小吏呼長官之稱，王敬則傳屢見。
		後三行	隨船覆傀。三	御 南北汲	汲古注宋本作傀
	十	前六行	沈公那。忽使君來	忽 三北南汲	
		前七行	集部曲傾。攸之下當襲江陵 三	頓 北南	汲古注雍作頓
		前九行	謬奉聖主。南北汲	王	王字誤
		後一行	衛存契門。三	情閣 南北	汲古注宋本作衛作門

卷	葉	行	宋本	殿本	備註
傳卷六	十	前後一行	乃分。帛而衣等糧而食 南北	命	命字誤
	十一	前四行	初得賢子諱。蹟	蹟 南	汲古□注頤宋本諱○按武帝諱賾，注頤者誤。
		後八行	乃復慮以家危。	爲 南北	爲字誤
		後九行	竊求古。比	從 三北汲	從字誤
	十二	前九行	足下諫諍不聞闕。雀杼之罪	甘 南北	
		前九行	昔大。甲還位	太 南北	
		後四行	當溫疆。盛	同誤	汲古作彊
	十四	前二行	抑亦當自知投杖無疆。爲光 三	彊 南北	彊字疑是
		後七行	何愧懷抱。	抱	
	十五	前五行	敕令足不。思經拯之計 三	下 南北汲	下字疑是，
		後二行	執。亡禮祀 汲	埶 南	殿本疑是
	十七	前三行	固箴。宗子	箴	
		前三行	志。以西上 三汲	悉 北	
		前四行	示。餘劣弱 三汲	僅 南北	汲注雖僅
		前七行	前後貴。奉	貢 南北汲	貢字疑是○三朝殘破

南齊書

校勘記 列傳第六 垣崇祖 張敬兒 五十四頁

卷	葉	行	宋本	殿本	備註
傳卷六	十七	前後九行	賴原郎天世非望亦消 南北汲	夭	汲古作大
	十八	前五行	今六師西向助足下憂之 汲三	為 北南	助可通
		前六行	敬兒軍中力援因以為別	同	見考證
		後二行	百姓既相抄改 三	敚 南北汲	汲古注宋本作改
	二十	前七行	為妾乞兒呪神自稱三公 汲	祝 南	
		後二行	不蒙勞問 三	間 南北汲	問字疑是
		後九行	敬兒脫冠詔毅地曰 三	貂投 南北汲	
	二十二	後二行	賴原郎大世疑	脫此校語	

南齊書　校勘記　列傳第六　垣崇祖　張敬兒　五十五頁

南齊書

校勘記 列傳第七 王敬則 陳顯達

卷	葉	行	宋本	殿本	備註
傳卷七	二	前後二行	陸主山下 三	有至字 南北汲	
	四	前一行	從帝欲避土 三	順 北南	按從當是從之訛。汲古口注順宋本諱作從。
	五	後一行	斛直數令機杼勤苦四載 三	衍倍字 今 匹 北 南汲	今字誤○按令疑金之訛○
			三百 三		眉批：斛直數令，匹載三百，偶句也。
		後二行	東間錢多剪鑿 三	民 南北汲	
	六	前三行	臣登具啓聞 三南北汲	等 張校：登即之意。竟陵王子良指自啟事安得用等字	等字誤○按，此啓為子良一人所具，不得言等。登即時也。登皆首服，見三國志。
		前七行	不必其應送錢	一 南北汲	
		後四行	昔為刻上今為剝下 汲	損 南	
	七	前六行	路氏家訴	同誤	當作訴。汲古北監並作訴。
	八	前二行	危拱傍建略不嘗坐 三	衿裾 南北汲	眉批：疑衿踞之訛
		後二行	公由來如此者拜丹陽吳 汲	昔 南	

五十六頁

卷葉	行	宋本	殿本	備註
傳卷七	前後行	興時亦然 汲		
十	前八行	故以風雅作刺 三	固 南北 汲	
十一	後三行	百姓檐嵩荷鍤隨逐之 汲	擔 南北 嵩 南北	嵩字誤○北監訛嵩
	後九行	興盛軍客袁文曠斬之 汲	容 南北	容字誤。見崔慧景傳。○考證引桓康隨太祖為軍容。疑當時自有軍容軍客二職。
十二	後一行	以勞歷驅使	使 三南北汲	使字誤。
	後九行	得顯達乃至稍定	至乃 南北 汲	
十五	後一行	大生復出政彝陰 三	天攻 南北汲	
	後二行	苹城平民田土三城賊稍	遂 南	眉批：平民疑平氏，司州淮南郡。遂城，懷化郡，雍州。白土無考。
		稍降散 汲		
	後八行	我本志不及汝此等勿以富	此汝 南北	殿本疑是○汲古等訛奇。
		貴陵人		
十六	前二行	是王謝家許 汲	物 南	汲古注雍作物

卷	葉	行	宋本	殿本	備註
傳卷七	十六	前三行（後）	汝不須提此自逐。　南北汲	隨	
		後五行	以年禮。告退　汲	老　南	汲注雍作老
	十七	後五行	遣軍主莊丘累。進取　汲	黑　南北	
		後五行	南鄉縣故從陽郡治也　三	順　北南　汲	汲注宋本諱作從
		後九行	左軍將張千。戰死　三	干　南北汲	
	十八	後五行	諸君足下　南北	軍	軍字誤
	十九	後三行	今者五地同動　三汲	自　南北	
	二十一	前五行	閉閞守備　三	門　南北汲	
		前八行	至西州從烏榜村　三汲	後　南北	
	二十二	前三行	三。鬱河兗　三	王　南北汲	王字疑是，指敬則。
		前八行	鳴笳細錫疑	脱此校語	
	十	前七行	預聞末議　南北	末	

卷	葉	行	宋本	殿本	備註
傳卷八	一	前後六行	漢膠東康王後也 汲	有寄字 南	汲注雍有寄字
	二	前二行	士人怨之 三汲	土 北南	汲注雍土
	三	前六行	薛安都引虜。	安 三南北汲	修
		後三行	率龍驤將軍王廣之 三	王 南北汲	王字疑是。本傳作王
	四	前三行	偏長廣太守劉桃根領		
			數十人戍不其城 三汲	千 南北	南板損十
	五	前一行	平所葬頓	仗 南北	仗字疑是
		前二行	景素而乃佳 三汲	皃 南北	汲注雍作皃
	六	前三行	游擊將軍裴仲穆	擊 三南北汲	修
	七	前二行	改霄城侯之邑二百戶 汲	有增字 南	
	八	前四行	巴西梓橦土郡大守 三	潼二太 南北汲	
		前八行	自拔南歸太祖初逆使安	子勔 北南	汲同，注雍作子勔
			民領支軍 三汲		
	十	前八行	徵左將軍 三	有檄字 南北汲	
		後三行	安民至京破景素軍於	有口字 北南	汲注雍有口字
			葛橋 三汲		

卷	葉	行	宋本	殿本	本備註
傳卷八	十二	前五行	引水步軍入清於淮陽與	至 北	
		後	虜戰 三南汲		
		後五行	柴險求援 三汲	砦 南北	
	十三	前七行	令呼為李公牛家 三汲	今 南北汲	今字疑是
	十四	前八行	沈攸之難 汲	疊之字 南	
	十六	前四行	太祖以經途之人要之 三汲	有令字 南北	
		前九行	梁南秦二州刺史 三	秦 南北汲	秦字疑是
	十七	前五行	北平將軍徐州刺史	平北 南北	殿本疑是
		後七行	北平將軍南兗州刺史	平北 南北	殿本疑是
	十八	前一行	鎮北大將軍	北 三南北汲	修
		後五行	方軌丁韋	同	汲古注二字宋本無。按此並不脫。

卷	葉	行	宋本	殿本	備註
傳卷九	二	前後二行	民忘志義 三南汲	罔 北	
		前七行	宣太廟之南引脩文序	太 南北	太字疑是
		前八行	臺州之國限外之職 汲	有列字 南	
		前九行	若有廢隋	墮 南北	
		後七行	張妃房唯碧綃蚊幬 三	帷 南北汲	帷誤
	三	前一行	蹕虞爲襆 三北汲	樸 南	樸字疑是
		後九行	如詳擇篤口之士	厚 南北汲	
	四	後九行	天下必之不俊矣	有有字 南北汲	
	五	前四行	竇極懷山之數 三	拯 北汲	南極
	八	後八行	已西梓潼二郡太守 三	巴 南北汲	巴字疑是
	九	前八行	别至安成王撫軍參軍 三汲	爲 南北	
		後六行	自貽猖蹶 三汲	獗 南北	
	十	後五行	我本無官情 三汲	宦 南北	
	十二	前二行	愚謂之下赦書 汲	有今字 南	
		後九行	表陳宣明守宰賞罰 三汲	宜 南北	
	十三	後五行	粲重口識所祖 三汲	有復爲異三字 南北 推 南北	宋本欄內注：汲注雍本祖作推。

卷	葉	行	宋本	殿本	備註
傳卷九	十五	前後一行	過太祖在淮上。	淮	淮字疑是
		前三行	是時張永沈攸之反。後新敗	南	眉批疑後當作復
			失淮北 三北汲		
		前八行	秋風起。寒草衰 汲	塞 南	汲注葥作塞
	十六	後七行	張□□。鎮軍中兵	永 南北	
	十七	前三行	桓。榮祖	桓 三南北汲	巳修，但同誤。按總目、
					子目並作垣。又傳六有
					垣崇祖傳。
		前九行	宋孝武以事徙。之嶺南 三	徙 南北汲	徙字疑是
	十八	後七行	□□。祖舊封封之	以其 三南北汲	
	十九	前一行	作大形檣材盛伏使鄉人	伏北南	汲古作伏，三同汲。
			田天生王道期載渡江北		
		前六行	榮。祖曰	榮 三南北汲	榮字疑是
		前九行	子。閣 汲	縱父南	洪頤煊諸史考異：南史
					垣閎傳榮祖從父也。
		後四行	領兵北討薛道標。	摽 南北 汲	

卷	葉	行	宋本	殿本	備註
傳卷十	一	前四行 後	闕山	有圖字 南北	殿本疑是
		後三行	安國與輔國將軍垣○閎 南北	桓	桓字誤，見宋書垣護之傳。
	三	前一行	安國移屯沔口以俟應接 南	河 汲	河字誤。按沔口即夏口，為郢州要害。○眉批：漢入江處為沔口。
	四	前一行	引○奔牛埭 三	到 南北	汲古注宋本作引。
	六	前七行	別帥杜○連 三	杜 南北	汲古作杜運。
	八	前六行	應變笇○略	策 三南北汲	笇，此與算字同義
	九	前三行	山圖於新林立墅舍○ 汲	舍 南	舍字疑是。
		後三行	盤龍時為定從僕射	完 南北	完字疑是。
		後四行	與屯驟校尉黃回 南北汲	同誤	當作騎，見宋書黃回傳。
		後五行	事寧除南東莞太守 三	除 南北汲	除字疑是。
	十	前一行	司州刺史□節將軍如故○	假 南北汲	不補
		前二行	進號□□將軍○	右 三南北汲	
		前六行	正勤義勇乘機電奮	勤 南北汲	勤字誤○宋欄內批：此字義較優。三朝本作勤，似勤改

卷	葉	行	宋本	殿本	備註
傳卷十	十	前後八行	文武爭丢之力	代 三南北汲	
		前九行	可符列言 汲	上 南北	
		前九行	盤龍愛矣社氏	妾社 南北汲	宋欄內批：矣字錯得離奇。三作妾社
		後八行	南城連□□□進	賊始復 三南北汲	不補
		後九行	下淮陰□□□軍	就安民 三南北汲	不補
	十一	後一行	承明元年 三汲	永 南	永字疑是，永明，武帝年號。下文世祖數講武。
		後三行	世祖數講武帝令盤龍出 汲	常 南	眉批：南史作嘗令盤龍
			領軍校尉騎驍猜 三汲	馬軍校 南	領馬軍校騎驍猜〇汲 古注雍作馬軍校。
		後七行	載虜二十餘人藏仗勞下 汲	伏 南	伏字誤，見考證。
	十三	後一行	同進宮內廢帝 三汲	因 南北	眉批：高宗、蕭諶同進宮。可通。
		後九行	琰將劉從築壘拒守	相 南北 汲	汲古注琰宋本作委，此不訛委。又按：宋書殷琰傳劉從作劉順。修

卷	葉	行	宋本	殿本	本備註
傳卷十	十三	前後九行	臺軍相守。移白	拒 南北汲	汲古注宋本作守
	十五	前一行	推。號征虜將軍 三	進 南北汲	進字疑是。
		前五行	弟。自悉之 汲	第 南	第字誤○按南史作弟
		前六行	今啓依法令慮之於江西		
			搜。捕。駟等 三	捕 南北汲	捕字疑是
		前七行	爵。侯。食。邑。爲。千。戶。 汲	進爵爲侯食邑千戶 南	殿本疑是
	十六	後八行	匈奴之禪。飛將曾不若也	憚 三南北汲	修
	十	前九行	盤龍愛妾。	妾 南北	

卷	葉	行	宋本	殿本	備註
傳卷十一	一	前後五行	桓。康	桓 南北	桓字疑是○眉批：按桓諱
					作桓，此乃作桓。三汲作桓
	三	前三行	明帝。遷右軍司馬 三汲	年 南	年字誤，考異云當作
					遷明帝右軍司馬。
		後三行	石將軍。	右 三南北汲	修
	四	前三行	歸太祖遷之齊。內	齊 三南北汲	齊字疑是
		前四行	虜圍角城。三	甬 南北汲	眉批：查角城，北魏屬
					東楚州淮陽郡。甬城見
					周盤龍傳。
		前六行	譖。靜為軍主	僧 南北汲	僧字疑是○三朝補版作
		前九行	烈。燭火處分 三南汲	列 北	列字誤，見袁粲傳（宋書）
		後六行	逢大桁。開	桁	桁字疑是
		後七行	元年可仕 三汲	無 北	南監本作死
	六	前五行	彊辯果捷便刀楯。缺末筆	楯 南北汲三	應補，補
	七	前六行	盧。荒向黑於門間聽得其語 汲三	盧 南北	盧字疑是，見南史桓康傳。
		前八行	與荒黑曉下拔白欲出	衍刃字	拔白爭門見周盤龍傳。
					三作雨，北南汲刄

卷	葉	行	宋本	殿本	備註
傳卷十一	七	前後一行	回時將。為南兗州 三南汲	脫將字 北	按回求南兗，率部曲輒還 見宋書黄回傳。
		後二行	部曲數千遣。收恐為亂 三	欲 南北汲	欲字誤
		後九行	卿等何疑。其使無能為也 三汲	甚彼 北南	
	八	後四行	厚加料理。 南北	原	原字誤
		後七行	封平周。男 不明	周 三不明似周 南北汲	周字是見州郡志下。原稍模糊以不修為是。
	九	前四行	出鎮臺差。度領幢主送之	滑臺 南北汲	汲古注宋本作臺差。
		後九行	度武勇	有以字 南北汲	
	十	前六行	攸之至自發露故攸之怒 汲	有形體識辱之五字 南	汲注有形體識辱之五字
		前七行	度令投以穢器 三	令 南北汲	修
		前七行	至令呼此樓為僕度樓 三	今 南北汲	修
		後三行	度見朝廷貴賤	戚 南北汲	汲古注宋本作賤
	十一	前九行	虎啓乞度封侯官	改 南北汲	
		後四行	義民久不望。	至 南北汲	汲古注宋本作望。
		後五行	世視即位 三	祖 南北汲	祖字疑是
	十二	前九行	賊棄平民。城退走 三南	氐 北汲	氐字誤，見州郡志下司州。

南齊書 校勘記 列傳第十一 薛淵 六十八頁

卷	葉	行	宋本	殿本	備註
傳卷十一	十三	前三行	與南陽太守房伯玉。不協 三	玉 南北汲	玉字疑是
		後前七行	人璽雍。泰。三	璽關 南北汲	汲注雍本璽關

卷	葉	行	宋本	殿本	備註
傳卷十二	一	前後五行	祖秉臨海太守　三汲	有之字　南北	殿本疑是，見宋書良吏傳。
	二	後八行	用文武主師。　三汲	帥　南北	
	六	前二行	仍爲大祖驃騎中兵參軍	太　三南北汲	太字疑是
		後六行	太子所爲宮。終不知　三	官　南北汲	官字疑是○眉批：官指世祖言。
	七	後四行	以南兗州處之伯王。遣父憂　三	玉　南北汲	修
	八	前五行	豈或榜啓。	傍　南北汲	傍字疑是

卷	葉	行	宋本	殿本	備註
傳卷十三	一	前後二行	爲從伯司徒謚。所愛	謚 南北	謚字疑是。見南史。
		後四行	從兄侍中華有權。寵。 三汲	寵權	殿本誤
		後九行	遷廷尉卿音陵王驃騎長史 南北	竟 南北	修○三作竟
	三	前四行	還光祿大夫夫。 汲	有左字 不疊夫字 南	南史有左字○不疊夫字疑是
		後一行	從。帝即位 汲	順 南	
		後二行	從。帝遜帝 汲	順 南	
		後六行	省官何□。復奪之	容 三南北汲	
		後八行	簡。閱。及裳	衣 南北	衣字疑是
	四	前二行	琨。曰	琨 三南北汲	修
		後一行	後延之於篠籬還。閒其與客語閒 三汲	聞 南北	聞字誤。下文方云取胡床坐聽。
		後七行	終。常。火至	當大 南北汲	殿本疑是○三朝當火
	五	前七行	主王既以執事多門	幼 三南北汲	
		後四行	卿美效風著兼資宦。已多	宦 三南北汲	批修□已修作宦
	六	前五行	以此頗相善	有不字 三南北汲	眉批：按王儉傳，儉賢者，似衲本是。

卷	葉	行	宋本	殿本	本備註
傳卷十三	六	前後七行	監南兗兗口青冀五州諸軍事	徐 南北	
	七	前六行	不當是一名士之德不昌遂令有期頤之壽	有邪名二字 三南北汲	殿本疑是
		前七行	從弟廉勝獨立 三南北汲	帝	帝字誤，指炫而言。
	八	前五行	風吹紙剝僅盡 汲	殆 南	汲注雍作殆
	九	後四行	若怙以驍游	帖 三南北汲	帖字疑是
	十一	後四行	獨處齊內	齋 南北	
	十二	前五行	而同外情慢免官 汲	衆情 南	

卷葉		行	宋本	殿本	備註
傳卷十四	二	前五行後	大明世常用摭○筆書	摭 三南北汲	南史亦作摭。按摭古作摭見史記貨殖傳。
		前九行	甲族向來多不居憲臺 南三 汲	由 北	
		前九行	王民以分枝居爲衣者 三汲	脱以字 南	
		後六行	中書舍人阮佃夫在會下○ 三	有家字 稽 南汲	汲注殿本有家稽二字
	三	前七行	劉益陽羅湘西三縣緣○江民 南北	緣	緣字誤
			立湘陰縣		
	四	前二行	雖孤微	有身字 汲南北	
		前七行	至於婚宦○	宦 南北汲 三捲補	未批修已修
		前七行	不肯殊絕 汲	至 南	汲注北殿本至
	五	後六行	僧虔上表曰	虔 南北	虔字疑是
		後七行	八佾爲儀○ 三	佾 南北汲	佾字疑是○作漏修
	七	前七行	東始備金石樂 三	有晉字 南北汲	修○大字疑是，大皇帝，
		後八行	吳大○皇帝景帝歸命侯	太 北 南汲	孫權謚，見三國志○眉批：實不應修。

卷	葉	行	宋本	殿本	備註
傳卷十四	八	前後一行	中書令珉。張芝索靖 三	珉 南北汲	
	十	前六行	性迅勤。好文章 汲	勤 南	勤字疑是
		後二行	知汝恨吾不許〈學 汲	有汝字 南	汲注〈雍〉有汝字
		後八行	專一書轉誦數十家注 三南北汲	通	通字誤
	十一	前二行	而便盛於麈。尾自呼談士	麈	麈字疑是
		前四行	張吴興叩汝〈老 汲	有言字 南	汲注雍有言
		後五行	亦各由已。耳	己	己字疑是，汲古各訛冬
		後五行	亦當云何。日。不學 三汲	阿越 北南	汲注雍作阿越
		後八行	致之有曰。從身上來也 三	由 南	由字疑是○汲古北監並訛田.
	十二	後七行	故略叙胷懷矣。汲	無矣字 南	
	十三	後三行	選曹擬舍人正。儉格外記室	王 三南北汲	王字疑是，見傳四。
		後三行	宣。轉祕書丞 汲	宜 南	
	十四	後八行	加給事中太常加。故	如 三南北汲	修
	十五	前二行	長沙主。晃屬選用吴興聞人邕爲州議曹 三	王 南北汲	王字疑是

卷	葉	行	宋本	殿本	備註
傳卷十四	十五	前六行 後	吾欲領。司徒辭祭酒 三	令 南北汲	
	十六	前五行	戒盈守滿發。自容方執。諸 公	屈已 執 南北汲	
		前八行	變。理三台 三	爕 南北汲	爕字疑是。

卷	葉	行	宋本	殿本	備註
傳卷十五	一	前後二行	〈怨訴孝武 汲	有太后二字 南	
	二	後四行	教之深疵。三	疵 南北汲	疵字疑是
	三	前二行	比。急病之洪源 三北汲南	此	
		後一行	兄受籍縣 三南	凡 北汲	凡字是。原批應修，不在應字旁加未字。未修
	四	前五行	庾亮就温嶠。永勳簿 三	求 南北汲	求字疑是
		後二行	或抱子并居。	并 三南北	原批修，實未修。
	五	前九行	玩之以久官。年疾上表告退 三汲	官衰 南北	
		後六行	而聾瞶。轉積	瞶	
		後九行	朝露未光。 三北汲	末 南	末字疑是
	六	前九行	畏。溺於狐鼠	長 南北汲	長字誤
		後五行	玩之於人物。好藏否 汲	脫於人物三字 南	
		後九行	其。後貧外郎孔逭 汲	脫其字 南	
	七	前一行	鄉鄉俗惡虞玩之至死治人。三汲	煩 南北	汲注雍煩
		前二行	與王。儉至交 三汲	脫王字 南北	
		後二行	宋明帝〈東國常侍 汲	有湘字 南	殿本疑是，明帝初封湘東王，見宋書紀八。

卷	葉	行	宋本	殿本	備註
傳卷十五	八	前三行（後）	從。帝桂陽王休範子也 汲	順 南	
		後三行	除安城正。撫軍參軍 三南	王 北 汲	王字疑是
		後四行	〈善言治體 汲	有休字 南	
	九	前六行	而猶以此理。失鄉黨之和	里 南北 汲	里字疑是
		前九行	歷職斯任。者五十有三	任 三南北 汲	任字疑是
		後九行	父懷文〈 三	有廣陵太守四字 南汲北	
	十一	後一行	績彰出內。 汲	守 南	
		後一行	追贈太保。 汲	常 南北	常字疑是，南史。
	十二	後七行	脩。大有分 三	夭 南北汲	夭字疑是
	十三	後二行	繫尚万。	方 三南北汲	方字疑是
		後四行	秩中三千石。 不明	二 三南汲北	宋本欄內批：此是墨污，且祇有中二千石，無中三千石也。○修
	十四	前二行	轉正員當侍。 三汲	常 南北	常字疑是
		前四行	武陵王畢。 三	曅 南 汲北	曅字疑是，見傳十六。
	十五	前一行	故有竊名簿閥。	薄 南汲	薄字誤。「序其簿閥」，見宋史。○眉批：「素無簿閥」，見南史。

卷	葉	行	宋本	殿本	備註
傳卷十五	十五	前 後 六行	豈直遠在周世く　汲	有哉字　南	

南齊書　校勘記列傳第十五虞玩之　七十七頁

卷	葉	行	宋本	殿本	備註
傳卷十六	二	前後八行	詔。賜東園秘器 三	詔 南北汲	詔字疑是
	三	後一行	邵陵王反。不拜 三汲	友 南北	友字疑是
		後六行	太祖踐祚。 三南北汲	阼	
		後六行	晃欲用。政事輒為典籤所裁	陳	
	四	後二行	陛下當憶先朝念白象之晃 汲南 小字也 汲	贊白象二字 南	殿本疑是
	五	前七行	以罪誅之 汲	有晃年四歲思慕不異成人 南	汲古注宋本無已上八字。按宋本所無，實十字○眉批：按晃之見愛，為其母死非其罪，所謂愛屋及烏，非為其孝思也。疑衍。但南史有思慕云云。
		前七行	故晃華。見愛 汲	每 南	
		後八行	世祖幸豫章王嶷。東田	嶷 三北南汲	嶷字疑是
		後九行	今。日其。憶武陵	今 甚 三南北汲	今日作良辰解亦通。其未批修，已修甚。
	六	前三行	上救。晃華疊破 三	敕 北汲	敕字疑是○南勅

卷	葉	行	宋本	殿本	備註
傳卷十六	六	前/後八行	臣請以宅易州 汲	有不字 南　南史	
		後八行	梓中菰菜䱗魚而已。	䱗 南北	䱗字疑是，見南史
	八	後四行	諸王問訊。	訊	訊字疑是
		後四行	公聞諱。於法身何如	鸞 南 汲	汲古口注鸞宋本諱。
		後五行	臣諱。於宗戚最長	鸞 南 汲	汲古口注鸞宋本諱
		後六行	唯諱。一人	鸞 南 汲	汲古口注鸞宋本諱
		後七行	我欲與公共計取諱。	鸞 南 汲	汲古口注鸞宋本諱
	九	前一行	高宗常屣。履至車迎鏘 汲	屣 南 汲	屣字疑是
	十	前一至七行	十年遷太常常侍。如故鑠 清羸有冷疾常枕臥世祖臨視賜床帳衾褥隆昌元年加前將軍給油絡車并給扶侍二人海陵立轉侍中撫軍將軍領兵置佐鄱陽王見害鏘遷中軍將軍開府儀同三司鏘不自安至東府詣高宗還謂左右曰向錄公見接慇懃流連不能已而貌有慚色此必欲殺我三更中兵至見	脱「侍如故至時年二十五」共一百十九字 南北 汲	

卷	葉	前後行	宋本	殿本	備註
傳卷十六	十	前八至後九	害時年二十五 始興簡王鑑字宣徽太祖第十子也初封廣興王後國隨郡改名永明二年世祖始以鑑為持節都督益寧二州軍事前將軍益州刺史廣漢什邡民段祖以錞于獻鑑古禮器也高三尺六寸六分圍二尺四寸圓如筩銅色黑如漆甚薄上有銅馬以繩縣馬令去地尺餘灌之以水又以器盛水於下以芒莖當心跪注錞于以手振芒則其聲如雷清響良久乃絕古所以節樂也五年鑑獻龍角一枚長九尺三寸色紅有文八年進號安西將軍明年為散騎常侍祕書監領石頭戍事上以與鑑久別車駕幸石頭宴會賞賜	脫「始興簡王鑑至宴會賞」共一百九十八字 汲	
	十一	前一行	未。拜遇疾	不 三南北汲	張校在宋本闌內批「通」。
		前二行	起青陽巷第新城。 三	成 南北汲	成字疑是，見南史

卷	葉	行	宋本	殿本	備註
傳卷十六	十一	前三行	爲之詔。止樂 汲	脫詔字 南	
		前五行	太祖第十三。子 三北汲	二 南 南史	南史作二
	十二	前九行	得金蠶銀繭及珪璧乙	有「等物鑒使長史蔡約自往修復纖毫不犯」十六字 南	汲注宋本無以上十六字
		後八行	故來。加害	不 南北汲	
	十三	前七行	竟陵王昭冑。	胄 三南北汲	修
		後五行	易生推擬。 南史	猜 南北汲	
		後八行	疎親。中立 汲	支庶 南	
	十四	前一行	寡。以制衆乙 汲	權可 南 有「宗族殲滅一至于斯」八字 南北	汲注宋本無「宗族殲滅一至于斯」八字○眉批：汲古斯作此

南齊書 校勘記 列傳第十六 高祖十二王 八十一頁

卷	葉	行	宋本	殿本	備註
傳卷十七	一	前後一行	列傳第十七	衍三字	
		後七行	豈必委牘方功。治道	切　南北汲	修○三朝板損
		前二行	累朝點。觸	兼　南北汲	兼字誤○三朝板破
	四	前三行	久理。世表　三汲	埋　南北	埋字誤
		前三行	忍禍舒。慈	宣　汲	南本無此字
		前五行	遂邂。扇非端	連　南北	疑當作遘。構扇異端
					見五葉前三行。
	五	前六行	況超宗罪愈。四凶　三南北汲	逾	眉批：愈，過也。
		前七行	洸浮耳。見　三汲	并　南北	并字誤○按耳乃耶之訛
	七	前七行	是以俊乂。之臣　三	乂　南北	乂字疑是○汲作义
	八	後七行	非疾嚮所。握　汲	達　南	
	十	前五行	迂。答奉旨　三	迂　南北汲	迂字疑是
		前七行	聖明御寓。　三南汲	寓　北	寓字疑是
		後五行	目。餘令王　三南汲	自　北	自字疑是
		後八行	令望富。世　三南汲	當　北	

南齊書

校勘記　列傳第十七　謝超宗　劉祥

八十二頁

卷	葉	行	宋本	殿本	備註
傳卷十八	一	前後三行	以為功臣後。 汲	撝 南	撝字疑是
		後六行	善納文遊。 三汲	交 南北	
	三	後一行	坦仍隨府轉司空太尉□□。。	參軍 南北汲	
		後四行	祖穎之。 南北汲	隸	隸字誤，見宋書列勳傳。
	四	前七行	漢壽人邵榮興六世同爨。	興 三南北汲	興字疑是。南史。
	五	後六行	初謂悟廢。 三	蒼梧 北汲，南	
	六	前三行	再幸惔坊。	每 三南北汲	
	七	前七行	奉朝請孔覬上鑄錢均貨議。 三汲	顗 南北	眉批：宋書孔覬有傳，疑非此人。
	八	後三行	太祖使諸州郡大市銅。。。〈 汲	有炭字 南	
	十	後七行	遷後軍長史領為太子中庶子。。。 三汲	無「領為太子中庶子」七字 南北	
	十一	後二行	太官鼎末不及也。 三	味 南北汲	味字疑是
		後九行	廷興元年。 三	延 南北汲	延字疑是，海陵王年號
	十二	前五行	身微稽屬。 三	土 南	汲古作身微相土
		前五行	〈屬興運 三	有猥字 南北	

卷	葉行	宋本	殿本	備註
傳卷十八	十二 前後三行	從弟袞失志不仕 三汲	矢 南北	矢字疑是
	十三 前九行	六子右率 三	太 南北汲	太字疑是
	十四 前二行	乞解所識	同誤	三南北監汲古並作職

卷	葉	行	宋本	殿本	殿本備註
傳卷十九	二	前三行 後三行	風淪俗敗○二十餘年 三南汲北	千	
	五	前二行	毅入與母別 三	毅 南北汲	毅字疑是
		後五行	從○帝遜位	順 南	汲古□注順宋本讀作從
	六	後七行	遷武陵王冠軍○長史 三汲北	軍 南	軍字疑是
		前四行	遷給事中大○子詹事 三	太 南北汲	太字是○修
	七	前四行	乃引穎胄○穎功 三	預 南北汲	預字疑是
		前六行	上慕儉欲鑄壞大宮○元日	太官 北汲	修太字○太官疑是，汲
			上壽銀酒鎗 南太宮		古北監并作太官
		前九行	恐宜移左此器也○ 三	在 南北	在字疑是○汲注宋本作左○
	十	後三行	並勳彰中興功比申邵	周 汲南	汲注宋本作申
		後八行	賴蕭令君勳濟宗祐○ 三汲	祏 南北	祏字疑是
	十一	前八行	祖禓○相逐	袒裼 三南北汲	修袒
	十二	前六行	領別駕軍主宗夬○ 三	史 南北汲	史字誤，見梁書列傳十三
	十三	前八行	泣血杭戈○	枕 三南北汲	枕字疑是
		前九行	已出漢川	漢 南北汲	
	十四	後四行	穎胄便別駕宗史○	同誤	當作夬

南齊書

校勘記 列傳第十九 蕭景先

八十五頁

卷	葉	行	宋本	殿本	備註
傳卷十九	十七	前後九行	征東大將軍臣譿。	衍南汲	汲古口注衍宋本諱
	十八	後一行	朕膺天啟於。	命　三南北汲	

南齊書 校勘記 列傳第二十 劉瓛 八十七頁

卷	葉	行	宋本	殿本	備註
傳卷二十	三	前二行 後	先朝使其更目○脩正勉厲	自 南北汲	
			於階級之次 三		
		前六行	以廣制祿或有餘○令○上○文○長○	身病而求歸 南北汲	汲古注宋本作餘令上文長
			者永瞻前良 三		
		後九行	可得奉溫清○展私計 汲	清 南	清字疑是
	四	前四行	仕○在檀橋	住 南	住字疑是○汲古訛任
		前九行	從○陽范績	順 南汲	汲古注宋本作從
	五	前四行	音律乖爽 汲	「有瓛亦以為然」五字 南	汲古注北雍本有「瓛以為
					然」四字
	八	前七行	素飡之責○ 三北汲	責 南	責字疑是
	九	後九行	四道口○口○	異傳 南	汲古作異道
	十一	前一行	案玄○自序 三	玄 南北汲	玄字疑是
		後四行	澄侍○儉語畢 三汲	待 南北	待字疑是
	十二	前二行	北○名服匿 汲	此 南	
		前七行	家多擴○籍	墳 三南北汲	修
		後一行	子暐○誣為賣券	暉 三南北汲	

卷	葉	行	宋本	殿本	備註
傳卷二十	十二	前後二行	澄欲口。子弟之非	遂 南北 汲	
	十三	前五行	康成主。炎漢之季 三汲	生 南北	
		後二行	昊。拱以思儒業 三	端 南北	汲古注宋本作昊
		後七行	劉瓛。成馬鄭之異。 三	承後 南北汲	汲古注宋本作成昊
		後七行	<時學徒以為師範 三	有一字 南北	時，汲古作時，注宋本作時。
	十四	前五行	徐令上文疑	脫此校語五字。	

卷	葉	行	宋本	殿本	備註
傳卷二十一	一	前後八行	蔡婕妤。生西陽王子明 汲	好 南北	修○三朝板損
		後九行	王名友不。廢此官 南	尋 汲	尋字疑是
	二	前九行	排輕斥運。	重 南北汲	汲古注宋本作運
		後六行	孩老士庶其。令付獄	具 三南北汲	修
	三	前一行	即許附申口。格 汲	赦 南	
		前二行	總撻。肆情 三汲	箠 南北	
		前三行	鵝栗。漸盈 汲	粟 南	眉批：粟是，適忘其出處
		後三行	坐之〈科不必須重 三汲	疊之字 南北	
	四	前二行	鄢閣下有虞飜舊。牀 三	舊 南北汲	舊字疑是
	五	後八行	小人之心罔思前咎。	恩 南北汲	
		後九行	〈之以威反怨後罰	有董字 北 汲	南墨丁
	六	前三行	令史好。黠 三汲	奸 南北	
	七	後三行	破民財產要剎。一時	利 三南北汲	修
	八	前二行	回復遷貿會。非委積 南汲	曾	
		前二行	縱。令小民每嬰困苦 汲	徙 南	
		前九行	扶淮聚落。	洛 南北汲	洛字疑是○三朝板損

卷	葉	行	宋本	殿本	備註
傳卷二十一	九	前二行 後	戎軍。屢駕	車 汲	車字疑是
		前四行	寔充。事機 三南北汲	允	
	十	後八行	聞。其聲不食其肉 南北	同	汲古注宋本作哭。按此並不作哭，當是別本。
	十二	前一行	於第北立解。收養 汲	廨 南	解廨通用，見商子。
		後五行	悉與諱。參懷	鸞 南汲	汲古口注鸞宋本諱
	十四	前一行	王如故給九旒。故給九旒。鸞輅	不疊「故給九旒」四字 南北	殿本疑是
	十五	前一行	刺啓時刻已至。	已 三南北汲	修
		前三行	景雋啓子恪已至。	已 三南北汲	修
		後四行	寅遣人說之法。須昏人出 三	云 南北汲	云字疑是
	十六	前五行	降封昭胄子周監利侯 汲	同 南	南史 同字誤，見豫章文獻王傳。
	十七	後六行	數在園池中帖。騎馳走竹樹下 三汲	帖 南北	
	十八	後九行	脩之日。	曰 南北	曰字疑是
	十九	前四行	領齋。仗數百人檢捕群小 汲	齋 南	
		後四行	亡命王充。天等蒙楯陵城 三汲	衝 南北	南史衝

卷	葉	行	宋本	殿本	備註
傳卷二十一	十九	前後五行	又遣丹陽尹蕭諶○	順之 南汲	汲古口注順宋本諱○眉批：按汲古注脫之字.
	二十	前八行	江愈殷雲粲黃門郎○ 南汲 北	曇	曇字疑是，見十八葉後七行○南史.
	二十一	前三行	積口周之為美○ 汲	代用 南	
		前五行	旋窆○餘麓	窆	窆字疑是
		前五行	黻列韡轄○之容 汲	韡 南	韡字誤○士之轄以韡席，見禮襍記。
		後三行	出為特節○ 三	持 南北汲	持字疑是
	二十三	前一行	陳顯逵○時為征虜屯襄陽	達 三南北汲	宋本欄內批：本行及下一行均有達字寫作逵○修
		前四行	朝廷○令身單身而反 南汲	廷	廷字疑是
		前九行	計未丘○	立 南北汲	修
		後二行	阮報口○其兄子瑤之為計 汲	無口 南	
		後四行	為郢州衍○司馬子懋知之 三汲	行 南北	行字疑是
		後五行	叔業泝流下上至夜回下○ 三汲	直 南　南史	

南齊書　校勘記 列傳第二十一　武十七王　九十一頁

卷	葉	行	宋本	殿本	備註
傳卷二十一	二十三	前後九行	遣千瑤之說子懋曰	于 三南北汲	于字疑是○批修未修
	二十四	前二行	中兵參軍子琳之瑤之兄也	于 南北汲	于字疑是
		前四行	叔業遣軍主徐玄慶	主 三南北汲	修
		前五行	拔曰入齋	刄 三南北汲	按曰當是白之訛，見周盤龍傳。
		後三行	有事即使應接連已勅更遣	連 南北汲	
		後四行	量覓可使人數往南門觧 三汲三	陽 南北	
			陰諸要處參覘 三	覘 南北汲	修
		後六行	馬不可有廢闕并約語諸州	并 三南北汲	修
		後九行	已勅子真魚繼宗殷公愍至	設 南補北汲	設，不定之辭。○修
			鎮		
	二十五	前二行	或超五三階及文章詩筆 三汲	有級字 南北	見考證。
	二十七	後一行	上初以回下地帶江山 三汲	白 南北	
	二十八	後七行	延興建中九三誅諸王	有武字 南北 南史 汲	延興，海陵王年號。○按建武，明帝年號。
	二十九	前五行	封蜀漢郡王	廣 南北汲、南史	廣字疑是
		前八行	母荀氏盛寵 南汲	有有字	

卷	葉	行	宋本	殿本	備註
傳卷二十一	二十九	前後九行	生長尊手。 汲	貴 南 南史	
	三十	前五行	帝子。臨州	子 三南北汲	宋本欄內批：作上聲讀，似亦可通。○修
		前八行	飲食遊歷。動應開啓 三南	居 北汲	
	十八	前三行	准。南潁川 三	淮 南北汲	修

卷	葉	行	宋本	殿本	備註
傳卷二十二	三	前後一行	窅翳翳	疊窅字 南北汲	
		前二行	茫沆于。剛汴無。河口。口。	汴河 南汲	
		前九行	觸。山礥石 汲	礥 南	礥字誤
		後九行	王。地交氛	王 三北南汲	當作五，見考證。
	四	前二行	沆沆剛汗。浩浩 汲	于 南北	于誤〇三朝不明
		前八行	闇矣睔矣瞯簡目能煥七曜。之文 三	曜 南北汲	曜字疑是
		後二行	歲去口。歸 汲	冬 南	
		後八行	口。軒帳席 汲	帷 南	
	五	前四行	翔歸。樓去 南北汲	棲	
		前五行	長紘而。斷平表九絕	四 南北汲	四字疑是
		前八行	照天容於鮷口。	渚 南北 汲	
	六	前七行	口。麗色以拂烟 汲	籠 南	
		後九行	但。悵不道鹽耳 三汲	恨 南北	
	八	前六行	雖屢。舛錯 汲	屢 南	
		前八行	人。與吏部尚書王僧虔書 三	又 南北汲	修
		後三行	豈能山海陋祿甲。融情累 汲三	申 南北	

南齊書

校勘記 傳第二十二 張融 周顒 九十四頁

卷	葉	行	宋本	殿本	備註
傳卷二十二	九	前後三行	雖故乃勝新 汲	有也字 南	
		前六行	都目。非是 三 汲	自 南 北	
	十	前一行	融食炙始畢行炙人便去 三 汲	有行字 南	汲古行炙人作行人
		前二行	融欲求鹽蒜白。終不言 三	口 南北汲	汲古口注宋本作白
		前二行	方搖食貨。 三	指 南北汲	汲古注宋本作貨
		前四行	朝臣賀象端。公事 三	瑞 南北汲	汲古注宋本作端
		前四行	融袂。入拜起復為有司所奏 三	扶 南北汲	
		後三行	宋丞相起事 汲	有義宣二字 南	
		後五行	吾緣竺司馬得沽。	活 三南北汲	修
		後六行	悉脫衣以為膞。 三	膞 南北汲	
		後九行	建白旌無旒。 三 汲	旒 南北	旒字疑是
	十二	前二行	此外如樹銅為。 汲	網焉 南	眉批：樹銅金人三，減之義
		後七行	常謂惠開性太險後。	峻 南北汲	
	十三	前四行	百姓思遠。	之 南北汲	
		後三行	輒有相杖被綠。稽顙階垂 三	錄 南北汲	錄字疑是
		後四行	沾。涕告哀	泣 三南北汲	修

卷	葉	行	宋本	殿本	備註
傳卷二十三	十三	前四行 後四行	不知所伭。	振 汲	
	十五	前七行	菜食何未。最勝	味 三南北汲	修
		後七行	深懷如但。	怛 南北汲	三朝本作誤
		後七行	眉目内闞。南	闞	汲古作開
		後八行	非金人之慎。	同	汲古作■
	十六	前四行	誰敢干。議 汲	于 三南北	修
		前九行	而終身朝晡資之以永。 三汲	味 南北	味字疑誤○汲古晡訛捕。
		後一行	且區區微夘。 三	卯 南北汲	批修，實未修。
		後二行	跪薄易矜。 南	脆矜 汲	殿本疑是
		後三行	觀其飲啄飛沈。	行	行字誤○按飛沈指鳥魚言。
		後三行	使人物憐悼。 三汲	無使字 應 南北	
		後四行	以後枝剥。 南	挨 三北汲	
		後五行	百為愴息。 汲	思	
		後七行	口口口常事	輪迴是	
	十七	前四行	聞其風之豈不使人多愧 三汲	衍者字 南北	

卷	葉	行	宋本	殿本	備註
傳卷二十二	十七	前後四行	而干。君會友三	事南北	汲古干注宋本作事。〇按此正作干。
	十八	前五行	張融海賦文多脫誤諸本誤綴贊雲禪獨振句下		
			同		

卷	葉	行	宋本	殿本	備註
傳卷二十三	一	前後八行	晏宋大明末起家臨賀王國常侍員外郎 汲	宋大明末晏 三南北	修本○眉批：晏當在宋字上
	二	後三行	時令王儉雖貴而疎 三汲	脱令字 北	按王儉時爲尚書令故云○眉批：令字乃繫銜，南監本令上有尚書二字。
		後八行	諱清幹有餘	鸞 南	汲古口注鸞爲宋本諱 宋本欄内批：原不作手。
	三	前一行	十年改授散騎常侍	年 三南北汲	○修
		前八行	給彭吹一部	鼓 三南北汲	修
	四	前四行	好屏人清閒	請 三南北汲	
		前九行	少無持操 三汲	特 南北	
		後五行	事以謙虛	似 三南北汲	似字疑是
	五	前四行	北中郎司馬蕭毅 毅鍇筆	毅	宋欄内批：如此寫法常有之。
		後三行	識者云北勢不復久也 三	此 南北汲	
	六	前四行	南口陵蘭陵人也 南北	蘭	蘭字疑是

卷	葉	行	宋本	殿本	備註
傳卷二十三	七	前後四行	給特進爵衛陽郡公 汲	有扶字 南	汲古給特進下脫爵字
	九	前七行	同乘行車前導四平。三	卒 南北汲	
	十	前八行	少帝以坦之世祖舊人親信不難得入內。三	離 南北汲	
		後一行	或值醉後騾祖。	祖 三南北汲	祖字疑是○修祖
		後七行	始興內史蕭季敞南陽太守蕭穎基還都。尉。南	並應還都 汲	殿本誤○按還都尉故下文云藉其勢力○眉批：按還都尉乃還都之原，言還都尉則還都在京中，而藉勢二字亦有着落，並應還都四字殊嫌唐突。
	十一	前九行	置府江祏。三	祏 南北汲	宋本欄內批：本卷後頁作祏○修
	十二	前六行	追贈坦之中將軍 汲	有軍字 南	殿本疑是
	十三	前五行	大史密奏圖讖云 三北汲	太 南	太字疑是

卷	葉	行	宋本	殿本	備註
傳卷二十四	一	前後八行	為太祖○所敎 汲	子劭 南	殿本誤○按祖當是初之訛。二兇傳，劭改元嘉三十年為太初元年，殺悉事見江湛傳，並見宋書。
	二	前一行	從○帝立 汲	順 南	
		前四行	永廢溫清○ 汲	清 南	清字疑是
		前五行	為從祖淳後 汲	淳 南 南史	
	三	前九行	故有此回換吳○ 三	耳 南北汲	
	四	前四行	以風素見重 汲	風 南 南史	
		前七行	徽和之譽早○布國言	早 三南北汲	修
		後五行	門關衣介之失○	夫 三南北汲	修
	六	後一行	而令○疑以未辨為世大戮 三 汲	令 南北	
	七	前二行	僉謂昌寓○曰 三	寓 南北汲	宋欄內批：本傳全作寓
					○修
		後九行	父莊金紫光○祿大夫	光 南北汲	修○三朝模糊
	八	前三行	永明初高選友學	文 南北汲	文字疑是

卷	葉	行	宋本	殿本	備註
傳卷二十四	八	前後七行	誣同縣殷孝悌等西○人為劫四	三　南北汲	四字疑是
		後九行	速○名保徽在所不為中理	速　南北汲	修○三朝斷板空白
	九	前三行	失火燒郡外齋○南廂屋五間　北三	齋　南北	齋字疑是
		後一行	應天從民○　汲	順　南	
		後五行	論啟公齋○稽晚　三汲	事　南北	
	十	後七行	○立蒙賞接　三	竝　南北汲	竝字疑是
	十一	後三行	陛下矜○過之厚	矝	矜字疑是
		後四行	既自誓輕<命不復以塵	有軀字　南	汲注雍有軀字
			黷○為疑　三汲	點　南北	汲注雍作點
		後九行	寧守福○心　三	褔　南北汲	汲古注宋本作福
	十二	前二行	今若秖○膺所忝	祇	祇字疑是
		前七行	仰斯○一照　三	祈　南北汲	
	十三	前五行	歷宦○府闈　汲	官　南	

卷	葉	行	宋本	殿本	備註
傳卷二十五	一	前後六行	並爲太祖。所殺	子劭 南汲	汲古注宋本作太祖○考異云太祖乃太初之訛
		前七行	人。歲襲爵枝江縣公	八 南北汲	修○三模糊似八
		後三行	安武。王文學	成 南北汲	汲古注宋本作武
		後七行	齊臺建。爲世子庶子	建 三南北汲	修
	二	後四行	今江南未曠。 三南汲	廣 北 南史	廣字疑誤
	三	前八行	與陳顯達三。晏並臨軒 三	王 南北汲	修
		後四行	晝卧齊。北壁下 三汲	齋 南北	
		後九行	侍。罪家巷耳 南三汲	待 北	
	四	前七行	臣北。訪之故老	比 三南北汲	修
	五	前五行	及江祏。見誅	祏 南北	祏字疑是○汲古訛祏
		前六行	衆情遑。惑 南北汲	惶	
	六	前九行	虎賁中郎將許准。 三汲	準 南北	
			沈文季門世中間空白一葉	闕二百九十八字 有沈文季字文達	眉批：按每行十八字計，
			祕書郎	吳興武康人父慶之宋	全葉三百二十四字○
				司空文季少以寬雅正直見知孝建二年起家主	殿本連多出三十六字，

卷	葉	行	宋本	殿本	備註
傳卷二十五		前後行		薄邀 三十六字南北	并記三百三十四字.
	七	前三行	江夏王太祖東曹掾	尉 南北汲	尉字疑是
		後一行	以南臺御史賀璣為桂下史 汲	成 南 南史	
	八	後四行	當今將略足委以邊事 汲	無要字 南	
		後八行	文季與淵並喜琵琶 三	並善 北南汲	汲古作並喜
	十	後五行	謂豫章王起曰 汲	疑 北南	
		後七行	賊衆爲合畏馬官軍至	焉 南北汲	
			錢唐 三		
	十一	前二行	免官削爵付東冶 三汲	冶 南北	冶字疑是
		前五行	雖匪日而殄要斬于王略 三南北汲	蹔	
		前八行	爲百姓破掠並不經格戰 汲三	首 南北	
			委職故是元蔚天愍	散走 三南北汲	
			還臺		
		後九行	西昌侯諱	鸞 南	汲古口注鸞宋本諱
	十二	前一行	諱等結贖論	鸞 南	汲古口注鸞宋本諱○
					汲古結訛緣

卷	葉	行	宋本	殿本	備註
傳卷二十五	十二	前 後 二行	思祖諱文季原 三	𪇘 南	汲古□注𪇘宋本諱
		後一行	隆昌元年 三	隆 南北汲	隆字疑是○按隆昌，鬱林王年號。
		後九行	數遣經兵相抄擊 三	輕 南北汲	輕字疑是
	十三	前九行	欲與文季給世事 三	論 北南 南史	汲注、雍作論
		後四行	見孝嗣被害 汲	同 南	
		後八行	昇明末為相國西曹 三	未 南北汲	未字是、修。
	十四	前三行	南郡王友學華選以昭略 三	文 北汲	文字疑是
			為友 二南		
		前四、五行	昭略建武世嘗酒酣與謝	脫「昭略建武世嘗酒酣	汲不脫
			瀹善口累遷侍中 汲	與謝瀹善口」十三字 南	
		前七行	昭略之文季俱被召入華林省 汲	有「潛自南出濟淮還臺至是與」十一字 南	汲古有校語○眉批：按汲古校語所引北雍本並無新材料。
		後四行	民之信矣 三 汲	信之 北	南斯信。
	十五	前七行	易以待商 三	敵 南北汲	汲古注宋本作商.

卷	葉	行	宋本	殿本	備註
傳卷二十六	三	前八行	常乘輿。自望賢門入	輿 三南北汲	
		後四行	河東王鉉等十三王一夕見殺	七 三南北汲	修
		後六行	給班劍二千。人	十 三南北汲	修
		後七行	潛與江柘。兄弟謀自樹立	祏 三南北汲	修
	四	前四行	遥光弟遥昌先平 三汲	卒 北南 南史	卒字疑是○眉批：按遥昌，永泰元年卒。
		前五行	傳東府前く 汲	有渚字 南 南史	
		後三行	勸遥光令率城內兵夜攻臺		
			葦萩。燒城門	荻 三南北汲 南史	
	六	後七行	逆從。之數 汲	順 南	修
	七	前三行	焚燒屋。宇旦。盡 三	且 南北汲	
		後九行	慶遠日 汲	曰	曰字疑是
	八	前二行	會鄉來問齊王。廢立 汲	主 南	
		後八行	不失美。無。 三	舊好 南北汲	汲古注宋本作美無
	十一	後六行	真。興子孫 三	貞 南北汲	貞字疑是
補傳卷二十五	四	後三行	善。商肥磽之異 缺一點	商	原批不必補，已補。

卷	葉	行	宋本	殿本	備註
傳卷二十七	二	前後二行	未嘗詣一朝貴。三	貴 南北汲	貴字疑是
		後七行	州西曹荀丕。	平 南北 汲	平字誤○按南史豫王傳作荀丕.
		後七行	丕。乃遣書曰	平 汲南北	平字誤
	三	後七行	無以貽。離。汲	相貽 南	
		後七行	丕。潁川人	平 汲南北	平字誤
		後八行	丕。獻書	平 汲南北	平字誤
		後九行	尚書令王儉當世。汲	事 南	汲注雍作事
		後九行	丕又與儉書	平 汲南北	平字誤
	四	前二行	請罪丕。丕上書自申	平平 汲南北	殿本誤
	五	前七行	慈以朝堂。諱榜	同	汲古注宋作掌。按此並不訛掌。
		前九行	至於名族不著昭自方篆。	策 南北汲	汲古注宋本作篆
		後三行	若乃式功鼎臣	武 三南北汲	
	六	前一行	空飈。簡第	標	
		前二行	直日。朝堂 汲	述 南	

卷	葉	行	宋本	殿本	本備註
傳卷二十七	六	前後四行	何情興。之或廢	典 南北汲	典字疑是○汲古注宋本作興
	七	後一行	約少尚宋孝武女字吉。公主	安 汲改安	安字疑是，見南史
		後七行	通真。常侍	直 汲	直字疑是
	八	前七行	蔡氏故。是禮度之門 汲	脱故字 南	
	九	後二行	與府參軍沛國劉璡。	璡 南北汲	璡字疑是
	十	前九行	未嘗卿。士大夫 北雍	同	汲古輕○按輕誤
		後七行	帝遣左若。單景雋以事請閒 三	右 南北汲	右字疑是○汲古單訛軍○按南史作主書單景雋
	十一	前一行	出輔國將軍 南	有為字 汲	
		前三行	入為王。兵尚書 三	五 南北汲	五字疑是，見百官志。
		前三行	崔惠。景事平 南北汲	慧	惠慧古通用
	十二	前二行	或空稅。江行 三	稅 南北汲	稅字疑是
		前五行	去之。從豐良由鐵棘 三汲	乏 南北	乏字誤○眉批之指吴興言，若用乏字，則與下文鐵棘犯複。

卷	葉	行	宋本	殿本	備註
傳卷二十七	十二	前後六行	或攜老弱陳力餬口 汲	有提字 南	
		前八行	而元懟幸災擁利 三南汲	權 北	
		後二行	懼貽譴詰。 三汲	詰 南北	詰字疑是
		後三行	任以物上。譬以狼將羊 南北汲	土	土字疑是〇三朝板損
	十三	前一行	用天分地者。 三南汲	也 北	者字亦通
		前五行	多是士人。 汲	士 南	士字誤〇按士人對下羣户言
		前六行	蓋惟分口。	定 南北 汲	
		前六行	百端輸調 三汲	輸 南北	已修
		前八行	蠶事施而農業廢 三	弛 南北汲	弛字疑是
		後八行	具。事不存	其 南北	
	十四	前三行	冥縣簡保 三汲	有委字 南北	
		前四行	略其口。口。 汲	毛目 南	
		前六行	公私殘盡。 三汲	燼 南北	
		前八行	吴興本是塉亡。 三南	土 北汲	土字疑是
		前九行	事在可循 三汲	有知因二字 南北	汲注「雍有知因二字」
	十五	後四行	太祖以秉是惠基妹天。 三	夫 南北汲	夫字疑是

卷	葉	行	宋本	殿本	本備註
傳卷二十七	十七	前四行	閒之故當不侵。私邪 三汲	復 南北	復字誤。即上文私祿足充獻奉意。
		後三行	恵休事神謹。欲得美遷 王 故	南北	汲注雍故

南齊書 校勘記 列傳二十七 王秀之 一〇九頁

卷	葉	行	宋本	殿本	備註
傳卷二十八	一	前一行	音。陵王司徒板法曹行參軍竟 三	北汲	按音乃竟之訛。南晉
		後三行	春庚。秋蟀	同	汲古庚
	二	前二行	翁歸乃居中自是。 三汲	見 南北	汲古注宋本作是
	三	前五行	自其將卒奔離資待銷關。 三汲	峙 南北	峙字疑是
	四	前四行	載之玄頻。 三	晃 南北	汲古注宋本作頻○疑頞之訛。
	五	前一行	事符則感。	同	汲古注宋本作感。按此不作感。
	七	前一行	上置琅邪城射堂壁上遊。 南北	同	汲古作山，注雍本作上○。
			幸輒觀視焉		眉批：按上遊幸三字連讀。
		前二行	上幸芳林薗禊宴朝臣。 三	園 南北汲	
		前八行	今。覽王生詩序 三汲	今 南	今字疑是
	八	後三行	從以制遂。 汲	順 南	
		後九行	聘士卒之餘憤。 嘉靖	騁 南北汲	騁字疑是
	九	後六行	然後使中丞孔穉珪倚為	稚 南北汲	稚字疑是，見傳二十九○。
			奏曰 三		眉批：「中丞孔稚珪」見王奐傳。

卷	葉	行	宋本	殿本	備註
傳卷二十八	九	前後九行	狡算弄。聲勢 三	弄 南北汲	弄字疑是
	十	前三行	融辭曰。三	曰 南北汲	修
		前四行	但風忝。門素 三	忝 北汲	忝字疑是○南作忝
		前五行	過。蒙大行皇帝獎育之恩遇 汲	遇 南	遇字誤
		後四行	狡榮。聲勢 三	弄 南北汲	弄字疑是
		後九行	因。才分本劣 三南	囙 北汲	囙字疑是
	十一	後二行	解褐豫<王太尉行參軍 嘉靖	有章字 南北汲	殿本疑是
		後三行	度。隨王東中郎府 嘉靖	歷 北汲	歷字誤。初仕豫章王，轉仕隨王，故曰度○南遷
		後三行	主。儉	王 南北汲	修○嘉靖王倫
		後四行	東門。祭酒 嘉靖	閤 南北汲	汲古閣
	十二	前四行	<乃服義徒擁 南汲	有況字	
		前六行	東亂。三江西浮七澤 三	泛 北南汲	汲注宋本作亂
		後三行	唯侍。青江可望 三汲	侍 南北	
		後四行	未。邸方開	朱 南北汲	朱字疑是○漏修
		後七行	啓讓不當不。見許 汲	無不字 南 南史	

卷葉行	宋本	殿本	備註
傳卷二十八			
十三 前三行	上甚善°賞之 嘉靖	嘉 南北汲	
後三行	朓°上表三讓	朓 嘉靖、南北汲	前後皆作朓、朓字疑是。修○實未修
前四行	中書疑朓°官未及讓	朓 嘉靖、南北汲	
後五行	朓°撰哀策文	朓 嘉靖、南北汲	朓字疑是○修○實未修
後五行	江祏°欲立江夏王寶玄	祏 嘉靖、南北汲	祏字疑是○修○實未修
後六行	密謂朓°曰	朓、嘉靖、南北汲	朓字疑是○修○實未修
後九行	遥光又遣°親人劉渢 汲	遣 南	
十四 前三行	即以祏等°謀告左興盛 南汲 嘉靖	有劉暄二字 北	
前四行	乃稱敕見朓°仍回車 嘉靖	召 南北汲 朓 南北汲	修朓
前五行	謝朓°資性險薄 嘉靖 第五行二見	朓 南北汲	此修未修○第五行首見謀朓 已修朓
後四行	日夜縱°諛 嘉靖 汲	從 南	從字疑是

卷	葉	行	宋本	殿本	備註
傳卷二十九	二	前後四行	宜列其性業。三	姓 南北汲	
		後五行	坐逆用祿錢免官 三	過祿 南北汲	
	四	後六行	錄其允衷。南北汲	尤	尤字誤
	五	後七行	今之聽獄〻 三汲	有者字 南北	
	六	前八行	獷猜。濁氣忍并生靈 嘉靖	情 南北汲	情字疑是
		前八行	昏心狼態。	狠 南北汲	汲古根態訛狠之。根 嘉靖
		後四行	元帝。文惠績映魏闕 嘉靖	常 南北汲	
		後八行	拔其精究。使庭內局 嘉靖汲	究 南北	究字疑是
		後八行	簡其身良。嘉靖汲	才 南北	
	七	前三行	若絃栝。之相援矣 三南汲	括 北	栝字疑是，見釋名
		後三行	一則鐵馬風馳。汲	馳 南	馳字疑是
	八	後一行	飲馬籠城。三	龍 南北汲	龍字疑是
		後二行	而漢之棄甲十亡其九。三南	器 北汲	器字疑是
	十	前二行	使精悉而訐亂。三	銷 南北汲	
		前四行	貪而好古 汲	貧 南	
	十二	前五行	疑〻足八字云 三南汲	有惟字 北	

卷	葉	行	宋本	殿本	備註
傳卷二十九	十三	前後三行	頗自矜知。三	詡 北南	汲古注雍作詡
		後四行	滎。陽毛惠遠 三	滎 南北汲	滎字疑是
	十四	前六行	莫用矜。府 南	矜 汲	

卷	葉	行	宋本	殿本	備註
傳卷三十	三	前後四行	柳世隆有動。望	重 三南北汲	重字疑是
	四	前一行	去。十年九月十八日 汲	至 南北	至字誤。孔稚珪奏在十一年，此追叙十年事，故云去。
	五	前四行	敢亂。王法 三南北汲	辭	辭字誤。指上文干預廟構。
		後二行	曰我不作賊 三汲	有負字 南北	
		後三行	政恐曹呂輩小人粗。陵藉 三	相 南北 南史、汲	粗疑來相二字併訛（粗不成字）
		後三行	彪。遂出與虎軍戰	遂 三南北汲	修
	六	前一行	取。棄衣冠	敢 三南北汲	敢字疑是
		後四行	叡解義有口才 汲	有文字 南	
	七	前四行	恒因愚習情。 三汲	惰 南北汲	惰字疑是
		前七行	或當有淮。 三汲	准 南北	准字疑是
		後四行	口。平王征北長史	建 南北	建字疑是
	八	前四行	袟。中二千石	秩 三南北嘉靖汲	殿本欄內批：通用
		前五行	還輔國將軍大。傅長史 嘉靖	太 南北汲	太字疑是
		後三行	父東。通直郎 南北嘉靖汲	東	東字誤，見宋書張劭傳。
	九	後四行	虜并兵攻司州除。青右出。	徐詔 南北汲	有校語，殿本。

卷	葉	行（前/後）	宋本	殿本	備註
傳卷三十			軍人分其兵勢。		
	十一	前九行	東昏遣軍主巴西梓潼二郡	巴 南北汲	修
			太守 三		
		後三行	而內外各自侵。不能相救 三	保 南北汲	保字疑是
		後六行	加湖城淹漬。義師乘高	潰 南北汲	潰字誤○眉批：淹漬二
			艦攻之 三		字前曾見過，惟不記何傳。
	十二	後一行	時郢魯二城以。降 汲	已 南	
	十三	前一行	覆此冑。華 三	胄 南北汲	修
		前六行	除青右疑	無此四字校語	

卷	葉	行	宋本	殿本	本備註
傳卷三十一	二	前一行（後）	聖明御寓。 三	寓 南北汲	寓字疑是
		前八行	韓。昭粲爲右將軍中書令 三	轉 南北汲	轉字疑是
	三	前四行	驃騎。火將軍	大 三南北汲	修
	五	後八行	帝迎寶寅。入宮問之 三南	夤 北汲	夤字疑是
	六	前五行	中興二年謀反誅。 汲	奔魏 南	考異云寶夤奔魏，見魏史。此云誅者，據梁人之詞，以爲寶夤已死，其在魏者，僞也。
	七	前三行	夫逆從。有勢 汲	順 南	

卷	葉	行	宋本	殿本	殿本備註
傳卷三十二	一	前後七行	賧。稅不斷	賦 三南北汲	賦字誤○按蠻夷以財贖罪曰賧。
		後九行	先啓岷漢。 三南汲	岷 北	
	三	後三行	虜又遣僞將劉藻高忽。	忽 北	
			纔至 南孟靖、汲		
	八	前八行	時輔國將軍徐世標專勢。	執 南	
			號令 汲		
	九	前七行	游盪主董伯珍 三汲	有軍字 南北	殿本疑是
		前八行	騎官相。靈福等 三	桓 南北汲	桓字疑是
	十	前二行	能捕虜。 汲	虎 南	
		前七行	拒慧景於北籬。門 三汲	籬 南北	籬字誤
		前七行	慧景引軍入樂遊 三汲	有苑字 北	南有苑崔二字
		前九行	於是東府頭。石。白下新亭	石頭 南北	石頭疑是
			諸城皆潰 三汲		
		後五行	時巴陵王昭胄。先逃民間 三	冑 南北汲	脩
	十一	後一行	與驍將劉運詣城降 汲	有靈字 南 南史	殿本疑是

卷	葉	行	宋本	殿本	備註
傳卷三十二	十一	前後八行	徐景智栢○靈栢 三南北	栢	栢字誤○汲作桓
	十二	前二行	與左興盛軍客袁文曠爭	容 南北汲	容字誤，見王敬則傳。
			敬則首 三		
		前四行	帝以其勇使○謂興盛曰 汲	健 南 南史	健字誤○眉批：恭祖訴時興盛未必在側，疑便是。
		後八行	被○子○然之辭	彼子 南北汲	彼子疑是
		後九行	蒙國之切 三	家 南北汲	家字疑是
	十三	後一行	僥○小民之無識耳 三汲	倖 南北	
		後四行	則○何○戈之士 三汲	荷 南北	按荷古作何
	十四	前一行	何○則狂主雖狂 汲	若以 南	殿本誤
		後一行	心○不嘗須臾之間而不在公 三汲	未 南北	
		後三行	鎮軍將軍臣穎胄○ 三北汲	同誤 南作胄	當作胄，見蕭赤斧傳。
		後五行	中領軍臣諱○	衍 南	汲古□注衍，宋本諱
	十五	後二行	今□○之旨 汲	茲 南	
		後八行	唯陛下孰○察少留心焉 三南	熟 北汲	孰古作熟
	十九	後七行	前鑒未遠，已恐之乎 嘉靖	忘 南北汲	忘字疑是

卷	葉	行	宋本	殿本	備註
傳卷三十二	十九	前後九行	慧景慮為大忠。	患 南北、嘉靖、汲	患字疑是
	二十一	後二行	死者。年四十六	時 三作旨 南北 汲	時字疑是○者疑旨之訛。
	二十二	前一行	制勝轉九。	丸 三南北汲	修

南齊書

卷	葉	行	宋本	殿本	備註
傳卷三十三	一	前後二行	王浚。之	逡 三南北汲	逡字疑是，見傳文。
	二	後三行	久。居官不。願數遷	人 脫不字 南	人字誤。汲本久作人，有不字
		後七行	妨我輩塗轍。	轍	轍字疑是
		後九行	何如我未進之比言達儉 三汲	有時字 南北	汲注雍有時字
	三	前一行	宋世文名甚盛人。齊頗減	入 三南北汲	修
		前五行	祖弘之	有宋字 南北 汲 南史	
	五	前四行	列管斷匙鳴死滅族之 汲	有「公頗閒不時王蘊居父憂與袁粲同死故云」十七字 南	
		前五行	尸著服之諸字邊衣也	有「也服者衣也」五字 南	
		前六行	郴。退 三	彬 南北 汲	彬字疑是
		前六行	郴。自作此 三汲	彬 北南	彬字疑是
		前六行	郴。又曰 汲三	彬 北南	彬字疑是
		前七行	跂。予望之 南汲	跂 北 三板損似作跂	跂字疑是
		前八行	郴。頻飲酒 汲三	彬 南北	彬字疑是◯ 三朝板損，似作跂
		後九行	尚書北。部郎 三	比 南北汲	比字疑是，見百官志上

部尚書

校勘記 列傳第三十三 文學 一三一頁

卷	葉	行	宋本	殿本	備註
傳卷三十三	六	前後一行	郴性飲酒。 汲三	郴 南北	
		前四行	郴曰 汲三	彬 南北	
		前六行	郴又目禽獸云 汲三	彬 南北	
		後三行	賦祭酒以下 三	指 南北汲	指字誤
		後七行	丘巨源蘭陵蘭陵人也	巨 南北汲	修
		後八行	巨源少舉丹陽郡孝廉	巨 南北汲	修
	八	前七行	則良宜以才賜外。 嘉靖	列 南北汲	列字誤。對上文以勇獲賞言。
		後七行	徙關敕旨	徙關 嘉靖、南北汲 南補	修徙。闢似是關字。
	十	前三行	約又多載孝明帝諸鄙（瀆事 汲）	有武字 南	殿本疑是
		後六行	司空王僧虔及子志。八分其。（衣食 汲）	與 南	
	十一	前一行	揚州別駕闡子也 三	闡 南北汲	闡字疑是，見陸鍾傳
		前二行	五言詩體甚新變。	奇 三南北汲	
		前八行	沈約宋書謝靈運傳。後叙	傳 三南北	傳字疑是

卷	葉	行	宋本	殿本	本備註
傳卷三十三		前後行	又論宮商		
	十一	後四行	大旨鈞。使宮羽相變，低昂舛節 三	鈞 南北汲	修
	十二	前八行	劉楨。奏書大明禮勢之致 三	楨 南北 汲	楨字疑是，見三國志。
	十三	後一行	高不。低昂 三 汲	下 南北	下字疑是
		後九行	故鄙意所謂。志祕未觀者也 三	此 南北汲	此字疑是
	十四	前四行	以洛神比。陳思他賦	比 三南北汲	比字疑是
		後三行	俱為文惠太子所還。三	遇 南北汲	遇字疑是
		後九行	桼。器題為日字	漆	
	十五	前二行	料得父時假貫。文疏 三南	貫 北汲	貫字疑是
		前九行	吏部郎謝眺。三	朓 南北汲	修
	十六	前三行	採史漢所泥。二百餘事 嘉靖 汲	漏 南北	汲注雍作漏
	十七	前三行	藉。素為基	籍 南北	
		前六行	黜陟遷補，該研記 三南汲	有悉字 北	殿本疑是
	十八	前四行	羣民。糾紛 三南北 汲	氏	氏字疑是
		後七行	唐世冬至日在今宿之左。	合 三南北汲	考異云當作今
	十九	後九行	羣流共源□□□□。	庶無乖謬 南汲	汲古注宋本無「庶無乖謬」四字。

南齊書

卷	葉	行	宋本	殿本	備註
傳卷三十三	二十	前後七行	文惠太子東宮 南汲	有在字	殿本疑是
	二十一	前二行	會達有事 汲	有軍字 南	
	二十二	前四行	九十八州士族譜合百泰七百帙	帙 三南北汲	按泰疑是袠之訛
			餘卷		
	二十四	前二行	本丸准的 嘉靖	非 北汲	汲古注宋本作丸 南作爲 本作未
		前六行	頓失清采 嘉靖	精 南北汲	精字疑是
		後三行	獨中胸懷 嘉靖	獨 南北汲	獨字疑是

校勘記 列傳第三十三 文學

一二四頁

卷	葉	行	宋本	殿本	備註
傳卷三十四	一	前後七行	長史。犯法 南	吏 汲	吏字疑是
	二	前五行	位次遷升。 南北	并 三 汲	并字誤
		前八行	傳。琰字季珪	傅 南北汲	傅字疑是
		後四行	琰尤明察又著〈名 汲	有能字 南	
	三	前五行	江左鮮有世云。諸傳。有治	匹 南北 傅 南北汲	匹字誤。傅字疑是。
			縣譜 三		按世云二字當連讀。
					南史作時云。汲作世傳
		後三行	琰子翹問〈玄明曰	有之字 南北 汲	殿本疑是
	四	前九行	新安太守。樂向之罷郡 三汲	尚 南北	尚字疑是，南史循吏傳
		後八行	以母。老解職 南北	毋	毋字誤
	五	前一行	淵歡。曰	歎 北三南汲	歎字疑是
	六	前一行	虞晨之清。至於此	君 北	汲古作口。三晨。南愿
		後三行	懷慰宗從善明等〈太祖	有為字 南北	
			心腹 三汲		
	七	前六行	膠東。淵化穎川致美 嘉靖汲	流 南北	汲注雍流
		後七行	泰始中。為大學。博士	太	太字疑是

卷	葉	行	宋本	殿本	備註
傳卷三十四	十一	前後三行	滎陽毛惠素 汲	滎 南	滎字誤，見州郡志
	十二	前二行	治稱清嚴	嚴 南 北 汲	三朝似改板
		前七行	許猛之風雖衰 南北	奇	奇字誤
		前九行	而碁月之望已求治術	已 汲	已字疑是
		前九行	元公後私	先 三南北汲	修
		後一行	且目見可欲 三南北汲	日	日字誤。此字遠勝於日字。

卷	葉	行	宋本	殿本	備註
傳卷三十五	一	前後三行	杜京產。南北	脫產字 汲	宋本欄內批：見杜栖傳。
	二	前一行	永形。神於天壤	示 南汲	示字誤
		前三行	次則揭獨性。之高節	往 三南北汲	
		前五行	行岑。出澤。三汲	吟山 北南	吟山疑是〇汲注雍作吟山
		前五行	果。志遠。道 三汲	求達 南北	汲注雍求達
		前六行	含。貞養素 三南北汲	舍	舍字誤〇此字(含)似不通
		後三行	褚伯玉字元璩。南	璩 汲	璩字疑是
		後五行	父為之婚 三汲	衍之字 南北	
	四	前七行	齊郡明僧。紹 三北	僧 南汲	僧字疑是
		後九行	若。辭不獲命 三汲	若 南北	若字疑是
	五	後九行	水漿不入口六十。日 汲	七 南	
	六	前三行	悅勸。風教	歡 三南北汲	歡字疑是
	七	前一行	天府尤。貧於昔 南北	有	有字誤
		前五行	捐源尚未。三	末 南北汲	末字疑是
		後六行	旰食舊。懷 三汲	縈 南北	汲古旰訛盱
	八	後三行	學者㸦。相非毀	互 三南北汲	按㸦乃互之訛

卷	葉	行	宋本	殿本	殿本備註
傳卷三十五	九	前後九行	上廢宗禮 三	祀 南北汲	
	十	後八行	佛跡光大宜以禮物 三汲	化 南北 南史	汲注雍化
	十一	前一行	自相矜解	聆 南汲 南史	汲古作聆
	十二	前一行	泥洹之道無死之作	地 三南北汲	
		前四行	而盜在釋前	盜 三南北汲、南史	盜字疑是
		後一行	民有以矣 三汲	良 南北	
		後三行	而露首編踞	偏 南北	
	十四	前一行	行亦遠於無央	遠 南汲	
		前八行	道人與道士獄是非 三汲	辨	北監作辯，南同北監
	十五	前三行	魚次第來取食乃去 汲	有「皆各呼之」四字 南	
		後一行	朔望輒拜席甘珍未嘗先食 嘉靖、汲	薦 南北	眉批：藏席字句可通
	十六	後八行	父鑠宜都太守 三	鑠 南北汲	殿本疑是
	十七	後一行	求兄弟以此無官情 南汲	宦	宦字疑是
		後三行	性寧剛鮮狎人物 汲	好 南	好字誤，下文王儉知不可見：子良謂非所識可證。

卷	葉	行	宋本	殿本	本備註
傳卷三十五	十七	前後四行	我作齊書已竟ㄑ云 汲	有植貞字 南	
	十九	前五行	禮物長齊。 三	齋 南北汲	
	二十	前五行	但當用天道分地利 南北	周	周字誤，見孝經
		後四行	測長子宦在京師	官 南北、嘉靖、汲	官字誤○張校宦可通
	二十一	前一行	量腹而進松木。	术 三南北汲	修ゝ
	二十二	前一行	閑意宋宦。 嘉靖	榮 南北汲	汲古注宋本作宋官，按此乃作官、
		前四行	太祖遣儒士劉瓛入東爲 瞱講說 南	守 嘉靖、北汲	守字誤
		後七行	則岧谷舍懽 南北	舍	舍字誤
	二十三	前四行	祖膺ㄑ晉太中大夫 汲	有期字 南、南史	
		前七行	山東故有奇士也。 三汲	藪 北南 南史	
		後二行	何爲不希金日損 南史 南北	同	汲古注宋本作金，按此並不訛金，當係別本
		後五行	隱居餘不吳差山 三	干 北南	干字誤○汲古訛于○按ゝ餘不溪在吳興，見一統志

卷	葉	行	宋本	殿本	備註
傳卷三十五	二十三	前後八行	驎士闡郡後堂有好山水乃經。往 三南汲	住 北	住字誤
	二十四	後六行	耳目猶聰。手以及故。抄寫 三	明火 南北汲	南史及故火下
			火下細書 三	燈 南北	汲古作火
	二十五	後一行	洸情味古 三南汲	精 北	
	二十六	後一行	山多龍鬚檟柏 汲	有檟字 南 南史	汲古注[illegible]本多檟字
	二十七	前二行	尋而唐寓之。賊破郡 三南	寓 北汲	寓字疑是。事在永明四年，見本記三。
		前九行	禮從。樂和而已 汲	順 南	
		前九行	仁愛義其。	宜 南汲	修
		後二行	引古證今。 三南北汲	之	之字誤
	二十八	前一行	天口。連環歸乎適變	日 南汲	日字誤○按田駢善談，號天口，見漢書藝文志。
		後一行	乖心異旨。 南北嘉靖、汲	言	○眉批：縱橫家。
		後七行	道本虛無非由學。至	學 南北、嘉靖、汲	

卷	葉	行	宋本	殿本	備註
傳卷三十六	一	前後九行	社栖。	杜 嘉靖、南北汲	修
	二	前三行	人之含孝稟。義太生所同	稟天 南北嘉靖、汲	
		後七行	雀卵利模。 嘉靖、汲	模 南北	模字疑是，見五行
		後九行	欲令忠孝並弘	令 南北嘉靖汲	令字疑是
	三	前七行	事母及伯父謹節。 汲	甚謹 南	殿本誤○按節指下文省飡減食事。
		前七行	以供。母伯 嘉靖、南汲	養 餠及字 北	養字誤
		後五行	弟尉之為武進縣戍。 三	戍 北汲	戍字疑是○南吏
		後七行	建元三。年有詔蠲表	二 南北汲	
	四	後六行	不食鹽菜。	菜 三南北汲	菜字疑是，見杜栖傳
		後八行	尋母又亡 三南汲	母尋 北	殿本誤
		後八行	種菰半畝。 三汲	瓜 南北	瓜字誤。按瓜不採子。
		後九行	朝採菰子。 三汲	瓜 南北	瓜字誤
	五	前四行	遂得以免嫁康之 嘉靖、南汲	免及	
		前七行	倪翼之母丁氏 嘉靖、汲	吴 南北	
		前八行	分衣食以飴里中饑餓者 嘉靖、南北汲	貽	按飴古通詒，見前漢劉向傳注、

卷	葉	行	宋本	殿本	備註
傳卷三十五	五	前三行 後三行	大雪商旅斷 嘉靖、汲	有行字 南北	
	七	後八行	四居○同居	世 南北、嘉靖 汲	世字疑是
		前三行	姨亡無以葬	嫂 南北、嘉靖、汲	
	八	前四行	荒年被略賣江此○	北 南北、嘉靖、汲	修
		前六行	又讓世業舊田與族弟亦 不受	疊弟字 嘉靖、汲 南北	
		前六行	第○田遂闕廢	無第字 嘉靖、汲 南北	殿本疑是
		前八行	首○少與兄共處○一帳	自 同 嘉靖、汲、南北	自字疑是
		後七行	氷○明十一年	永 南北、嘉靖、汲	修
	九	後五行	謙之揮刃軒冤 嘉靖、汲	酬 南北	按軒疑斬之訛
		後九行	應具來田○	由 南北、嘉靖、汲	修
	十	前八行	官至江夏正參軍 三南北	王 汲	王字疑是
		後七行	宜加榮命以矜○善人	矜 三南北汲	宋本欄内批：缺筆○修
		後八行	榮○頤字文德南陽涅陽人	樂 南北	樂字疑是○按南史作樂頤之
		後九行	仕為京○府參軍	京 南北 南史	汲古作原○按京原二字

卷	葉	行	宋本	殿本	備註
傳卷三十六		前 後 行			古通用，見禮記檀弓疏
					後漢銚期傳。○三朝原
	十一	前一行	頤忽思父涕。泣	涕　汲	
		前四行	湘州刺史土。僧虔	湘　王　嘉靖、汲。南北	均修
		前八行	弟豫。亦孝	預　汲	預字疑是○眉批：頤、
					預兄弟名均頁傍。
		前九行	預悲國。悶絕	慼　南北　汲	
	十二	前四行	晝日斫屟。　汲	屧	按屧本作屟，見說文。
		前五行	衣獘乏氣饑死　汲	有恐字　南	汲注雖有恐字
	十三	後二行	水漿不入口七日晨夕不能哭。	罷　南北	罷字誤。以七日飢餓，故
			三汲		不能也。
	十四	前七行	主王。地重才弱　三	上　南北　汲	上字誤。指揚州刺史始
					安王遙光。

卷葉	行	宋本	殿本	備註
傳卷三十七 一	前五行 後	劉孫宗。三汲	係 南北	係字疑是○本卷六葉傳文作係
二	後三行	有制局監內器仗兵役三汲	領 南北	
三	前三行	政是諱耳。	蕭道成 南	汲古口注蕭道成宋本諱。
				按此蕭惠開語，不應有
				蕭字。
	前八行	從大祖頓新亭。	太 南北	太字疑是。
四	前二行	大。祖坐東府高樓	太 三南北汲	修
	前四行	我意不欲便耳。三	爾 南北汲	爾字疑是
	前五行	大。祖遣衆軍	太 南北	修
	前七行	叫聲不絕之。必官軍所攻	是 三南北汲	是字疑是
	後二行	我下。不復能別也	亦 三南北汲	按我下二字連讀，觀上
				文「學上手迹下名」可證。
				○眉批：我下，我自書也。
	後三行	得一。錫鐵。大數尺	古 鐵	鐵字誤，汲古南北監並作
				鈇。○眉批：下文九錫之鈇。
				鈇是○。南北一作古

南齊書

卷	葉	行	宋本	殿本	備註
傳卷三十七	四	前後四行	此自大遠之物	久 三南北汲	
	五	前三行	永明元年寧喪 三汲	丁父 南北 南史	按寧喪猶言居喪，父母喪予寧三年，見前漢哀帝紀。
		前五行	世祖嘗自送之笑曰人何必	目 三南北汲	修
			討門户	計 三南北汲	修
	六	前二行	誕舉兵應陵城內皆菀	死 三南北汲	死字疑是
		前七行	令天地重開 三汲	今 南北	今字疑是
		前八行	使寫諸處分數今及四萬 三汲	令 南北 方 南北 三汲	修令○方字疑是○汲作今，方○三同汲
			書疏		
		前九行	使主書七人書吏二十人配之	十 三南北汲	
		後八行	百姓安怗	帖 三南北汲	
		後九行	係宗啓讁役東民丁隨寓	衍在字 南北	
			之為逆者 汲		
	七	前七行	年元十七 三	七 南北汲	七字疑是
		前九行	如法亮	茹 南北汲	茹字疑是○三朝茹

校勘記 列傳第三十七 倖臣

一三五頁

卷	葉	行	宋本	殿本	備註
傳卷三十七	七	前後一行	歷齊。幹扶 三	齋 南北 有侍字 南北汲	有侍字疑是○汲齋作齊
	八	後六行	高宗即位住東齊。	齋 三南北汲	
	九	前二行	旣而代人已致。法亮涶。涕而	至 垂 南北	汲作致、涶
			出		
	十一	前四行	初爲宋孝武齊。幹直長 汲	齋 南	
		後一行	務。林精卒	羽	
		後二行	武。候還麾 三汲	武 南北	武字誤。車駕出還，武道候持麾至宮門，見漢書。

卷	葉	行	宋本	殿本	備註
傳卷三十八	一	前後九行	符堅遣僞并州刺史符落 三汲	符　苻南	符字疑是
			代犍破龍庭 三汲	伐 南北	伐字疑是
	三	前五行	又有懸食瓦屋數十間 三	瓦 南北汲	瓦字疑是
		前六行	其袍衣使宮內婢爲之 三汲	有之字 南北	
		前九行	城西南去曰登山七里 三	白 南北汲	白字疑是，見一統志山西 張校：此頁另照本館藏三朝本、汲古閣本，但未照改。
		後三行	盛陳齒簿	鹵 南北汲	
	四	後一行	不屬諸軍成者	戍 南北汲	戍字疑是
		後八行	盛雜口食器設客長盤	無口 南北	
			一尺		
	五	後六行	元徽升明之世 三北汲	昇 南	昇字疑是，宋順帝年號
		後七行	遣丹陽王劉祖爲太師寇	同謀	當作大
		後九行	爲豫州刺史坦崇祖 三	垣 南北汲	垣字疑是
	六	前二行	又遣爲南部尚書托跋等 三汲	僞 南北	僞字疑是
	七	前二行	乃於梁山置二軍	一 三南北汲	
		前八行	不敢進造與僞梁郡王討 三汲	適 南北	
	八	前一行	東平劉子房張淹 三	東 南北汲	東字疑是。齊王東討平晉陵事，見本紀一。

卷	葉	行	宋本	殿本	備註
傳卷三十八	八	前二行 後	宋桂陽達。平王阻兵內侮 三	建 南北汲	建字疑是
	九	後四行	幽州子州。司州 三汲	平 南北汲	平字疑是
	十	前九行	作弔比干文。	干 南北汲	修
		後一行	嗚呼。分土。汲	介士 南	汲注此雜本作介士○洪頤煊諸史考異云魏孝文帝比干墓碑今尚存，諱視之作介士。
	十一	前一行	初佛貍討及胡於長安 三	鵰 南北汲	鵰字疑是
		前五行	道人法秀與荀兒王阿膺		眉批：晉廢帝太和三年
			瑰。王等謀反 北	瑰王 南	三、汲作瑰王○南似瑰王，、後加
		後四行	掩丁窮罰 汲	奄 南	
	十二	前六行	其餘王皆爲公轉爲侯口侯	疊公字 無口 南北汲	
			即爲伯		
	十三	前八行	因朝廷若必恭怒 三	赫怒 南北	汲古注宋本作恭怒
		後六行	世祖發揚徐州民丁 汲	脫徐字 南	
	十四	前二行	擊泰雍義軍 三汲	秦 南北	秦字疑是，見十三葉後九行

卷	葉	行	宋本	殿本	備註
傳卷三十八	十四	前後二行	奉被行所尚書符騰詔 三	有曰字 南北汲	
		後二行	皇師雷舉	電 南北汲	
		後三行	會前使人邢鑾等至	鑾 三南北汲	鑾字誤，見魏書。
	十六	前五行	王奐之誅子蕭奔虜 三汲	蕭 南北	蕭字疑是。○祖蕭棄圍引退，見後六行○見南史王奐傳。○眉批：遣蕭與劉昶，見六行。
		前七行	司州刺史蕭誕拒戰 三	誕 南北汲	誕字疑是，見後四行
		前九行	虜遣三萬餘人 三	遣 南北汲	遣字疑是
		後二行	與太子右率蕭誄 三	蕭誄 南北	當作蕭諶○按蕭諶為太子左率領軍解司州圍見蕭諶傳。○眉批：南史蕭諶傳亦作誄。○汲作肅誄
	十七	前五行	又遣軍主桓歷生蔡道貴救援	援 三南北	援字疑是。汲古無援字
	十八	後一行	州治中皇甫耽	治 三南北汲	修

卷	葉	行	宋本	殿本	備註
傳卷二十八	十九	前九行	宏從叔平陽王安壽、戍懷栅。	柵 南北汲	
		後一行	與偽定州刺史馬翊公目。隣 南北三	馮 自	汲馬月〇馮字疑是〇 自字誤
		後八行	與先後行異。 三汲	無後字 南北	
	二十	前七行	悉破誅戮。	被 南北	被字疑是
		前八行	違天召理。	害 嘉靖、三南北汲	害字疑是
		前九行	勿令闔城受若。	苦 嘉靖、南北汲	修
		前九行	伯玉遣軍副樂稚柔答曰	玉 嘉靖、南北汲	修
		後二行	先蒙武帝徙採。 嘉靖	採拔 南北	汲古作所採
	二十一	前三行	奠康生長孫雅等。	稚 三南北汲	稚字疑是、見魏書
		後二行	汝南為獨自取糜碎。 三汲	何 南北	何字疑是。新野非汝南郡。
	二十二	後八行	從陽太守席謙 汲	順 南	
		後九行	永元二年也。 汲	明 南	明字誤。按元魏宣武帝景明元年正東昏侯永元二年。
	二十三	前四行	時王肅偽征南將軍豫州都督。 三南汲	為 北	為字疑是

南齊書 校勘記 列傳三十八 魏虜 一四〇 頁

卷	葉	行	宋本	殿本	本	備註
傳卷二十八	二十四	前後四行	棄尸北亡。王肅以執。卒 三	芒　疾 南北汲		芒字疑是
		前六行	二。庚籍元舅之盛 三南汲北	三		三字誤。指元規稚恭言。
		後六行	太祖創命夫。及圖遠	未 三南北汲		修
		後八行	以逸待勞坐微。百勝 三	徵 南北 汲		徵字疑是
	二十五	前二行	而督將逗留援接稽曉。汲 嘉靖	繞 北		曉疑晚之訛。論啓公齊稽晚，見謝瀹傳。○眉批：南監本作緩。
		前五行	壇場。之民	場 南北		場字誤
		後九行	夫休。兖。之數 汲	休頹 南		休頹誤。按兖即㕣之古文。

卷葉	行	宋本	殿本	本備註
傳卷三九 一	前六行 後	朱世封西陽蠻梅蟲生為高。	宋 南北汲、嘉靖 南監	修
		山僚		
	後一行	舊冊杓降。	杓 南北、嘉靖、汲	
	後四行	蠻中傳虜巳近 嘉靖、	巳 南北汲	巳字疑是。批修漏修
	後七行	秦遠又出破臨沮百方砦 嘉靖	沮 南北汲	沮字疑是。地名，在今湖北
二	前四行	水陸迂狹。	迂 南北汲	三朝板損〇修
	後一行	元帝詔特以弘為折衝將軍	特 三南北 汲	特字疑是
	後二行	當平鄉美。	虔 三南北汲	修
	後七行	向宗頭與黔陽蠻田豆渠 三南北汲	默	默字誤
	後八行	等五千人為寇 南北	十	十字誤
三	前一行	湘川。蠻陳雙李答寇掠郡縣 汲	州 南	州字誤，見呂安國傳。
四	前一行	刺史臣安國討之 嘉靖	呂 南北汲	呂字疑是，見傳十。
	前五行	我等銜銜上華來造鄉國 三	命 南北汲	命字疑是
五		建武三年中間空一頁報功	空白三百二十二字 南北	
六	前二行	志勇果毅等裁名將 三	威 南北汲	

卷	葉	行	宋本	殿本	本備註
傳卷三十九	六	前後八行	忠款有素文武列顯。 三汲 南北	烈	烈字誤
		後四行	二。人	三 南北	三字疑是，指高達、楊茂、會邁。
		後九行	公務下廢。 三南	不 北汲	修
	七	前一行	萬。執志周密 三汲	邁 南北	邁字疑是，見六葉後四行。
		前九行	即位章綬等。王銅虎竹符	五 南北	殿本疑是
			曰。其拜受不亦休乎 三汲	四 有王字 南北	殿本疑是
	九	後四行	林。邑。蟲。介在遐外	林邑蠢爾 南北	汲古作林十蠢爾
		後五行	當根純乃誠款到 三汲	衍戀字 南北	眉批：當根純三字人名、
		後九行	建威。二年	武 南北	武字疑是。建武、永泰
					皆明帝年號。
	十	後八行	夢神賜弓一張。	二 南北 汲	晉書作夢神賜之弓。
	十一	後四行	天化撫盲。 汲	肓 南北、嘉靖	修
		後四行	感動靈祇。	祇 南北	祇字誤
	十二	前五行	莫不歸伏。	仗 嘉靖、北汲南	仗字誤
		後三行	委臣免走。 嘉靖、汲	逸 北	按免疑兔之訛。南作逃

卷	葉	行	宋本	殿本	備註
傳卷三十九	十二	前七行	隣界相接親。又是臣奴猶	人 南北毒靖 汲	人字誤○眉批：論地既是接，論分又屬臣奴。
		後七行	尚逆去		
		後八行	豈復遵奉。此國屬陛下	舉 南北 汲	舉字誤
	十三	前九行	并獻金鏤龍玉坐像一軀 三汲	王 南北	
		前九行	平塔。二軀 三汲	塔 南北	
		後五行	仙山名摩馳。 三	馳 南北汲	馳字疑是。按神降於摩馳山，見二行。
		後六行	國土。悉蒙祐 汲	王 南	
		後七行	夲迷起。凡基 三	凡 南北汲	修
	十四	前四行	興隆於三寶 南汲	降	降字誤
		前九行	彼雖介遐。休舊修蕃貢	瑕 三南北 汲	瑕字疑是
		後九行	國玉。居重閣。	玉 閣 南北	修王
	十五	前九行	故其使。空至	罕 南北 汲	罕字疑是○三朝板損
		後二行	交趾人李長仁殺牧比來。部曲據交州叛 三汲	北 南 北	北字疑是
		後九行	永明口。年	元 南北 汲	

卷	葉	行	宋本	殿本	本備註
傳卷三十九	十六	前三行 後	叔獻懼為楷。所襲 三	楷 南北汲	楷字疑是，見紀三〇宋本欄內批：前頁末行亦作楷〇批修，實未修。伐字誤，見本紀三〇楷字疑是，劉楷見十五葉後九行。〇楷批修實未修。
		前四行	以始興太守房法乘代楷。 三南北汲	伐楷	
	十七	後二行	量廣始登疑	脫此校語	

卷	葉	行	宋本	殿本	備註
傳卷四十	一	前後五行	什翼圭。入塞內 南汲	珪	
	四	前四行	鮮卑慕容廆庶兄吐谷渾。為氐土。嘉靖、南、北	氐王	殿本疑是。汲古作氐土。
		前五行	去成都千。餘里	千	千字疑是。
		後二行	瘦地輒有鄣。氣	瘴 南汲	
		後八行	詔答白。南	曰 汲	
	七	前二行	為白水大。守	太 三南北汲	修
		前九行	咸同歸從。汲	順 南	
	八	後二行	內凌國。族	國 三南北汲	修
		後九行	蓄銳權。威	積 南北汲	
	九	前一行	豈俟衡習。汲	集	
		前八行	武都王鎮武與。即文弘從兄子也 三南北汲	興	興字疑是
		後二行	進據曰。水	白 三南北汲	修
		後八行	八座奏後起勤。彰款塞 三北汲	勤 南	勤字疑是
	十	前九行	集始反率氐。蜀雜衆寇漢川	氐 南北汲	氐字疑是〇汲古寇訛冠。

南齊書

校勘記 列傳第四十 芮芮虜 一四七頁

卷	葉	行	宋本	殿本	殿本備註
傳卷四十	十	前後五行	至白馬城東千。溪橋 南北	千	殿本欄內批疑訛。
		後七行	。殺獲數千人 三	殺 南北汲	殺字疑是
	十二	前四行	遣中兵參軍猷。王思考	無猷字 南北汲	無考
			。率衆救援		
	十三	後九行	。口口際暈	際運 南北汲	
	十四	前六行	擅彊專權。	統 南北汲	
	十五	前一至八行	崇文院嘉祐六年八月十一日敕節文宋書齊書梁書陳書後魏書北齊書後周書見今國子監並未有印本宜令三館秘閣見編校書籍官員精加校勘同與管句使臣選擇楷書如法書寫板樣依唐書例逐旋封送杭州開板治平二年六月口日	脫此牒文九十四字	

百衲本二十四史校勘記

梁書校勘記

張元濟 著
王紹曾
李士彪 整理
邵玉江
王紹曾 審定

商務印書館
二〇〇一年・北京

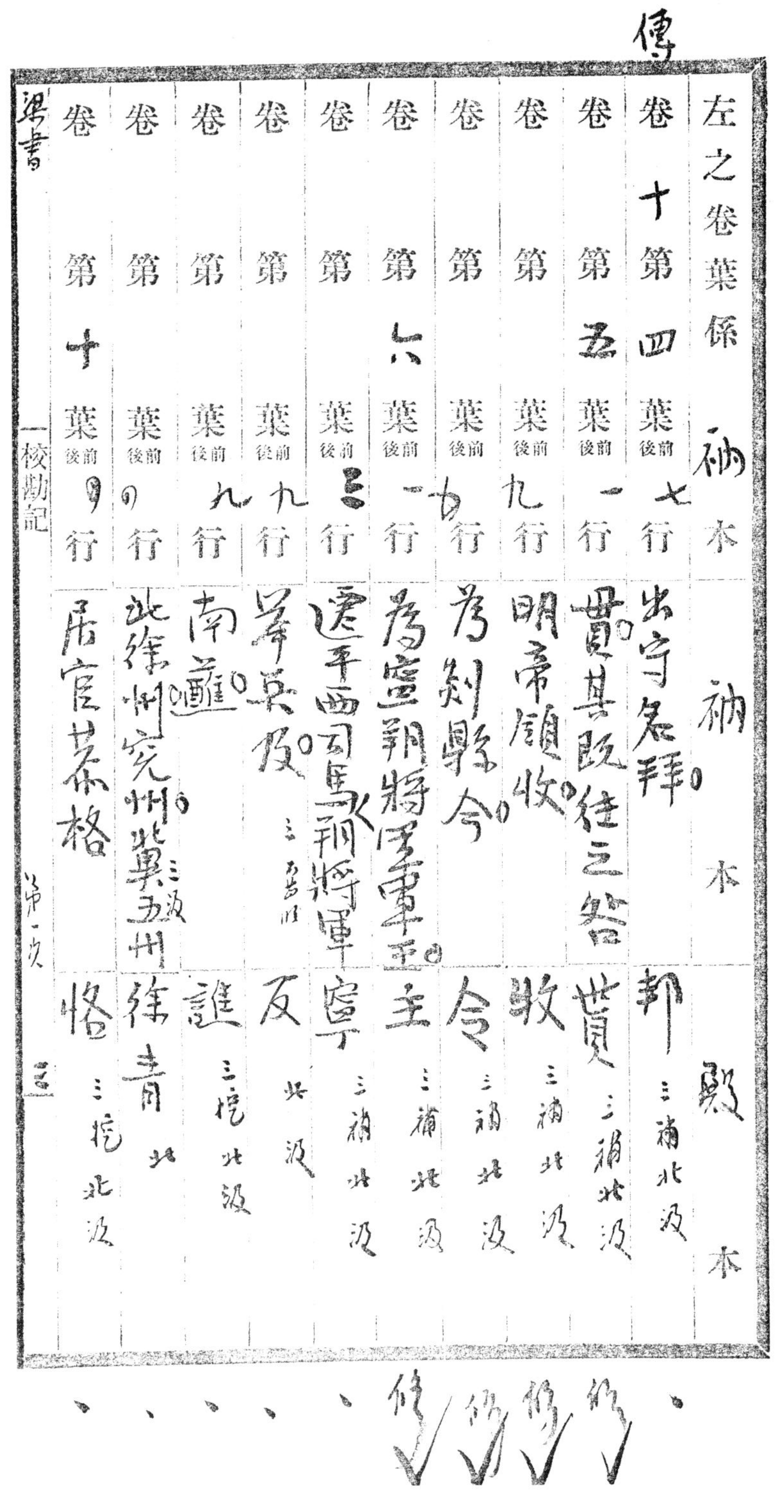

傳

左之卷葉係 衲本	衲本	殿本
卷十第四葉前七行	出守名邦	邦 三補北汲
卷第五葉前一行	貫其改往之咎	貫 三補北汲
卷第葉前九行	明帝領收	收 三補北汲
卷第葉前七行	為剡縣令	令 三補北汲
卷第六葉前一行	為寧朔將軍	主 三補北汲
卷第葉後三行	遷平西司馬、寧朔將軍	寧 三補北汲
卷第葉前九行	華英殁 三南北	反 北汲
卷第葉前九行	南譙	譙 三殿北汲
卷第葉後四行	北徐州究州冀五州 三汲	徐青 北
卷第十葉後四行	居官恭恪	恪 三殿北汲

梁書 校勘記 第一次

修 修 修 修

《梁書校勘記》定本（原稿）

（闌下“修”字係張元濟先生手批）

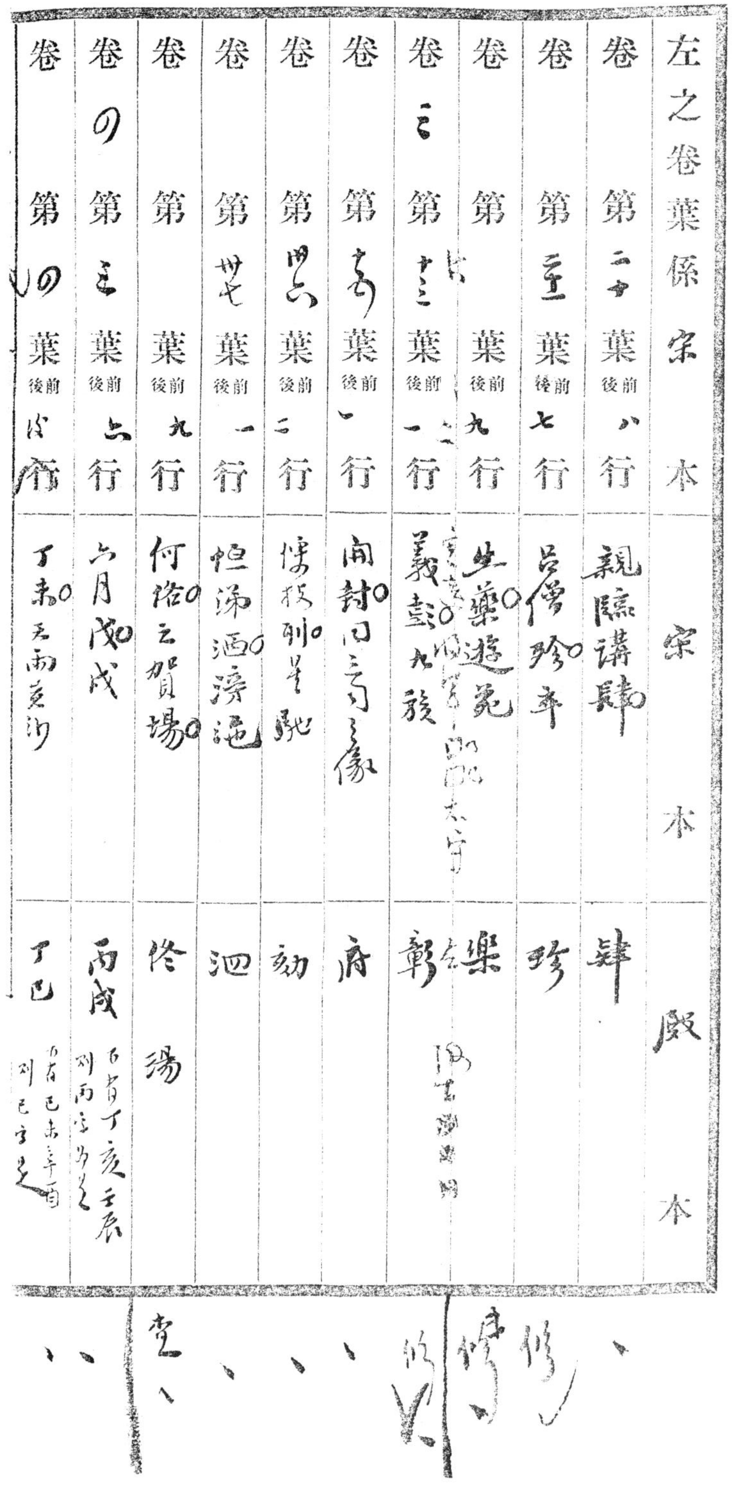

左之卷葉係宋本	宋本	殿本
卷 第二十葉 前 八行	親臨講肆	肆
卷 第[illegible]葉 前 七行	僧珍	珍
卷 第[illegible]葉 前 九行	出藥遊苑	樂
卷三 第十三葉 前 一行	義彭[illegible]	彰
卷 第[illegible]葉 後 一行	南封[illegible]	府
卷 第[illegible]葉 後 二行	[illegible]	劾
卷 第廿七葉 前 一行	恒沔泗滂滙	泗
卷 第 葉 後 九行	何佟之賀瑒	佟 瑒
卷四 第三葉 後 六行	六月戊戌	丙戌
卷 第四葉 後 [illegible]行	丁未	丁巳

張元濟先生《梁書校勘記》手稿

目録

《梁書校勘記》整理説明

一、百衲本《梁書》據北京圖書館藏宋刻元補本（眉山《七史》之一）景印，原闕列傳第一之四、第十六之十九、第三十六之三十九、第四十三、四、第四十九、第五十。又各卷間有原闕葉，均以涵芬樓藏元明遞修本配補。原校勘記稱之為「衲本」或「宋本」，整理時統稱為宋本。

二、原校勘記以殿本校宋本（即上欄摘句為宋本，下欄異文為殿本），并以三朝本（有嘉靖補版）、南監本、北監本、汲古閣本參校，分别簡稱為三、嘉靖、南、北、汲。又參證群經諸史，如《易》、《左傳》、《禮記》、《論語》、《史記》、《漢書》、《後漢書》、《晋書》、《宋書》、《南齊書》、《南史》等，整理時將校語逐録在備注欄内。間有出校條目，原校勘記未加注參校本者，整理時則仍其舊。

三、原校勘記為《梁書校勘記》（定本）一册，參考本二册，一册題《梁書傳真舉疑》，另一册題《梁書校勘記》（參考本），分上下兩部分，上以宋本校正殿本，下以殿本校正宋本，爲張元濟先生手校原稿。封面上題：十四年九月九日。定本出自蔣仲茀先生之手，初校於民國二十六年六月二十八日，覆校於民國二十七年六月十九日，下署「茀」字。《梁書傳真舉疑》，最後定稿於民國二十七年六月二十六日，亦出蔣仲茀先生之手。闌下所批「修」或「補」字，以及先批「修」又在「修」字上加「未」字，均係張元濟先生親筆。整理時以定本爲依據，凡爲定本所脱漏者，均以參考本增補。共出校一千五百六十一條，其中批修並已修者三百二十八條，批修而未修者二十九條（不包括原批修，後又改未修各條），未批修而修者十八條，批修此字而誤修彼字者一條，整理時皆於備注闌内注明。又有宋本殘闕而據他本補修者，其中批補而已補者一百零二條，批補而未補者一條，未批「補」而已補者十六條，亦皆於備注闌内注明，以見宋本之原貌。

四、原校勘記之眉批校語，整理時移入相應之備注闌内。其批語爲「是」、「✓」、「誤」、「✗」者，今皆統一爲「是」、「誤」，以期醒目。

五、整理時，有需要說明者，則另加整理者按語，意在使讀者依此尋見校勘記之原貌，并便於使用。

六、整理時發現過録間有脱漏，概於書後增加補遺。

七、由於原校勘記較爲散亂，字跡不易辨認，整理過録時難免發生錯誤，敬請讀者指正。

正文

卷	葉	行	宋本	殿本	備註
目錄 卷	一	前六行	武帝上く	有姓蕭氏諱衍五	
卷		前後行		字注	
卷		後三行	簡文皇帝く	無皇字 有諱綱	
卷		前後行		二字注	
卷		後五行	元帝く	有諱繹二字注	
卷		後七行	敬帝く	有諱方智三字注	
卷	二	前五行	昭明太子く 哀太子く	有統字 有大器	
卷		前後行		二字	
卷		前六行	愍懷太子く	有方矩二字	
卷		後六行	張弘策瘐域（旁注）	不作旁注	
卷		後九行	柳琰	惔	殿是
卷	四	前三行	宗史 三南	夬 汲北	
卷		後五行	世祖五王 三北南汲	太	見考證
卷	五	前一行	長沙嗣王業	有子孝儼弟藻	
卷		前後行		五字注	
卷	六	後九行注	子雲く	有子暉二字	

卷	葉	行	宋本	殿本	備註
目錄卷	八	後三行	哀。太。子。大。器。	脱此五字	殿是。原批南郡王大連在南海王大臨之後
卷		後三行	南。郡。王。大。連。	潯陽王大心	殿是
卷		後四行	潯。陽。王。大。心。	南海王大臨	殿是○本傳次序：潯陽王大心，南海王大臨，南郡王大連
卷		後四行	南。海。王。大。臨。	南郡王大連	
卷		行			
卷		後六行	新興王大壯。	莊	殿是，見本傳○莊字紅欖○見考證
卷	九	前九行	滕曇恭＜	有徐普濟　宛陵	
卷		行		女子七字注	
卷		後七行	懦。林	儒	己修
卷	十一	前二行	列傳第四十五＜	有處士二字	
卷		前五行	劉惠裴。	斐 三北汲	殿是，見本傳○按衲本殿本傳文皆作劉慧斐
卷		後九行	海南＜	有注二十一字	
卷	十二	前一行	東夷＜	有注十四字	
卷		前一行	西北諸戎＜	有注三十四字	
紀卷一	四	後七行	獸。䀨其閒 三殿	虎 北	
卷		後八行	代。化。則竭誠本朝 三汲	世治 北	

卷	葉	行	宋本	殿本	備註
紀卷一	五	前四行	時所住齋。三補	齋 汲北南	殿是
卷		後六行	乃遣參軍王天獸。汲三	虎 北	
卷	六	前三行	高祖復令天獸。三汲	虎 北	
卷		行			
卷		前六行	近遣天獸。往	虎	
卷		前七行	天獸。口具	虎	
卷		前八行	及問天獸。	虎	
卷		前九行	天獸。是行事心膂	虎	
卷		後一行	必謂行事與天獸。共		
卷		行	隱其事	虎	
卷		後四行	乃斬天獸。	虎	
卷	七	前一行	杖。義而動 汲三南	仗 北	殿是
卷	八	前八行	掖庭有稗。販之名 三南北汲	稗	殿是
卷		後八行	或動。庸允穆	勳 三南北汲	殿是
卷	九	前三行	蕭令君忠公幹代。三	代 汲北南	殿是
卷		後八行	圖諜。所記	牒 三挖汲北	諜牒古通用，見史記三代世表

卷	葉	行	宋本	殿本	備註
紀卷一	十	前二行	莫。府荷眷前朝	幕	幕古作莫，見史記李牧傳
卷		前九行	區宇大定	未 三南北汲	大定可通
卷		後四行	長史冠軍將軍襄陽		
卷		後前行	太守王茂率。三十軍 汲三南	等 北	殿是
卷	十一	前八行	龍驤獸。步 汲三	虎 北	
卷		後三行	諸君或。世冑羽儀 三汲	咸 北	
卷	十三	前九行	蕭穎冑。	冑 汲北南	三不明〇修
卷	十四	後一行	侍。鎮軍靖。鎮之耳	恃 南北 靜 北	三汲作侍靖南靖〇修侍字
卷	十五	後四行	陳獸。牙即伯之子 汲三	虎 北	
卷		後二行	求計。義陽安陸	討 三汲北南	修
卷		後六行	急往逼。之	過 三汲北	殿誤
卷	十六	前二行	留其子獸。牙守盆		
卷		後前行	城 汲三南	虎 北	
卷		前五行	奔姑孰。走 三南	孰 北汲	南齊孰，宋書孰
卷	十七	前二行	摘。角奔之	掎 三汲北南 三橫掎似掎	修
卷		後六行	十二月景。寅旦	丙 北汲三	

卷	葉	行	宋本	殿本	備註
紀卷一	十七	前九行	收孽。妾潘妃 三汲南	嬖 北	孽即孽字之俗字、孽子婢妾皆謂之孽
卷	十八	前三行	楊。州刺史	揚 嘉靖南北汲	
卷	廿	前一行	或有貧若。	苦 汲北	三挖〇修
卷		後九行	政。移近習 汲三	盡 北	
卷		後二行	侵。以成俗	浸	殿是
卷		前八行	解而。更張斲雕爲樸 三北汲	而	似別係一字，面字不甚可通
卷	廿一	前二行	大子。絶鄭衛之音	享 三挖汲北南	殿誤，按大子即太樂，官名，見後漢書〇大子傳上掖庭宮。
卷		後八行	文洽。九功武苞七德 北三汲南	治	殿誤
卷	廿二	後四行	否。終有期 三	否 汲北南	否，古否有此寫法
卷		後六行	拔姑孰。 三南汲 下同	孰 北	
卷	廿三	後一行	大將軍 闕一字 故	如 汲北南嘉靖	三補〇修
卷		後二行	由寒暑而 殘一字 行	代 汲北	三補〇修
卷		後一行	孽。	孽 嘉靖南北汲	
卷		後六行	援。帥聖后。 嘉靖南汲	爰 羣 北	
卷	廿四	後五行	兵糧蓋。闕 南	盡 北三汲 三似係後補者	殿誤
卷		後七行	有 墨丁	典 三北汲南	修

卷	葉	行	宋本	殿本	備註
紀卷一	廿五	後五行	羣竪。三南北汲	竪	
卷		後九行	琅邪𦋺首	石 三北汲南	見南史
卷	廿六	前四行	将逞孥。戮	弩	
卷	廿七	後七行	丕。崇本務	丕 汲北	三挖
卷	廿八	前六行	鈇。鉞	鈇 三汲北	未挀修〇修
卷		後五行	國命人。主。翦爲仇讎三汲	民生北	
卷		後八行	再蠯。日月	躔	殿是
卷		後九行	使夫匹婦二。兒三汲	童北	
卷	廿九	前九行	況代。哲繼軌	世	
卷		前一行	大造臺。閣。汲三南	王室北	
卷		後六行	故能使海若登祇。三北	祗 汲南	殿誤〇此字訓敬誤。
卷		後七行	伐罪弔人。三汲南 避唐諱	民北	
卷	三十	前七行	景。寅詔汲	丙北三	
卷		後五行	稱肉度骨遺。之管		
卷		行	庫三汲北南	遣	殿誤〇按遺之猶言失擧譽于管庫之士七十餘家。見禮記。
卷	卅一	前二行	臧丕。	否 三南北汲	

卷葉		行	宋本	殿本	備註
紀卷一	卅一	後三行	世祿之富。	家	
卷	卅二	前二行	景。戌詔 汲	丙 三北	
卷	卅三	後四行	景。寅平旦 汲	丙 三北	
卷	卅四	前七行	景。午命王冕十有二		
卷		行	旒 汲	丙 三北	
卷		後一行	景。辰齊帝禪位于		
卷		行	梁王 汲	丙 三北	
卷	卅五	後四行	惟昔遂。古之載 三汲北	遂 北	殿是
卷		後五行	皇雄大庚。之辟	庭 南北汲 三挖	先批修又將修字圈去
卷		後六行	遂。古 三汲北	遂 南	
卷		後七行	大庚。	庭 汲北三挖南	整理者案、卅五頁後七行並無大庚，係重出。
卷	卅七	後七行	殷。化。爲周 三	化殷 北汲	
卷	卅八	前三行	羣凶狹。煽 三	挾 汲北南	疑殿是○疑作狹之訛○似校○批修未修
卷		前五行	累卯。三南	卯 北汲	原描加、、已削去○不必加
卷		後一行	緝熙王道。北三汲	遂	殿誤
卷		後九行	玄符昭箸。三補	著 北汲	

卷	葉	行	宋本	殿本	備註
紀卷二	一	前五行	皇帝臣諱。三汲	衍 北	
卷		前六行	兀。終則亭 三	否 北汲南	
卷		前七行	以命于諱。三汲	衍 北	
卷		後一行	大庇。氓黎 三補汲北	此	殿誤
卷		後五行	諱。投袂星言 三汲	衍 北	
卷	二	前三行	諱。自惟匪德 三汲	衍 北	
卷		後七行	寅畏上靈用膺。景業	膺 北	三南汲同宋
卷	四	後三行	高句。驪王高雲 三汲	脱句字 北	見列傳四十八
卷	六	後一行	庶。愧心於四海 三汲	釋 北	
卷	七	後五行	且釋法惰宮。	官 三補汲北南	殿是，○不修
卷	八	前五行	詔尚書曹郎依音。		
卷		行	奏事林邑千。三南汲音 三千	昔 北 干 南北 汲作于	依昔亦不通，再查○批 千修干未修
卷		前六行	夂。十一月	冬、汲北南三	應擡作冬，修
卷		前七行	十二月景。申 汲	丙 三北	
卷		後四行	供。細必盡	洪 三汲北南	修
卷	九	後二行	景。辰 汲	丙 三北	

卷	葉	行	宋本	殿本	備註
紀卷二	九	後八行	太子詹事柳惔◦ 三補	惔 汲北	殿是，見傳六
卷	十	前二行	以扶南國王憍陳如		
卷		行	闍耶跋◦摩 嘉 普 南 汲	跋 北	殿是，見扶南國傳○見考證
卷		前二行	六月景◦子 汲	丙 三北	
卷		前六行	或貧贏◦老疾	贏	殿誤○殿本亦作贏，此誤出
卷		後六行	<河南王世子伏連籌		
卷		行	爲鎮西將軍	有以字	殿是
卷	十一	前二行	今◦遐邇知禁	令 南 三北汲	殿誤，下文除贖罪之科可證，按今對上文昔言
卷		後九行	秼◦陵	秣 南北汲	三似秣○修
卷	十三	前四行	立皇子諱◦爲晉安		
卷		行	郡王 三汲	綱 北	
卷		前五行	三月景◦寅朔 汲	丙 三北	
卷		後一行	朕昧且◦齋居 三	旦 汲北南	修
卷	十三	後八行	太白晝◦見	晝 汲北南三	修
卷	十三	後七行	時◦班遠邇	特 三補北汲南	殿是○批修後又圈去
卷	十四	後九行	三月庚 空一格 殘字一 隕霜	有申朔二字 三北汲南	均修

梁書 校勘記 紀第二 頁 九

卷葉	行	宋本	殿本	備註
紀卷二 十五	後七行	景。寅分廣州置桂州 汲	丙 三北	
卷 十六	前三行	景。戌 汲	丙 三北	
卷 十七	前一行	中衛。將軍領太子詹		
卷	行	事王茂 三南北汲	行	殿誤見傳三。○據隋書百官志梁時將軍號似有中衛無中行。
卷	前二行	作神龍仁獸。闕於端		
卷	行	門大司馬門外 三汲南	虎 北	
卷	前八行	以車騎大將軍高麗		
卷	行	王高雲爲撫軍。大		
卷	行	將軍 汲	平 三補北	殿誤、按高句驪傳作東
卷	前九行	景。子 汲	丙 三北	
卷	後六行	又增太府太。舟 北	大 三汲南	殿誤、按梁改都水使者爲太舟卿，見舊唐書職官志三。○天監七年以都水使者爲太舟卿，以太爲是。
卷	行			
卷 十八	前七行	姬又。垂則 三	文 汲北	修
卷	後三行	冬十月景。寅 汲	丙 三北	
卷	後三行	景。子 汲	丙 北三	
卷 十九	前八行	景。子 汲	丙 北三	

卷	葉	行	宋本	殿本	備註
紀卷二	廿	前五行	景子。 汲	丙 三北	
卷		前六行	以輕車將軍晉安王		
卷		行	諱。爲南兗州刺史 三汲	綱 北	
卷		前八行	親臨講肆。 三汲	肄 北	殿誤，講肆作講席解，見某傳，再查○徧游講肆見盧廣傳，按講肆猶言講席
卷		行			
卷	廿一	前六行	輿駕親祠。南郊 三汲	祀 北	
卷		後三行	輿駕親祠。明堂 三汲	祀 北	
卷		後七行	以國子祭酒張充。爲		
卷		行	尚書左僕射 南 汲三○非作克	克	殿誤、見列傳十五
卷		後二行	以左民尚書王暕。		
卷		行	爲吏部尚書	暕 三北汲南	殿是，見傳十五○未修○廿七頁後一行有王暕
卷		後四行	盜殺東莞琅邪二郡		
卷		行	太守鄧晰。 三	晰 北汲，南不明作晣	
卷		後七行	呂僧珍。卒	珍 三汲北南	三補○修
卷		後九行	嘉蓮一莖三花生		
卷		後九行	藥。遊苑	樂 三補汲北南	殿是○北修未修

卷葉		行	宋本	殿本	殿本備註
紀卷二	廿一	前九行	秋七月景。辰	丙	
卷		前六行	九月景。申 汲	丙 三北	
卷	廿二	前七行	山車見于臨。成縣 三汲	城 北	殿是、見南齊州郡志上○南齊州郡志上，臨城屬南豫州定城郡
卷		前後行			
卷		前八行	楊。州刺史	揚	
卷	廿三	後六行	輿駕親祠。南郊	祀	
卷		後八行	景。寅	丙	
卷		前九行	朕向曙。載懷，原本似亦漏字。嘉靖北	陽 汲南	修
卷	廿四	前一行	收藏之命亟空格哀矜 三頁 缺	下 汲北南	哀字上有殘筆，未修
卷		後六行	以丹陽尹晉安王諱。		
卷		前後行	爲荊州刺史 三汲	綱 北	
卷		前八行	景。寅 汲	丙 三北	
卷	廿五	後四行	景。午 汲	丙 三北	
卷		後六行	輿駕親祠。南郊 汲三	祀 北	
卷	廿六	前六行	景。寅 汲	丙 三北	
卷		後二行	以荊州刺史晉安王		

卷	葉	行	宋本	殿本	備註
紀卷二		前後行	諱。爲江州刺史 三汲	綱 北南	
卷	廿七	前七行	六月景。申 汲	丙 三北	
卷		後八行	輿駕親祠。南郊 三汲	祀 北	
卷	廿八	前七行	三月景。子 汲	丙 三北	
卷	廿九	前六行	即爲詣縣占。請村内		
卷		前後行	官地官宅 南似本作告後改占	告 二北汲	殿誤，占請謂隱度其地而請之○占作佔字解似通
卷		後五行	景。申 汲	丙 二北	
卷	三十	後四行	輿駕親祠。南郊 三汲	祀 北	
紀卷三	一	前六行	景。子日有蝕之 汲	丙 三北	
卷		後三行	三月景。戌 汲	丙 三北	
卷	二	前一行	以丹陽尹晉安王諱。		
卷		前後行	爲平西将軍 三汲	綱 北	
卷		前四行	新除益州刺史晉安		
卷		前後行	王諱。三汲	綱 北	
卷		前五行	輿駕親祠。南郊 三汲	祀 北	
卷		後二行	輿駕親祠。明堂 三汲	祀 北	

卷	葉	行	宋本	殿本	備註
紀卷三	二	前三行	景。辰汲	丙三北	
卷	三	後九行	作二郊及耤田並畢	籍	殿誤，見前漢書文帝紀
卷	四	前二行	冬十月景。子汲	丙三北	
卷		後六行	輿駕親祠。南郊汲	祀三北	
卷		前七行	景。午汲	丙三北	
卷		後八行	輿駕親祠。明堂汲	祀三北	
卷		前一行	卷。言八政三汲	眷北	殿是
卷	五	後四行	晉安王諱。三汲	綱北	
卷	六	前九行	景。申又剋甓城汲	丙北三	
卷		後二行	定遠將軍空二格太守		
卷		行	曹世宗三汲南宋本旁注 三同汲有缺	缺二字	汲作墨丁空三格南有二缺字
卷		後三行	十一月景。辰汲	丙三北	
卷		後四行	景。寅汲	丙三北	
卷		後八行	景。午安北將軍晉		
卷		行	安王諱。三汲	丙三北 綱北	
卷	七	前一行	輿駕親祠。南郊三汲	祀北	

梁書

校勘記紀第三

頁 十四

梁書

校勘記紀第三 頁十五

卷	葉	行	宋本	殿本	備註
紀卷三	七	前四行	侍中領軍將軍西昌		
卷		行	侯深。藻 三汲南 避唐諱	淵 北	
卷		後二行	三月景午 汲	丙 三北	
卷		前八行	太白晝。見	晝 三北汲南	修
卷	八	後二行	八月景。子 汲	丙 三北	
卷		前四行	以丹陽尹湘東王諱。		
卷		行	爲荊州刺史 三汲	繹 北	
卷	九	前八行	輿駕親祠。南郊 三汲	祀 北	
卷		前四行	輿駕幸同泰寺捨身。 三北汲	守	殿誤
卷		前五行	以左衛將軍蕭深。藻		
卷		行	爲中護軍 三汲	淵 北	
卷		後六行	五月景。寅 汲	丙 三北	
卷		後九行	以中護軍蕭深。藻		
卷		行	爲北討都督 三汲南	淵 北	
卷	十	前八行	三月壬戌。 三北汲 整理者案：閣下係	辰	殿誤○二月甲午、癸丑，三月壬戌是，胃戊戌、庚子、辛丑，按是年二月有甲午、癸丑，四月有辛丑，六月有丁亥
卷		行	仲舉先生所批，張校云：二月有甲午，四月有辛丑，則三月可有壬戌，且三月有壬戌，四月可能有辛丑，壬辰不錯。		

卷葉		行	宋本	殿本	備註
紀卷三	十	前五行	遣東宮直閤。將軍		
卷		前後行	陳慶之	閣	
卷		後八行	輿駕親祠。南郊 三汲	祀 北	
卷	十一	前一行	輿駕親祠。明堂 三汲	祀 北	
卷		前三行	三月景辰。汲	丙 三北	
卷		前四行	以中護軍蕭深藻爲		
卷		前後行	中權將軍 三汲	淵 北	
卷		後七行	十二月。三北汲	一	殿是、十月有己酉、十二月有丁巳
卷		後七行	景戌 汲	丙 三北	
卷	十二	前二行	中權將軍蕭深藻。	淵 北	
卷		前五行	以雍州刺史晉安王		
卷		前後行	諱。爲驃騎大將軍 三汲	綱 北	
卷		後七行	輿駕親祠。南郊 三汲	祀 北	
卷		後八行	景。申 三汲	丙 北	
卷		後九行	輿駕親祠。明堂 三汲	祀 北	
卷	十三	前三行	太子詹事蕭深。獻南 三汲	淵 北	

卷葉		行	宋本	殿本	殿本備註
紀卷三	十三	前七行	立晉安王諱。爲皇		
卷		前後行	太子 三汲	綱 北	
卷		後一行	義彰。九族	彰 汲北南	三挖〇修
卷		後五行	以太子詹事蕭深。藻		
卷		前後行	爲征北將軍 三汲	淵 北	
卷		後八行	說大般洹。盤經義	涅 三斷版南作涅北作涅汲同惟盤作槃	批修未修
卷	十四	前二行	說摩訶般若波羅蜜。		
卷		前後行	經義 三條嘉靖十年補北作窒汲南同	密	按蜜密古通用
卷		前四行	四年春正月景。寅朔 汲	丙 三北	
卷	十五	前四行	八月景。子 三汲	丙 北	
卷		前七行	湘東王諱。爲平西將		
卷		前後行	軍 三汲南	繹 北	
卷		後一行	開封。同三司之儀	府	殿是同三司之儀見三十三葉後二行〇批修又在修字上加未字
卷		後二行	輿駕親祠。南郊 三汲	祀 北	
卷		後七行	輿駕親祠。明堂 三汲	祀 北	
卷	十六	前二行	三月景。辰 三汲	丙 北	

卷	葉	行	宋本	殿本	備註
紀卷三	十六	前八行	中護軍蕭深。猷卒 汲 三缺葉	淵 北	
卷		後七行	以行河南王可沓振爲		
卷		行	西秦河五。州刺史 三缺葉	二 汲北南	殿是
卷		後七行	遺。使	遣 北汲南	修
卷	十七	前三行	十二月景。午 汲 三缺葉	丙 北	
卷		前五行	輿駕親祠。明堂 汲 三缺葉	祀 北	
卷		後三行	以前南兗州刺史蕭		
卷		行	深。藻爲護軍將軍 汲 三缺葉	淵 北	
卷	十八	前三行	湘東王諱。進號安西		
卷		行	將軍 三汲	繹 北	
卷		前九行	疆場。多阻 三	場 北汲	殿誤
卷	十九	後五行	輿駕親祠。南郊 三汲	祀 北	
卷	廿	前一行	護軍將軍蕭深。藻 三汲	淵 北	
卷		前一行	以尚書右。僕射謝舉		
卷		行	爲右光祿大夫	左 三北汲	殿誤，見傳三十一〇見本卷十六葉後三行。
卷		前六行	五月景。申 汲	丙 三北	

卷	葉	行	宋本	殿本	備註
紀卷三	廿	後三行	湘東王諱。進號鎮西		
卷		行	將軍 三汲	繹 北	
卷		後四行	冬十月景。辰。	丙戌 三汲北	祇能有丙戌，不能有丙辰，十一月有辛酉。
卷	廿一	前二行	詔以東治。徒李胤之		
卷		行	降如來眞形舍利	治 三北汲南	殿是，見南史○未修
卷		前九行	尚書左僕射蕭深。藻 三汲	淵 北	
卷		後六行	付。尚書	付 三北汲南	修
卷		後七行	輿。駕親祠。南郊	車 三北汲南 祀 北	
卷	廿二	前五行	湘東王諱。爲護軍		
卷		行	將軍 三汲	繹 北	
卷		前二行	景。午 汲	丙 三北	
卷	廿三	前一行	右光祿太。夫	大 北南汲 三補	修
卷		前七行	猶咨四岳重華之叡。	叡 三北南汲	
卷		後六行	以護軍將軍湘東王		
卷		行	諱。爲鎮南將軍 三汲	繹 北	
卷		後七行	授。湘州督 三南北汲	受	殿誤

卷	葉	行	宋本	殿本	備註
紀卷三	廿三	前九行	輿駕親祠。南郊 三汲	祀 北	
卷	廿四	前二行	輿駕親祠。明堂	祀	
卷		前三行	河梁。二州刺史宕昌		
卷		行	王 三汲	涼 北	殿是，南史涼，見宕昌國傳，見南齊書河南氐羌
卷		行			傳宕昌
卷		前九行	冬十月景。午 汲	丙 三北	
卷		後一行	十一月景。子 汲	丙 三北	
卷		後三行	如不憂。赦 三北汲	優	南史不載。似優字義較勝
卷	廿五	前一行	自今公田悉不得。假		
卷		行	與豪家 汲北 三脫放	能	殿誤
卷		前六行	方眠徹。枕 此古字	撤 三北南汲	徹，去也
卷		後六行	申且。	旦 三南北汲	未批修，已修
卷		前七行	守宰獸。而傳翼 三汲	虎 北	
卷	廿六	前九行	江州刺史湘東王諱。 三汲	繹 北	
卷		後五行	九年春閏月景。申 汲	丙 三北	
卷	廿八	前五行	無當時文列。應追稅		

梁書 校勘記 紀第三 頁 二〇

卷	葉	行	宋本	殿本	備註
紀卷三					
卷		前後行	者 南作列，挖過	例 三挖北汲	疑例訛，當時文列作一句讀，言既不因水旱又無文告分解理由◯殿誤
卷		前後行			
卷	廿八	前九行	十二年◯ 三補	一 北汲南	應作十一◯修
卷	廿九	前四行	與殺不辜◯ 三汲	辜 北	南辜
卷		前八行	交州刺史楊瞟◯ 三北南汲	瞟	
卷		前六行	夏四月景戌 汲	丙 三北	
卷		前九行	竟大有聲◯ 三模胡	天 南汲北	修◯三模糊，大字上有極細模墨影，疑竟字本無匕，而下一字本作天。
卷	卅	前一行	以武昌王詧爲東揚		
卷		前後行	州刺史 三北	詧 汲南	
卷		前五行	景寅 汲	丙 三北	
卷	卅一	前一行	江州刺史湘東王諱◯ 三汲	繹 北	
卷		前二行	輿駕親祠◯南郊 三汲	祀 北	
卷		前二行	輿駕親祠明堂 三汲	祀 北	
卷	卅三	前一行	以南豫州刺史蕭深◯		
卷		前一行	明爲大都督 三汲	淵 北	
卷		前八行	景午大戰◯ 三汲	丙 北	

卷	葉	行	宋本	殿本	備註
紀卷三	廿二	後八行	深。明敗績 三汲	淵 北	
卷	廿三	後二行	同三司之犠。	儀 三北汲南	修
卷		後三行	蕭深。藻爲征東將軍 三汲	淵 北	
卷		後四行	夏四月景。子 汲	丙 三北	
卷	廿四	前三行	傍求俊乂。	乂 三南汲北	修
卷		前四行	窮其屠釣盡。其嚴		
卷		前後行	穴	書 汲三北	殿誤
卷		後八行	景。戌。三汲	丙辰 北	十一月有辛酉，祇能有丙戌，不能有丙辰
卷	廿六	後二行	便投。列星馳	劾 三作劾補 汲北南	殿是，見後漢書孔融傳○南史劾○宋修
卷	廿七	前一行	恒涕洒。滂沲	洄 三挖汲北	南史洄
卷		前九行	天監初則何佫。之賀		
卷		前後行	場。	伩 場 三挖汲北	伩是○場是，見傳四十二○原批修伩，又在修字上加宋字
卷		後六行	尤。長釋典 三汲	猶 北	殿誤
卷	廿八	後八行	歷觀古昔帝。王。人君 三汲	無帝王二字 北	
卷	廿九	前二行	杖。旗建號	仗 三北汲	
卷		後四行	抑此之謂也。三汲	脱也字 北	

卷	葉	行	宋本	殿本	備註
紀卷三	廾九	後五行	賈誼〈云可謂慟哭		
卷		行	者矣。三汲南	行有字北也北	
卷		後七行	蓋亦人事然也。	矣北	
紀卷四	二	前三行	表。缺/	表三	應修○已修
卷	三	前六行	六月、戊。戌	丙	殿是、下有丁亥、壬辰，則以丙字爲是。
卷	四	前三行	春正月辛。亥朔三北汲	亥	殿誤
卷		後二行	干。茲四紀	于三南北汲	殿是○未修
卷		後七行	抑。惟舊章三汲	仰南北	
卷		後八行	丁未。天雨黃沙	己	殿是，是月辛亥朔，下己未、辛酉則己字是。
卷	五	後七行	湘東王諱。	繹三北汲	
卷		後八行	封一。十郡三	二南北汲	修
卷	六	前六行	湘東王諱。	繹三北汲	
卷		後四行	湘東王諱。	繹三北汲	
卷		後六行	湘東王諱。	繹三北汲	
卷		後九行	獲魏司徒張墨丁仁儀		
卷		行	同門洪慶	化北汲	殿是，見侯景傳三十○按門洪慶，侯景傳作閻洪慶

卷	葉	行	宋本	殿本	備註
紀卷四	七	前九行	武寧王〻大球	仝	按大寶元年冬十月立皇子咸爲武寧郡王，大球爲建安郡王，此脫大咸建安王五字，見考證
卷		行			
卷		後二行	禪于豫章嗣王棟。三	棟 汲北南	殿是，見侯景傳〇批修未修
卷		後三行	南郡王大連於姑熟。三南汲	孰 北	
卷		後六行	陛下所。夢得。符是乎	今將 北作今将	南史作所將，南汲作今、得，三夢上斷脫缺二字，夢下作得
卷	八	前一行	王偉。彭。儁進士囊	偉乃出 三補汲北	彭字缺應修好
卷		前四行	升。朝堂	升 汲北	三外〇原批修又將修字圈去，殊批不動。
卷		後九行	壯武將軍杜懷寶。汲北三	寶	殿誤，見杜崱傳
卷	九	後一行	今問夙標。天方。縱逸 汲三南	標北才 三補汲北	批修才，未修
卷		後四行	弗展 墨丁	所蘊 汲北三南	南史不見
紀卷五	二	前二行	九月丁。卯 三北南汲	乙	下文有乙丑景寅、乙卯是也〇按一葉後九行言十月景午，此云九月疑有訛
卷		行			
卷		前七行	太。寶元年 三補汲	大 北南	殿是
卷		前九行	二月甲戍。	戍 汲	三北南作戌〇修
卷	三	前七行	大。尉 三汲	太 南北	修
卷		前八行	黃王。之符 北南	玉 汲	三模糊，似王〇修

卷葉	行	宋本	殿本	備註
紀卷五 卷三	前三行	未掃屈膝	未 膝 北南汲 膝三挖	三未膝○均修
卷	前五行	非築杜弦之壘	弦	殿是
卷	後八行	梟懸	梟 三北南汲 三挖	修
卷四	後三行	別淮恒儀	准 南北汲、三挖	修
卷	前八行	将何用繼蹤曲阜 三汲	縱 北	殿誤
卷六	後四行	王僧辯等表曰	奉 北汲○三脱板	殿誤，表尾有臣等不勝控款之至句○等義較長
卷	前五行	殺逆皇帝	弑 三南北汲	
卷	前八行	基商啓祚	祚	殿是
卷七	前七行	乾道不可以久惕	惕	殿誤
卷	後九行	尉候相望	侯	殿誤
卷八	前五行	太臨三日	大 汲北	三補○修
卷	前九行	方欲追延陵之逸軌	軌 嘉靖南北汲	修作軌
卷	後五行	率宗室五十餘人	千 北汲三	殿誤
卷	後九行	同歸景亳	亳 嘉靖南北汲 三補	修
卷	後九行	式哥且誦	歌	歌古文作哥
卷十	前一行	定筭宸惟	帷 北南汲	三模糊似帷○修

卷	葉	行	宋本	殿本	備註
紀卷五	十	前三行	何。校滅耳	荷 北汲三	殿誤，見易噬嗑
卷		後八行	執石趙。而求璽。	璽 三南北汲	修
卷		後八行	斬姚。秦而取鍾	秦姚	殿誤
卷	十一	前七行	括。提合雒以前	攝 三補汲北南 嘉靖	批修未修
卷		前九行	或哥。謠所歸	歌	
卷		後二行	待且。	旦 嘉靖南北汲	修
卷	十二	前二行	大。清六年 三	太 南北汲	修
卷		前五行	四人有令。 三北汲	令	殿是○人當作民避唐諱改
卷		後四行	憤。家	積 三南汲北	未批修，修
卷	十三	前五行	秦亡。不敢彎弓	士 汲北	三挖○修
卷		前八行	錫三宮。之錢	官	殿是，謂均輸鍾官，辨銅三官見史記
卷		前九行	冒于。貨賄	干 三汲北	殿誤
卷		前九行	梗我王幾。	畿 三南北汲	修
卷	十四	前一行	卧制朝宰。	朝 三南北汲 三補	修
卷		前三行	道路以自。 三補	目 南北汲	修
卷		前六行	黎氏家隕。墨于山之泣	作有字	宋本無有字隕下墨丁，三朝無有字，隕下有缺字○南史不見

卷葉		行	宋本	殿本	本備註
紀卷五	十四	前九行	伏承先帝登墨丁。	遐 三汲北	南史不見
卷		後一行	州寃本毒墨丁。地容身	無 三北汲	南史不見
卷		前四行	斬馘。凶渠	馘 汲北	三不明○修
卷		後四行	水墨丁絳河	若 北汲	三朝水缺絳河
卷		後五行	化。仁面縛於漢口 三汲北	北	殿誤，指張化仁，見侯景傳
卷	十五	前七行	舳艫汎水以椅。其南	掎 三南北汲	殿是○未修
卷		後一行	皎日爲之還。舍	退 三北汲	
卷		後五行	脱復蜂萬。若毒	蠆 三北汲北	
卷	十六	前六行	何。校滅耳	荷 三北汲	殿誤，見易噬嗑
卷		前九行	俛眉猾豎。 三北南汲	豎	
卷	十七	前二行	以賊平告明堂太。社 三汲	大 北	
卷		前四行	頻繫。頻挫 三	擊 汲北	修
卷		後一行	孺垣好時。 三	時 汲北	修
卷	十八	前二行	窅。然凝邈	窅 三南北汲	殿是○未修
卷		前四行	同氏。樂推 三南汲	民 北	殿是
卷		後八行	齊。宮清廟 三汲南 與此頁互訂	齋 北	殿是

卷	葉	行	宋本	殿本	備註
紀卷五	十九	前七行	郟洛永。以爲居 三汲	汞 北	殿誤
卷	廿	後二行	申。申	甲 三北南汲	未批修已修
卷	廿一	前四行	魏遣太師潘洛辛く		
卷		行	等寇。秦郡 三汲	有術字 北	按南史作潘樂辛術
卷		前六行	征正。大將軍	北 汲北	三挖〇修
卷		後六行	王。勝。珠衡先彰元后	玉縢 三北南汲	批修未修
卷	廿二	前八行	如貌如獸	虎	
卷		前八行	挂膽。	膽 北南汲	三模糊〇修
卷		後七行	莫。如當今之盛者也	無莫字	殿是，句貫上未有二字來
卷	廿三	前四行	斟酌繁。昌 缺ㄥ	繁 汲北	三補
卷		前七行	兼散騎常侍柳暉。等		
卷		後行	至鄴 三北南汲	暉	
卷	廿四	後二行	林。州長史陸納 三汲北南	琳	按州字衍，當作琳長史陸納，見杜崱傳及南史
卷	廿五	後九行	將下討。納	討 三北汲	修
卷	廿六	前七行	秦。人有農力之科	奏	殿誤
卷		後三行	鳥。卤 三	鳥 北汲南	修

梁書 校勘記 紀第五 頁 二八

卷	葉	行	宋本	殿本	備註
紀卷五	廿七	前後七行	以晉安王諱。爲江州		
卷		前後行	刺史 三汲	方智 北	
卷		前後八行	六汙。薩。 三薩	汗 三汲北 薩 南北汲	修汗
卷		前後八行	薩 三	薩 南汲北	整理者按，此條應併入上條，删。
卷	廿六	前後一行	即留鎮焉 三	即 北汲	修
卷	卅一	前後八行	虛張外援。	援 三北南汲	殿是。北修未修
卷		前後九行	殲夷大憝。	憝 北汲	三補〇修
卷	卅二	前後一四行	元帝紀云召兵於湘		
卷		前後行	州湘州刺史河東王		
卷		前後行	譽 空格 不遣遣世子方		
卷		前後行	等帥衆討譽戰所敗		
卷		前後行	死方等傳云至麻溪		
卷		前後行	軍敗溺死譽傳云遣		
卷		前後行	世子方等征之反爲		
卷		前後行	譽所敗死疑紀闕		
卷		前後行	誤	脫此按語 三北汲	宋本卷五後有校語四行凡六十三字

卷	葉	行	宋本	殿本	備註
紀卷六	一	後六行	送貞陽侯蕭深。明	淵	
卷	二	前二行	皇大。子 適逢斷板	太 三北南汲	
卷		前三行	黜蕭。深明 係蕭字斷板	蕭 三北南汲	
卷	三	前一行	皇墨。后 殘迹似太	太 三北南汲	修
卷		後二行	又相率至採。石迎齊		
卷		行	援	采	
卷	六	前三行	以前〻昌令劉叡爲		
卷		行	汝陰王 三、補汲北	有壽字	
卷		後一行	自國。圖屯阻桃。薦不		
卷		行	脩	皇 祀 三北汲南	
卷		後九行	其。選中正 修作其〇汲北 三、補	共	不修
卷	八	前一行	蕭勃故主帥前直閤。		
卷		行	蘭皷 三	閣 北南汲	
卷	九	前七行	捄。社稷。之横流 三	拯 稷 汲北南	未批修拯、修拯、批修稷、未修稷
卷		後八行	陳王踐祚。 三南北汲	阼	
卷		後九行	奉帝爲江陰王。	王 三北南汲	修

卷	葉	行	宋本	殿本	備註
紀卷六	十一	前後八行	元帝以盤。石之宗	磐 十嘉靖北南汲	
卷		前後九行	受分陜之位。	任	
卷	十二	前後一行	遂反擁衆逡巡	乃 三補汲北	殿是
卷		前後二行	不忿莽卓之誅。三補汲北	急	殿是
卷		前後二行	有仲尼之之才	有學有公旦之五	
卷		前後行		字	
卷		前後四行	征伐有所同。出 三補汲	自 北	殿是，見論語
傳卷一	三	前後九行	從父弟弟策以第三子		
卷		前後行	纘爲嗣	有弘字	殿是，見列傳五，見考證
卷	四	前後八行	所隔外。三	升 北汲	修
卷	五	前後一行	其年大。宗即位 三補	太 汲北	殿是
卷	七	前後一行	既盡禮皇儀。三北 北補殿	儲 汲	見考證
卷	八	前後一行	婦人無 脱三字 事 三	閫外之 汲北	補
卷	九	前後六行	玄池早扃。三補	扃 汲北	殿誤○批修未修
傳卷二	一	前後九行	金 脱一字 。翠綏纓 三	蟬 汲北	補
卷	二	前後五行	謂猶應稱兼慕慕至		

卷	葉	行	宋本	殿本	備註
傳卷二		前後行	卒哭 三汲	脫稱字 衍請字 北	稱兼慕至卒哭六字一貫讀
卷	二	後七行	大。子令曰 三	太 北汲	修
卷	二	後八行	凡三朝發。哀者 寫補○三	發 北汲	補
卷	二	後九行	義在。去服 寫補○三	在 北汲	補
卷	三	前二行	非(止)卒哭之後 三補	止 北汲	三補○修
卷	五	後八行	又出丁之處遠近く	有不一二字	
卷	七	前五行	陰義弛位。 三汲	極 北	殿是
傳卷三	二	前一行	茂以 脫四字 救焉 三	郢州之師 北汲	補
卷	二	前四行	茂私於。張弘策 三汲	與 北	殿誤，見紀一第七葉前五行
卷	三	後四行	儀。同三司之儀 三	無儀字 汲北	殿是
卷	四	後四行	常與少年數千。人 三不明	十 北汲	修
卷	四	後四行	澤中逐麞鹿無。還。		
卷		前後行	騎趍。鹿 三汲	每衆赴 北	殿誤，按無還猶言無所還忌，見左傳。趍，逐也，於義亦比赴字爲勝，考證似無據○南史同殿本○考證並無引證，亦臆斷也○疑無還二字自爲句，騎趍鹿三字句
卷		前後行			
卷		前後行			
卷		前後行			

卷	葉	行	宋本	殿本	殿本備註
傳卷三	五	前九行	敬殘一字誅	兒 三北汲	修
卷	八	前一行	魏脫殘十字眼 三	人望之奪氣魏大	
卷		前後行		將楊大 汲北	未批補，已補
卷	十	前一行	見慶。遠 三	慶 北汲	
卷	十一	前四行	高祖時居官。中	宮 三北汲	修 ○宦恐係描誤
卷	十一	後六行	雍缺三字中正 三	州大 北汲	補
卷	十一	後七行	并鼓吹缺二字 三	一部 北汲	補
卷	十一	後八至九行	兩行全脫 三	十二年遷安北將軍	
卷		前後行		寧蠻校尉雍州刺	
卷		前後行		史慶遠重爲本州	
卷		前後行		頗厲清節士庶懷之	
卷		前後行		明年春卒時年 北汲	補
卷	十二	後六行	以成所脫三字方郡 三	志配迹 汲北	補
卷	十二	後七行	全愛功脫三字朝請 三	臣不過 汲北	補
卷	十二	後八行	全脫 三	等迭據方岳位終上	
卷		前後行		將君臣之際邁於	

卷	葉	行	宋本	殿本	備註
傳卷三		前後行		前代矣 北汲	補
傳卷四	一	後一行	亦殘一字西中郎 三	爲 北汲	補
卷	一	後一行	外兵參軍殘一字在西府 三	俱 北汲	補
卷	一	後二行	頗殘一字自安 三	不 北汲	補
卷	一	後二行	遣輔缺一將軍 寫補〇三	國 北汲	補
卷	一	後三行	道模糊荊州	過 三北汲	補
卷	一	後三行	密敕潁冑。寫補	冑 北汲三	
卷	一	後四行	王天獸。三汲	虎 北	不改
卷	一	後七行	蕭脫一字州蓄養士馬 三	雍 北汲	補
卷	一	後八行	人衆模糊一字不敵	又 三汲北	
卷	一	後八行	必不可制〈之 三汲	豈制字 北	按必不可，北監作不可必
卷	二	前五行	輕。將步騎數百到州	徑	
卷	二	後四行	高祖進漂。州 三汲	江 北	見考證，按呂僧珍傳作大軍次江寧
卷		前後行			
卷	三	後五行	尚書令潁冑。	冑 北汲	修
卷	四	前一行	邑千五百戶脫三字中 三	尋爲侍 北汲	補

卷葉行			宋本	殿本	備註
傳卷四	四	前二行	征虜将軍脱三字衛率三	太子左北汲	補
卷	四	前三行	貧覲所脱三字不爲三	取窮視北汲	補
卷	四	前四行	尚可以脱三字俗三	激貪厲北汲	補
卷	四	前五行	争雞豚之脱三字之士三	利衣繡北汲	補
卷	五	前二行	郡人殘缺三字使持節三	畏之遷北汲	補
卷	五	前三行	将殘缺二字故三	軍如北汲	補
卷	五	後七行	近在淮欠。三補	次北汲	修
卷	六	前一行	反。輔政	及三北汲	修
卷	六	後九行	建武空格徵爲游擊		
卷		行	将軍三	末北汲	南史。不修
卷	七	後一行	攻取模糊難	勢北	汲勢〇補勢
卷	七	後二行	詢納羣模糊二字主以下	言軍北汲	補
卷	七	後四行	度賊樵。糧	樵北汲	修樵
卷	八	後八行	川城南流。水有峻峯	臨北汲	殿是
卷	九	後三行	齊南康三。似王字殘	王三北汲	修
卷	十三	前九行	公則所領是。湘溪人三汲	多北	南史作多是湘人

卷	葉	行	宋本	殿本	本備註
傳卷四	十四	前後一行	魏豫殘二字刺史三	州 汲北	修
卷	十四	前後二行	即斬殘二字榮三	石 汲北	修
卷	十四	前後九行	〈郡當陽人也三	有鄧元起字仲居	修
卷		前後行		南七字 汲北	修
卷	十五	前後二行	表里之執。三、補	勢 汲北	修
卷	十六	前後二行	加寇。軍將軍三	冠 汲北	修
卷		前後七行	蜀上。政慢三	土 汲北	修○ヨ尋墨影似土字
卷	十七	前後一行	脱九字心一離三	糾以刻薄民必不	
卷		前後行		堪衆 北汲	補
卷	十七	前後二行	脱十字之三	起疾可以濟師膺	
卷		前後行		請出圖 北汲	補
卷	十七	前後三行	脱十字率富民三	元起曰善一以委	
卷		前後行		卿膺退 北汲	補
卷	十七	前後四行	脱十字元宗三	得三萬斛元起先	
卷		前後行		遣將王 北汲	補
卷	十七	前後五行	脱十字水三	奉伯於新巴齊晚	

卷	葉	行	宋本	殿本	備註
傳卷四	十七	前五行		盛於赤 北汲	補
卷	十七	前六行	脱十一字 將魯方達 三	始嬰城自守晚盛	
卷		前後行		又破元起 北汲	補
卷	十七	前七行	脱十字 元起乃自率兵 三	卒死者千餘人師	
卷		前後行		象成懼 北汲	補
卷	十七	前八行	脱十二字 重於郢 三	至蔣橋去成都二十	
卷		前後行		里留輸 北汲	補
卷	十七	前九行	脱十字 郢陷之 三	奉伯晚盛二千人	
卷		前後行		間道襲 北汲	補
卷	十六	前九行	以西昌侯蕭深。藻		
卷		前後行	伐之 汲	淵 北	
卷	十八	後七行	蕭。藻將至 汲	淵 北	按長沙嗣王業傳藻字靖藝天監元年封西昌侯
卷		前後行			
卷	十八	後八行	<藻入城	有淵字	
卷	十八	後九行	甚怨望之。	脱之字	
傳卷五	二	後五行	高祖使弘策到<陳計		

卷	葉	行	宋本	殿本	備註
傳卷五	二	前後 五 行	弘策到〻陳計 三缺版 南汲	有郢字 北撦	
卷	四	前後 四 行	弘策爲人實。厚通率	寬 北	殿是
卷	五	前後 五 行	和帝遣御史中丞宗		
卷		前後 行	史。三汲北 三補	夬	
卷	五	前後 六 行	域乃諷史。曰 三汲北 三補 本葉七行作夬	夬	按宋本下文又作夬，本傳史夬互見。
卷	五	前後 五 行	死者太。半 三補	大 北汲	殿誤
卷	六	前後 一 行	補寧蠻長史校。風		
卷		前後 行	太守 三補	扶 北汲	殿是
卷	七	前後 二 行	留紹叔監州事。督江		
卷		前後 行	湘二州糧運	都 三南北汲	殿是，見南史
卷	七	前後 四 行	魏軍圍合肥。	肥 三南北汲	批修，未修
卷	九	前後 三 行	妖賊唐瑀。寇東陽	仝誤	南史張稷傳作唐寓之然則唐寓亦作唐瑶，不作瑀也○見考證，按張稷傳唐瑶作亂，當作瑶，即唐寓之，見張稷傳
卷		前後 行			
卷		前後 行			
卷	九	前後 四 行	太守。率衆東討	祖 北	殿是
卷	九	前後 九 行	敕遣僧珍隸平北將		

卷	葉	行	宋本	殿本	備註
傳卷五	九	前九行後	軍曹武。西爲典籤三汲	虎北	查南齊書列傳十一曹虎傳，建武二年進號平北將軍。此處武帝永明九年在明帝建武前又不合
卷		前行後			
卷		前三行後	魏大舉南侵五道〻	有並進二字 三補北汲	
卷	十	前六行後	積茅蓋若山阜皆不		
卷		前行後	乏。用三補北	之汲	殿是，下文悉取檀溪材竹茸之以茅
卷	十一	前一行後	不可與戰。可勿遥射三汲	亦北	殿是
卷		前九行後	領武。貴。中郎將三汲	虎賁北汲三補	殿是
卷		前七行後	高祖欲榮。之	榮	殿是
卷		前九行後	從父兄子先。以販葱		
卷		前行後	爲業	宏三補北汲	按南史呂僧珍傳作先
卷	十二	前三行後	便。是大有所進三汲北	使	
卷	十三	前一行後	子淡。缺〻	淡三汲北	修
卷		前三行後	鄭紹叔忠誠亮盡。三	藎北汲	殿是
傳卷六	四	前二行後	城。始興王憺留鎮雍部三	時汲北南	殿是
卷	五	前六行後	皆莫汝遠。也三南	逮汲北	殿是
卷	六	前三行後	義師剋〻魯平茄。湖三補	有郢字 加北汲	東軍王吳子陽十三軍救郢州屯加湖，見南齊書

卷	葉	行	宋本	殿本	備註
傳卷六	六	前三行			紀八
卷		前九行	叡科。簡隱邱	料	殿是
卷	七	後九行	諸將又請走保三叉。	叉 嘉靖南 北模糊	汲古作乂，按南史訛丈 三乂北不明似挖○批修未修
卷	八	前六行	城遂潰。三汲	漬 北版裂	上文堰水又滿，則漬亦可通○殿訛
卷	八	前三行	鑿提。	堤 三嘉靖南北汲	修
卷	八	後一行	准。繩 三嘉靖汲	準 北南	
卷	九	前一行	由陰墨。丁。大澤 大字殘	陵大 三北南汲	未批修，均修
卷	九	前二行	墨丁多	盛 三北南汲	未批補，補
卷	九	前三行	不明 馳	車 三北南汲	修
卷	九	前三行	巳。隨	已 三北南汲	批修未修
卷	九	前四行	腹。中 殘損	腹 三北南汲	修
卷	九	後五行	泰。郡太守	秦 三汲北	修
卷	九	後七行	皆臨く壘 三汲	有敵字 北	
卷	九	後九行	倏忽 空七字	有之間橋柵盡壞	
卷		行		而七字 三汲南北	修○按此傳傳真樂疑僅缺五字，「間橋柵盡壞」五字，不知孰是。整理者
卷	十	後六行	閒叡至 空四格 亦詔罷軍	乃退帝 汲三北 南史同	

卷	葉	行	宋本	殿本	備註
傳卷六	十四	後六行	其功◦甚盛	功 三汲北	修
傳卷七	一	前五行	南鄉◦無陰人	舞 三挖北汲	南鄉疑南陽之訛、按宋志南鄉縣屬順陽、而順陽晉分南陽立○按晉書范汪作南陽順陽人○查宋志無無陰縣、而舞陰屬南陽○南陽魏晉分立順陽、順陽魏晉曰南鄉○疑舞陰遂南鄉分屬○殿是 南史舞
卷		前後行			
卷		前後行			
卷		前後行			
卷		前後行			
卷	一	前七行	琰令◦賦詩 三	令 北汲	修
卷	一	前九行	而勤於學 三挖	勤 北汲	
卷	一	後一行	有識具◦善屬文	且 三挖北汲	殿誤、識具清通、見孔休源傳、將相之具、見李陵文
卷	一	後八行	明且◦又召	旦 三北汲	批修、未修
卷	二	前二行	竟陵王子良◦爲會稽		
卷		前後行	太守 三	良 南汲 北	殿是
卷	二	後九行	江祏◦ 三南	祏 北汲	
卷	三	前二行	雲坐儼◦還下獄 三補汲	徵 南史北	
卷	四	前四行	高祖亦推心仗◦之所委多凡◦	任 北汲三仗 允 三北汲	修允
卷	六	後一行	帶闕◦西令 三汲	闕	殿誤、按闕西屬司州隨郡、嚴西屬荊州南義陽郡。

卷	葉	行	宋本	殿本	備註
傳卷七		前　後　行			並見南齊書州郡志下，時安西爲荊州，疑當作
卷		前　後　行			厥西
卷	七	前九　後　行	改授◦冠軍將軍 三汲	無授字 北	
卷	八	前一　後　行	公初杖兵樊◦沔 二南北汲	楚	殿誤，見南史
卷	九	前　後一行	揚州大中正闕◦尚書		
卷		前　後　行	八條事 三汲 南	奏 北	殿誤，見宋書百官志上
卷	十一	前　後三行	世交爭而波 墨丁	流 三北汲	
卷	十二	前　後四行	終道◦組而後值	迶	有校語○據宋本卷末校語應作迶，今印本作道。
卷	十三	前　後七行	開閤◦室以遠臨 三南北汲	閤	
卷	十四	前　後九行	訪住◦途之軫跡 三	往 北汲	殿是，往塗猶言前車
卷	十五	前三　後　行	變腥◦ 缺筆○三	腥 北汲	修
卷	十六	前八　後　行	苞江漢而爲字◦	宇 三南北汲	修
卷	十六	前　後九行	泛天江之悠水◦	永 南北汲	三模糊○修
卷	十七	前二　後　行	蓋望◦秩之所宗 三 缺筆○	望 北汲	
卷	十七	前五　後　行	三襲凡◦成	九 北汲 三挖	三挖○修
卷	十七	前　後一行	安忘懷而受崇◦	崇	殿是

卷	葉	行	宋本	殿本	備註
傳卷七	十七	後七行	啓玄扉缺、	扉	
卷	十七	後九行	松括。	括北汲	三挖○修
卷	十八	前一行	獨。遠缺筆	獨三汲	修
卷	十八	前七行	時言歸於陋。宇。	陋宇北汲	三挖宇字
卷	十九	前一行	以斯終老於爲。請日	焉消三挖北汲	
卷	廿	前七行	與約各蹤所憶。三南北汲	億	殿誤
卷	廿	後八行	及約時也。歷中書侍		
卷		行	郎	己南汲三北	修
卷	廿一	前二行	服除猶絕粳粱。	梁	按粱梁古通用
卷	廿一	後四行	終逌組而後值逌組疑	脱此校語	
傳卷八	一	前六行	少孤貧好學沈靖。少交		
卷		行	遊	靜	
卷	一	前八行	辭連繫。淹。州獄三汲	淹繫北	殿誤
卷	二	後四行	積讒糜。骨	糜	殿是
卷	二	後八行	如下官當。何言哉三汲	尚北	
卷	四	後九行	遷驍。騎將軍三北汲	驃	殿誤，下文三年還爲驍騎將軍

梁書 校勘記 列傳第八 頁 四三

卷	葉	行	宋本	殿本	備註
傳卷八	五	前七行後	於是彈中書令謝拙○	朏	殿是，南史朏
卷	六	前一行後	東昏末○	末 北汲	三介兩可之間○修
卷	七	前五行後	幼而○好學 三北汲	脱而字	
卷	八	前一行後	實奉詔○言 三汲	話 北	殿誤○內外衆事無大小，悉與諱參懷共下意詔
卷		前行後			見，南齊書紀三
卷	八	前四行後	王室之○亂○ 三汲	不造 北	
卷	八	前八行後	乃知君子○之道	臣	
卷	八	前九行後	苟曰易照○敢守難奪 三汲	昭 北	疑易與之訛，對下難奪言，韓侯之爲人易與耳，見史記○疑當作與，易與，
卷		前行後			見史記
卷	九	前一行後	天○生之倫 三南汲	含 北	
卷	九	前六行後	勳超遂○古	邃 三挖汲北 南	殿是，見後漢書
卷	十一	前八行後	人罕贍○卯之 三南北汲	贍	殿誤
卷	十一	前四行後	道吋○膠漆	叶 三南汲北 三挖	修
卷	十二	前一行後	示○黔首以鷹鸇 三汲	視 北 南作比	殿誤
卷	十二	前二行後	主人听○然曰	忻 三挖 北汲	殿誤，視下文語意決非忻然○听，大笑也。○張校：可通
卷	十二	前四行後	從道汗○隆 三	汙 北汲南	修

卷	葉	行	宋本	殿本	備註
傳卷八	十二	前五行	雲飛雷。薄 三汲南	電 北	
卷	十二	前七行	驪其偷。樂 三	愉 北汲南	修
卷	十二	前八行	遺迩。江湖	迹 三北汲	南作跡○修
卷	十三	前一行	誓徇荆卿湛士。族 三補	七 北汲	對上妻子似士族是
卷	十三	後一行	論嚴枯。則春叢零		
卷		前後行	葉	苦	殿誤
卷	十四	前四行	舒向金玉泉。海卿雲		
卷		前後行	潚澈江。漢 三南汲	淵河 北	
卷	十四	前七行	舐。痔 三	舐 南北汲	修
卷	十五	前一行	雝墨丁所聚二豐也	訟 三北汲○南史同	
卷	十五	前三行	朱穆昌言而示紹。 三補汲	絕 北	殿是，見後漢書朱穆傳○後漢書七十三朱穆傳、朱穆著絕交論
卷		前後行			
卷	十五	前五行	英恃。儁邁	特 北汲	三補○修
卷	十五	前七行	朱紫由其目。旦	月 三補北汲	殿是
卷	十五	前八行	輜軿擊輯。 三補	轊 北汲	殿是、擊轊猶擊轂
卷	十五	後四行	歸體。雒浦 三汲	骸 北	殿是

卷	葉	行	宋本	殿本	備註
傳卷八	十五	前九行後	棄之長鴦。	鶩 北汲三	
卷	十六	前一行後	驩。與麋鹿同羣	懽 北南汲	三此行上半截全脱
傳卷九	三	前五行後	還。書曰	遺 三補汲北南	按謝瀹傳作眦指瀹口曰南史遺
卷	五	前六行後	乃角巾自。輿諸。雲龍		
卷		前後行	門謝 北	肩 北詣 三南北汲	見考證○按南史亦作自○查監本○原批修詣，均修
卷	五	前九行後	餞於。三。人送迎	別王 三汲南北	
卷	六	前九行後	豈伊止棟。隆 三	棟 南汲	北作豈伊爾棟隆○修
卷	七	前五行後	郡境。多劫爲東道患 汲	邑 北	殿誤○三脱核。
傳卷十	一	前三行後	以南王。卑濕 三不明	土 北汲	三不明○修
卷	二	前七行後	亮傾側取客。	容 三挖北汲	殿是
卷	三	前一行後	思聞得朱。	失 北汲	三補○修
卷	三	前二行後	卿幸。可謂多士	等 北汲三補	殿是、上文謂羣臣曰
卷	三	前九行後	鈌。側席之望	缺	殿是
卷	四	前五行後	而今黨協疊。餘	全誤	范縝與王亮在南齊時同臺爲郎，舊相友愛故云○當作疊。
卷		前後行			
卷		前後行			

卷	葉	行	宋本	殿本	備註
傳卷十	四	前七行	出守名拜。	邦 三補北汲	殿是、爲晉安太守、見范縝傳
卷	五	前一行	貫。其既往之咎	貫 北汲	三補〇修
卷	五	後五行	爲剡縣今。	令 北汲	三補〇修
卷	五	後九行	明帝領收。	牧 北汲	三補〇修
卷	六	前一行	爲寧朔將軍軍王。	主 北汲	三補〇修
卷	六	前三行	遷平西司馬く朔將軍	有寧字 三補北汲	殿是
卷	六	前五行	時雍州刺史曹武。度		
卷		行	樊城岸 三汲	虎 北	事見南齊書曹虎傳
卷	六	前五行	魏。師退稷還荆州 三汲	虎 北	殿誤、上文魏又寇雍州
卷	六	前九行	及江州刺史陳顯達		
卷		行	舉兵及。 三不甚明	反 北汲	殿是、見南齊書陳顯達傳
卷	六	前九行	以本號鎮歷陽南蘸。		
卷		行	二郡太守	譙 三挖北汲	殿是
卷	六	後四行	俄進督北徐州。兖州。冀		
卷		行	五州 三汲	徐青 北	
卷	七	後七行	以盛墨。留幸僕射省	暑 三北汲	殿是、南史暑

卷	葉	行	宋本	殿本	備註
傳卷十	十	前四行	居官恭格。	恪 三挖北汲	殿是
卷	十	後三行	其。自取廢故。非不幸		
卷		後行	也 三汲	洒敗 北	
傳卷十一	一	前八行	累遷武。賁中郎將 三汲	虎 北	
卷	五	前二行	魏豫州人白早。生 三汲	阜 北	
卷	六	後八行	明罿丁稷珍國即冬昏		
卷		前行	於內殿齋再手刃焉	且與	
卷	八	前一行	屠罿丁餘城	十 三北汲南	
卷	八	後七行	申冑。 三	冑 北汲南	批修，未修
卷	九	前二行	冑。元瑜居士	冑 嘉靖南北	汲古訛冑○殿是，見八葉後七行○批修，未修
傳卷十二	一	前二行	缺撰字		補
卷	一	前八行	直閤。 三汲南	閤 北	
卷	一	前九行	板。爲中兵參軍	拔 三北汲南	殿誤
卷	一	後五行	前軍直閤。 三汲	閤 北	
卷	一	後七行	直閤。細仗主 三汲	閤 北	
卷	一	後八行	燒神獸。門	虎	

卷	葉	行	宋本	殿本	備註
傳卷十三	五	後五行	領朱衣直閤。三北汲	閣	
卷	七	前一行	道根墨丁未爲社稷		
卷		行	之臣	雖嘉靖 南史同○三北汲	
卷	八	後九行	容貌絕空白雖。殘字	倫雖汲北	三挖○修雖
卷	九	前五行	荆山爲上格。三	格汲	殿是，見南史
卷	九	前九行	發徐揚人率二十户		
卷		行	取三。丁	五三挖汲北	殿是，見南史
卷	九	後一行	并護堰作〻人及戰士	有役字	
卷	九	後五行	大則釜鬲。	鬻	殿是
卷	十	後九行	魏壽陽城戍稍徙頓		
卷		行	於八公山。此南居人		
卷		行	散就岡壟	北	應查壽陽是否在八公山南
卷	十一	後七行	齊代隨曹武。征伐三汲	虎北	
卷	十一	後八行	武。爲雍州三汲	虎北	
卷	十一	後九行	及武。代還三汲	虎北	
卷	十四	前七行	絢等已破魏〻又遣		

卷	葉	行	宋本	殿本	備註
傳卷十二	十四	前後行	大將李平攻峽石	有軍魏二字	見考證
卷	十五	前八行	空格肥邵陽之逼	合	殿是，見馮道根傳
卷	十五	前九行	牙。有厥勞	互 三補 汲北	按牙乃互之訛
卷	十五	後一行	及退舍而堰次。	決 汲北	三補〇修
傳卷十三	一	前三行	宗史。以下均作史 三汲	夬 以下均作夬 北	宋刻一葉作史凡六見，後補一葉作夬凡四見。
卷	一	前六行	宗史。字明歇 三汲	夬 北	查易
卷	一	前七行	。徵太子庶子 缺筆	徵 汲北	三補〇修
卷	一	前七行	父繁西中く諸議參		
卷		前後行	軍 三汲	有郎字 北	見考證
卷	一	前八行	史。少勤學	夬	
卷	一	後一行	史。亦預焉	夬	
卷	一	後三行	以史。管書記	夬	
卷	一	後三行	史。既以筆札被知	夬	
卷	一	後五行	史。仍管書記	夬	
卷	一	後六行	史。頗自疏	夬	
卷	一	後七行	惟史。及傳昭以清正免	夬	

卷	葉	行	宋本	殿本	備註
傳卷十三	一	前後八行	以史。爲郢州治中	夬	
卷	二	前三後行	領軍將軍蕭穎胄。三下同	胃 南北汲均作胄	殿誤、當作胄，見南齊書蕭赤斧傳
卷	五	前一後行	方見藹闇。閣讀書 三補汲南	閉 北	
卷	五	前後三行	引藹及宗支。劉坦 三	夬 北汲南史	殿是，見宗夬傳
卷	五	前後七行	和帝東下道。兼衛		
卷		前後行	尉卿	遷 三抱汲北	殿是
卷	六	前二後行	而車府忽於庫失。油		
卷		前後行	絡	火 三補北	油絡車飾見隋書煬帝紀，晉書張華傳不載，五行志亦畧○殿誤，按下庫若有灰云云必當時疑油絡之失爲盜而諉以爲火也○查晉書○查汲古○汲古作火，一作先○張校：覰下文又似火，府不誤。
卷		前後行			
卷		前後行			
卷		前後行			
卷	六	前三後行	張華以爲積油万匹。		
卷		前後行	必然	石 三補汲北	
卷	七	前四後行	恥。以讓俸受名	恥 汲北	三補○修
卷	七	前六後行	棲。心物表	棲 汲北	三補○修
卷	七	前九後行	蕭穎胄。起大州之象 三	胄 汲北	殿是

梁書　校勘記　列傳第十三　頁　五一

卷	葉	行	宋本	殿本	備註
傳卷十四	一	前二 後 行	姚○忠○廉	思 三	修
卷	二	前九 後 行	七○人如○懷怨望	士 始 北汲	三挖○修
卷	二	前 後三 行	買與戰不利退○州郡		
卷		前 後 行	縣多叛亂矣 三補汲	還 北	
卷	四	前二 後 行	及季連○二子	連 北汲	三挖○修
卷	五	前六 後 行	亦無所羅○	纙 三南北汲	批修，未修
卷	五	前 後五 行	於是受別駕治中撽者○ 三南	撽 北汲	殿是
卷	五	前九 後 行	蘭○道恭	蘭 汲北	三補○修
卷	六	前 後二 行	廣之至歐陽○	仝誤	按歐陽在今江蘇儀徵縣北，江陽屬南兗州新平太守，○陳霸先自歐陽來會，見杜崱傳○疑當作江，歐陽在今江蘇儀徵縣北，按廣之時屬豫州刺史，征王子敬於江陽，見南齊書王廣之傳，江陽屬南兗州新平太守，見宋書州郡志一
卷		前 後 行			
卷		前 後 行			
卷		前 後 行			
卷		前 後 行			
卷	七	前三 後 行	每降く出 三汲	有人字 北	
卷	八	前五 後 行	入魏何處○減作河南		
卷		前 後 行	郡 三	遽 汲北	殿是

卷	葉	行	宋本	殿本	備註
傳卷十四	八	前八行	伯之子虎牙く封		
卷		前後行	示伯之三汲	有時爲直閤將	
卷		前後行		軍高祖手疏龍	
卷		前後行		符罪親付虎牙	
卷		前後行		虎牙十九字北	見考證○殿是，見南史○北監不脫，汲脫
卷	八	後五行	便與卿共下○	下三汲北	修
卷	九	前六行	率五百人守太雷○		
卷		前後行	太雷戍主沈慧休三汲	大大北	殿是○晉時置戍，時有大雷郡，今安徽望江縣境
卷		前後行			
卷	九	後一行	伯之每旦○常作使○		
卷		前後行	晡輒臥	旦伎北三花汲	殿是○南史，按作伎，演武藝也○未修
卷	十	前七行	散騎常○侍	常三北南汲	修
卷	十一	前六行	奉疆場之任	場	殿誤
卷	十一	前七行	將軍獨覲顏借○命	惜	殿誤，見南史○借命疑當作受爵命，言以其受親命爲曲江縣侯，故云
卷		前後行	三補北汲		
卷	十一	後八行	夫以慕容超之强身		

梁書 校勘記 列傳第十四 頁 五三

卷	葉	行	宋本	殿本	備註
傳卷十四	十一	前八行	送東墅之盛面縛○西		
卷		前後行	都	市姚泓 縛北三汲	南史同殿
卷	十一	前九行	墅漢舊邦無取雜種	姬北三汲	南史同殿
傳卷十五	二	前五行	尋轉司徒音○陵王從		
卷		前後行	事中郎○	竟	按音乃竟之訛
卷	三	後五行	倪因○相攜請罪三南汲	慶北	按南史作倪慶因相攜請罪○但慶字實不可缺。
卷	三	後六行	史○部侍郎	吏南北汲	三作史○修
卷	七	前一行	户墅	空白嘉靖南北汲	
卷	七	後二行	藏器屠保○南汲北	估三補挖嘉靖	殿誤，按屠保猶言屠沽○召公子許偉康並出屠沽，見後漢書
卷		前後行			
卷	七	後五行	猶當裕○以清談	格嘉靖南北汲	殿是○批修未修
卷	八	後一行	遷尚書右僕射尋加		
卷		前後行	侍中○三南北汲	郎	殿誤，以官階論，不應爲侍郎
卷	九	後七行	敬○亂殆盡	散汲北	三闕○修
卷	十四	前六行	屬循○壚○作亂	盧循	見校語
卷	十五	前六行	然東士○比無所執三北汲	土	殿誤○東士指吳郡士人

梁書

卷	葉	行	宋本	殿本	備註
傳卷十五	十五	後四行	用。之異也	器 三挖北汲	殿誤，承上文行止言
卷	十五	後五行	不違金石。之質 三汲	水 北	殿是
卷	十六	前一行	既謝廓廟之華	廓	殿誤
卷	十九	後一行	嶺。步兵校尉	領 三挖汲北南	殿是
卷	十九	後八行	惲善奕棊 空格 每敎		
卷		行	侍坐	帝 三南北汲	
卷	二十	後三行	蔡搏字景節 不提行	提行	殿是
卷	二十	後四行	摶。少方雅退默	搏	殿誤
卷	廿一	前五行	踰山冠。吳興	冠 三南北汲	修
卷	廿一	後一行	遷中書。令	令	殿誤
卷	廿二	前一行	累遷司徒東閤。祭酒		
卷		行	盧陵王主簿 三南汲	閤 北	殿誤，見宋書百官志上
卷	廿三	前五行	初王泰出閤。 嘉靖 南汲	閤 北	
卷	廿四	前二行	王僉傳屬循壚作亂疑	脫此校語	
傳卷十六	二	後二行	開府儀同三司侍中		
卷		行	如殘字二年	故其 北汲	補

卷	葉	行	宋本	殿本	備註
傳卷十六	四	前二行	斂。以衮服三	斂 汲	北斂○殿是
卷	四	前 後七八九行	全脱三	母德視二子如親生	
卷		前 後 行		焉秀既長美風儀	
卷		前 後 行		性方靜雖左右近侍	
卷		前 後 行		非正衣冠不見也由	
卷		前 後 行		是親友及家人咸	
卷		前 後 行		敬焉齊世弱冠爲	
卷		前 後 行		著作佐郎累遷後	
卷		前 後 行		軍法 北及	補
卷	十一	前四行	西朝兗。懼	洶	
卷	十四	後二行	下宮。歷觀世人	官 北汲	末批修，修
卷	十四	後六行	雍州蠻文。道拘引魏		
卷		前 後 行	寇 北汲	仝	燮理者按，此條既無異文，可刪。
卷	十四	後六行	詔恭殘一字援	赴 北汲	補
卷	十四	後七行	雍州刺史殘一字道之		
卷		前 後 行	鎮	便 北汲	補

卷	葉	行	宋本	殿本	備註
傳卷十六	十四	前八行	至是手令（脱板一字）	曰（北汲）	補
卷	十四	後九行	但知重（脱板一字）輕死	劒（北汲）	補
卷	十七	前一行	使持（脱五字）之鎮（三）	節如故便道（北汲）	補
卷	十七	後六行	謚曰忠烈（四點似後加）	烈（北汲）	三補○修
卷	十七	後九行	既覺夏憂遑。（三汲）	皇（北）	
卷	十八	前七行	中山聽樂可得任說。（北三補）	性（汲）	
卷	二十	前二行	大。祖	太（北汲）	修
卷	二十	前七行	時。巴東太守蕭慧訓	持	殿誤
卷	廿	前一行	言可（脱一字）用之可也	用（北汲）	補
卷	廿一	前二行	爾（脱一字）無忝	其（北汲）	補
卷	廿一	前二行	遭水死者（模糊）棺（模糊）	給槥（北汲）	補
卷	廿一	後八行	尋遷（殘缺二字）將軍	中軍（北汲）	補
卷	廿一	後九行	降意（脱二字）	接士（北汲）	補
卷	廿三	前九行	同〻兄安成王秀將		
卷		行	之雍州（三汲）	有母字（北）	
傳卷十七	一	後八行	解褐齊安（模糊）邵陵王	南（北汲）	補

卷	葉	行	宋本	殿本	備註
傳卷十七	二	前九行	東昏肆雲。三補	虐 汲北	
卷	四	前八行	〈郢樊作亂 三汲	有據字 北	
卷	四	後七行	〈一年出爲使持節 三北汲	有十字	殿是、見考證
卷	六	後七行	二。二年襲封永陽郡王 三汲	脱二年二字 北	
傳卷十八	二	後五行	文案無擁。三汲	壅 北	
卷	二	後七行	三。三師北伐 三	王 北汲	修
卷	三	後六行	郡縣皆改節自厲。	厲	
卷	三	後七行	徵〈右衛將軍	仝	按下文十三年徵爲領軍將軍例、疑此脱爲字
卷	四	後三行	其爲人所長。敬如此	畏	殿是
卷	五	前二行	齊豫。章。恭爲晉安王		按豫章非年號、指遥光言晉安王寶儀也
卷		前後行	左常侍	仝	
卷	五	後四行	醉時所 脱二字 或求焉 三	殺醒 北汲	補
卷	五	後五行	入留京、脱二字 忽不樂 三	師忽 北汲	補
卷	六	前八行	昱字子眞。	貞	殿誤、見南史
傳卷十九	二	前三行	國史詔誥。	誥 汲北	修○三補
卷	二	前八行	捨居之則塵涘。滿積	埃	殿是

卷	葉	行	宋本	殿本	備註
傳卷十九	三	前一行	彌可嗟動。三	慟 北汲	修
卷	三	前三行	隨田。資給 三	由 北汲	修
卷	三	後八行	脱八字 三	長才名甚盛嘗欲	
卷		行		與 北汲	宋北補、補
卷	三	後九行	脱八字 三	人曰王郎名高望	
卷		行		促 北汲	宋北補、補
卷	五	前一行	備 脱一字 傳	二 北汲	補
卷	五	前二行	張充。爲執經 汲	充 北	修
卷	五	前二行	柳 脱一字 王暕	憕 北汲	補
卷	五	後一行	殯以朞日。	朞 北	汲期
卷	五	後三行	傷情戚理莫此爲大	滅	殿是
卷	五	後九行	又除尚書 殘脱二字	僕射 汲北	補
卷	七	前七行	事 模糊一字 於旌鼓	滅 三汲北	補
卷	七	後二行	先天改 模糊 亂惟武 三汲	物揆 北	補物撥○揆誤，見公羊傳 三似物撥
卷	八	前二行	敎。焉以興 三	勃 北汲	
卷	九	後八行	佟之、後以鎮北諮議		

卷	葉	行	宋本	本	備註
傳卷十九	九	前八行	參軍伏𢅅代之	有亡字	
卷	十	前一行	其。列聖旨	具 北汲	殿是
卷	十	前六行	五百四。十六條 汲	三 北	
卷	十	前七行	合残缺四字	十有七秩 北汲	以下三條未批補，均補
卷		前七行	一缺一字	百 北汲	
卷		前七行	三十，殘缺四十五條	三卷五百 北	汲祇有卷字無三、五百三字
卷	十	前四行	天。凡一百二十秩	大 北汲	修
卷	十	後九行	令。之八千	今 北汲	修
卷	十一	後六行	光被。八表	被 三北汲	修
卷	十三	後六行	若此事。象。皆距而		
卷		行	不納	象事	
卷	十二	後五行	或。勸與立邸店。	店 北汲	三不明〇修
卷	十三	前六行	運。闔洞房 三	連 北汲	修
卷	十六	後九行	眇。然長往	耿	
卷	十七	前一行	雖復無惰。之倫	情 北汲	修
卷	十七	後五行	雖當機。務下筆不休	幾	

卷	葉	行	宋本	殿本	備註
傳卷十九	十八	前後二行	提衡端執。三汲	執北	殿是
傳卷二十	二	前後三行	袟中二千石	秩南 三挖汲北	
卷	三	前後四行	使諸子從昭く定其所		
卷		前後行	制 三汲	有受學會明帝崩	
卷		前後行		粲造哀策文乃引	
卷		前後行		昭十四字 北	汲古亦脱，北監有
卷	三	前後六行	豈得。非名賢 汲	脱得字 北	
卷	四	前後一行	惟昭及南陽宗史保。		
卷		前後行	身守。正 南 三汲	央北 脱保身守正	
卷		前後行		四字 北	
卷	四	前後三行	時居此職く皆勢傾		
卷		前後行	天下 三南汲	有者字 北	
卷	四	前後四行	常插燭於。板牀 三南汲	脱於字 北	
卷	六	前後一行	目。命少時	自 三南北汲	修
卷	十	前後七行	光祿。卿	祿 三北汲	修
傳卷廿二	一	前後八行	晉大。尉	太 嘉靖南北汲	三補○修

卷葉行			宋本	殿本	備註
傳卷廿一					
卷	二	前五行後	爾得○海上之名	等	殿誤○
卷	三	前三行後	以疾陳○解	陳 北汲	三補○修
卷	四	前後一行	嘗訪洽於白舍	田 北汲	三補○修
卷	五	前後一行	直待詔省敕使 模糊 甲		
卷		前後行	部書 使下不似廿字	抄 三汲北	抄乙部書，見張率傳○南史同殿
卷	五	前四行後	九年遷國子 模糊二字	博士 三北汲	南史同殿
卷	五	前後一行	末○拜	未 三北汲	修
卷	六	前二行後	昭明太子與晉安王諱○		
卷		前後行	令曰	綱	批已修，未修
卷	六	前後八行	宋末國○子○博○士○徵○不就 三汲	徵國子博士 北	
卷	六	前後八行	能言名○理	玄 三北汲	
卷	八	前三行後	必來三遷人將招三○遷○		
卷		前後行	士 三汲南	五經 北	南史同殿
卷	九	前一行後	孝經喪禮服義○十五		
卷		前後行	卷	儀	
卷	九	前二行後	大○學博士 三	太 汲北	查隋唐藝文志○隋書不録殿是

卷	葉	行	宋本	殿本	殿本備註
傳卷廿一	十	前四行	自鈞在伍○郡境無復		
卷		行	瘧疾 三汲	任 北	
卷	十	後九行	又領石○游擊	右 北汲	三挖○脩
卷	十一	前二行	二了○構渥	子 三汲北	脩
卷	十一	前七行	哀○痛父兄之酷 南	襄 三挖汲北 南	殿是、南齊書陸絳傳父閑 梁書陸襄傳父閑
卷	十二	前六行	先是郡民鮮○于琛服食	解	殿誤
卷	十二	前九行	虢○上願元年	虢 三挖北汲	上、汲古訛土
卷	十三	前二行	民李晛○等四百二十人 南	晛 汲北	三挖
卷	十三	前三行	人○表乞留襄	又 三南北汲	脩
卷	十三	前五行	大○清元年	太 三南北汲	脩
傳卷廿二	二	後二行	阮或○	或 三南北汲 三挖	脩
卷	三	前五行	深入魏墳○	境 南北汲	脩○三朝缺頁
卷	三	前六行	擅○公峴	檀 南北汲	脩○三朝缺頁
卷	四	前九行	自國子生推弟○補邵		
卷		行	陵王國左常侍	第 三挖汲北 南	弟、第也、見釋名
卷	五	前六行	颷○勇將軍 三汲北	颷	颷譌作颷、見正字通

梁書 校勘記 列傳第廿二 頁 六四

卷	葉	行	宋本	殿本	備註
傳卷廿二	五	前四行	命之高揔督江右援		
卷		前行	車。諸軍事	軍 三南北汲	殿是
卷	五	前四行	頓手。張公洲	于 三南北汲 三樓	修
卷	五	前五行	之高遣舡。舸二百餘艘 三南北	船 汲	
卷	五	後八行	元帝遣蕭。慧正召之	蕭 三補汲北南	殿是，南史遣召之。批修 未修
卷	六	後八行	乃爲狹披。蔬食	被 北汲南	三被〇修
卷	六	前九行	必作百幅披。	被 北汲	三被〇修
卷	六	前一行	遂致毀。積 似係古寫	殷 三北汲 南	修
卷	七	後四行	又隨僧辯進。景	追 北汲	三挖〇修
卷	七	前九行	晉安王諱。承制	綱	
卷	八	前六行	遣財悉推者。弟	諸 三南北汲	修
卷	八	後六行	轉大。府卿 三南北	太 汲	殿是
卷	九	後一行	獲男女口。七萬五千人	脫口字	
卷	九	後四行	久離兵。荒	丘	殿誤
卷	十三	前八行	督豫淮陳潁建霍義士。州	七 三 嘉靖南北汲	修
卷	十二	後二行	夔兄亶先經此任者。		

卷	葉	行	宋本	殿本	備註
傳卷廿二	十二	前二行	是夔又居焉	至 三南北汲 嘉靖	殿是
卷		前九行	贈。錢二十萬 嘉靖	賻 南北汲	
卷	十三	前二行	大。僕卿 三	太 南北汲	修
卷		前一行	歷南譙盱。眙。竟陵太		
卷		前行	守	盱眙	殿是
卷		後四行	白駒之過隙。三	隙 汲南北	修
卷		後四行	人。生。ㄑ懽。樂富貴幾		
卷		前行	何時 三南	（平生但歡樂 北作人生但懽樂。汲作人生懽樂	張校：但字不可缺，懽當作懽。○已修懽、
傳卷廿三	三	前四行	今無。寸。兵安可。以動	有	殿誤
卷		後九行	與ㄑ建安侯通理並		
卷		前行	遇害 三汲	有弟字 祈陽 北挖	
卷	四	前一行	通。理字季英	乂 北	按侯景傳景遣收會理與弟祈陽侯通理○南史通理字仲宣，封祁陽侯○南史乂理封安樂侯○南史建安侯賁以謀告王偉○本書侯景傳封賁爲景陵王，賁發南康之謀○本紀大同八年不録○見考證，按南史通理字仲宣封祈陽侯，乂理字季英
卷		前行			
卷		前行			
卷		前行			
卷		前三行	通。理問其故	乂	

卷	葉	行	宋本	殿本	備註
傳卷廿三	四	前三行	通。理便號泣	乂	
卷		前七行	大同八年封建。安。縣侯	仝	按南史乂理傳封安樂縣侯，會理傳，建安侯賁以謀告王偉，與此均不符
卷					
卷		前七行	通。理性慷慨	乂	
卷		後二行	通。理聚賓客數百	乂	
卷		後五行	因爲。所獲 三北汲	僞	殿誤
卷		後六行	乃僞。請先還京 三北汲	爲	殿誤
卷		後八行	勿賜。以爲念也 三汲	顧 北	
卷	五	前二行	通。理曰 三南汲	乂 北	
卷		前三行	通。理奔長蘆 三南汲	乂 北	
卷	七	前一行	高祖今。圍綸第 殘字	令 北汲	三挖〇修
卷	八	後一行	況天時地利不及人乎。三	和 汲北	殿是〇南史乎
卷	九	前三行	天錐。未雪 三	雖 北南汲	修
卷		前四行	剖必。嘗膽	心 三南北汲	修
卷		前九行	苦 三	若 北南汲	修
卷		後八行	小豎。	豎 北南汲	三朝模糊似豎

梁書 校勘記 列傳第廿三 頁 六六

卷	葉	行	宋本	殿本	備註
傳卷廿三	十	後八行	必模糊一字師狎至	連三北汲	修
卷		後九行	安北模糊一字	兄三北汲	修
卷	十一	前一行	全由饑饋懸𢇍。	斷	按𢇍疑𢇍之訛、𢇍古文絕字、見前漢書路温舒傳
卷		前二行	倍。增號憤	信三南汲北	殿誤
傳卷廿四	三	前三行	雖未嘗銜柸。三汲	杯北	殿是○柸同抷
卷		前五行	干犯之諐。三	諐北汲	
卷	四	後四行	又敕爲書喻魏相元乂。汲北	又	殿誤、見魏書元黎傳
卷		後四行	子野謂可得。且方奏三	待北汲	修
卷	五	前九行	自省移模糊三字官	病謂同北	汲病謂同○補
卷		後一行	務模糊節制	在北汲	補
卷	六	前四行	張永嘗攜内外孫姪遊		
卷		行	武。丘山三汲	虎北	
卷		前七行	起家揚州議曹從事史。三	揚北汲	
卷		前九行	江左以來模糊二字此作	未有北汲	補
卷	八	前一行	恐顧郎難模糊食者	衣三汲北	
卷		前六行	少時將娉嫁。舅息女三汲	無嫁字北	

卷	葉	行	宋本	殿本	備註
傳卷卌	八	後五行	會稽安王諱。出戍石頭	綱	
卷		後九行	後王出 模糊三字	鎮江州 三汲北	修鎮
卷	十	後八行	不信曰。三	曰 汲北	修
傳卷廿五	一	後七行	昂昂千里之騎。三	駒 南北汲	修
卷	二	後二行	實未忍安者。馬稜與		
卷		行	弟毅同居	昔 三抾北汲	
卷		後三行	稜爲心服三年由也。之。		
卷		行	不除喪	仝	疑有訛○稜爲心服句、三年由也句、之不除喪句、之作代名詞用、查字書無此解
卷		行			
卷		後四行	誠情。感慕	懷 三抾北汲	
卷	四	後六行	直是陳。國賤男子耳 汲	東 三南北	殿誤、按昂陳郡陽夏人、陽夏屬豫州、見南齊州郡志不得云東
卷		行			
卷	五	後九行	遂 模糊一字 師消抱器	失 三汲北	修
卷	八	前四行	善白。居處	自 北汲	三補○修
卷		後一行	服玩靡麗。缺筆	麗 北汲	未批修、修
卷	九	前一行	斯亦存夷叔之風矢。	矣 北汲	三補○修

梁書 校勘記 列傳第廿四、廿五 頁 六八

卷	葉	行	宋本	殿本	備註
傳卷廿六	一	前七行	慶之乃斬關夜追。三汲	退北	殿是○追疑當作遁
卷	三	前八行	善克令終。	令三南北	汲缺版○修
卷		後四行	睢。陽三	睢南北汲	修
卷		後九行	獲租車五千八百兩	七南北汲	三模糊似士
卷	四	前六行	先遣其驃騎將軍小。三	爾汲北作尒	殿是，按小乃尔之訛
卷		前七行	騎將曾。安三	魯汲北	南史魯安
卷		後八行	尒水。隆	朱汲北	修
卷		前八行	西荊州刺史王羆。三	羆汲北	殿是，見南史。魏書王大楊播傳附楊曰傳不載。周書十八列傳作羆。
卷		行			
卷		前八行	騎一萬據武牢。	虎	
卷		後八行	曾。安於陣乞降三	魯汲北	
卷	五	前一行	進赴。武牢	虎	
卷		前七行	據武牢	虎	
卷		後八行	求伏尚多	未三北汲	作求克之者解
卷	七	後四行	幼術	幻南三北汲	修
卷	九	前一行	於路遇疾三補汲	脱於字北	

卷	葉	行	宋本	殿本	備註
傳卷廿六	十	前二行	外事發殘三字之知猶	洩昕弗 北汲	未批修，修
卷	十一	前三行	屬魏將托跋。滕。寇		
卷		行	襄陽	跋勝 三北汲	無考○南史蘭欽傳不詳
卷		前五行	光烈將軍空格西校尉	平 三北汲	
傳卷廿七	二	前二行	表薦祕書丞五。暕及		
卷		行	僧孺曰	王 三補北汲	殿是，見列傳十五
卷	六	後八行	次可〱論輸左校 三汲	有以字 北	殿是，上句爲此
卷		後九行	充彼春。薪 三汲	春 北	修
卷	七	前一行	愍兹㠭。詬	恚 二南北汲	殿誤，見前漢書賈誼傳○㠭漢書○字書，㠭入士部，㠭入大部
卷		行			
卷		前三行	幅中。	巾 三北南汲	修
卷	九	後六行	率奉。詔。往返數首	奏詩	見考證
卷		後七行	引見王。衡殿	王 北汲	三挖○修
卷	十	前九行	王輅。	王 北汲	三挖○修
卷	十一	前一行	知蹈躧於金。奏	今	殿誤，鍾師掌金奏，見周禮
卷	十二	前五行	獸。發龍驤	虎	

卷	葉	行	宋本	殿本	本備註
傳卷廿七	十二	後六行	卿。雲	卿 三北汲	修
卷		後八行	飾中岳之絕軌。三	軌 北汲	
卷		後九行	訓厚況。於人神 三	況 北汲	況貺通用
卷	十三	前一行	集繁 模糊 於斯萬	祉 三北汲	修
卷	十四	前四行	與晉安王諱。令曰 三汲	綱 北	
卷		後七行	屬有今信乃。復及之	及	殿誤
卷		前九行	遂秏。太半 三 下同	秏 下同 ○北汲	
卷	十五	前一行	沈納。任昉	約 北汲 三補	修
卷	十七	後九行	文豹何辜。三	辜 北	汲辜
卷	十九	前四行	故晏嬰再爲阿宰而。		
卷		行	前毀後譽	同	
卷		前八行	縫。侯之排貫生	絳	殿是
卷		前九行	自玆厥徒。三	後 北汲	殿是
卷	廿一	前三行	字求信。三北汲	有	殿誤，見南史
卷	廿三	後七行	吾子遲比。閑日清覲		
卷		行	乃申 三補汲北	此	

梁書　校勘記　列傳第廿七　頁　七一

卷葉		行	宋本	殿本	備註
傳卷廿七	廿三	後八行	俄遷雲旗。將軍司徒		
卷		行	左長史 嘉靖南汲	騎 北	殿誤○旗,麾也,恐未訛,再查御覽○按雲騎將軍見賀琛傳○按雲旗將軍見王僧辯傳及陳慶之傳○按梁置雲麾將軍
卷		行			
卷		行			
卷	卅	後一行	凡三過立。抄 三補汲	五 北	殿是
傳卷廿八	一	前九行	服闋。	闋 三汲北	修
卷		後三行	斷決元。愜	允 汲北 三南	三挖○修
卷		後五行	光。明後漢	尤 南 三汲北	修
卷		後八行	大。子洗馬	太 南 三汲北	修
卷	二	前三行	緬私室常間。然如貧		
卷		行	素者	閒 南 三挖汲北	
卷		後四行	贈。錢五萬 三	賻 南北汲	
卷	三	前一行	摧茵落潁。	穎	殿是
卷		前五行	子傳。嗣	傳	無考
卷		後九行	請。和 殘字	請	三補○未批修,修
卷	四	前四行	自去。	云 北汲	三挖○修

卷	葉	行	宋本	殿本	備註
傳卷廿八	五	前四行	典校。文乎六藝	教	殿誤
卷	六	前八行	前觀隱賑。却視雲布	賑	按邑居隱賑見左思賦，隱賑多感貌，此處疑別有解
卷		後前行			
卷		後六行	劃疆場。於華戎	場	殿誤
卷	八	後二行	造扃。鍵之候司	扃 三南北汲	殿是
卷		後九行	觀百川之浩溔。三	溔 南北汲	殿是
卷	九	後四行	皆欑。蕪而積楚	欑 三南北汲	
卷		前七行	尚乘肥於勝。姬	勝 三抉汲北南	未必勝
卷		後四行	闕一句 三南北汲	同宋本	
卷	十	前二行	來箕。	集 三南北汲	修
卷		前二行	每褰。惟。而佇立	搴帷 北汲 三南	三抱〇修帷〇搴是
卷		前三行	由江沲之泒。別	泒 三北 南派 汲派	殿誤，當從汲古作派〇泒，水名，派，水分流曰派
卷		前九行	還喧鳴。之所欑	鳴	
卷		後三行	既固。之而設險 三模胡	因 南北汲	殿是
卷		後四行	南通珠崖夜郡。	郎 汲北 南	三抱
卷		後九行	迹孫氏之霸墓。	基 三南北汲	殿是

卷	葉	行	宋本	殿本	殿本備註
傳卷廿八	十三	前三行	若墨丁申之誅丹	葆	
卷		後六行	倉光三	含汲北	修
卷		後六行	綺蘭	綺汲北	三挖○修
卷		後八行	遺構	構三汲北	修
卷		後九行	猶殷勤而二致	一三汲北	修
卷	十四	後九行	脩定祀干北郭三不明	于汲北	修
卷	十五	前六行	冀顚臨壓之可屏	顗三汲北	修
卷		前九行	下名甘於曲榭	柑	按甘俗作柑，見風土記○上林賦作甘
卷		後四行	个露服而加賞	乍三汲北	修
卷	十六	前七行	其後定用河東王譽三汲	更北	定可通
卷	十八	後一行	八年安成人到敬官		
卷		行	挾祆道三	劉北汲	官南史訛宮
卷		後五行	募占敢勇得萬餘人	台	
卷	十九	前八行	尚太宗第十空格女安		
卷		行	陽公主	一汲三補北	嚴是，見南史
傳卷廿九	五	後五行	而風彩容止不逮	采	

卷	葉	行	宋本	殿本	備註
傳卷廿九	五	後五行	故官。途有優劣	官	殿誤
卷		後六行	最。	最 嘉靖南北汲	批補，未補
卷	六	前六行	數詣。蕭文士	諸	殿誤
卷	十	前五行	三年遷長兼侍中く		
卷		行	大通元年	登中字	本紀無大通三年〇殿是，按大通三年十月改元中大通
卷		前七行	在郡以和理く民吏		
卷		行	悦之	有稱字	殿是
卷	十二	前三行	至二王列傳欲作論語。		
卷		行	草隸法	脱語字	
卷		前九行	巧踰杜庶。	度	南史度〇殿是，見晉書索靖傳
卷	十三	後四行	宣惟魏幽晉顯而已哉	與 三楼北汲	殿誤
傳卷三十	一	後七行	深加衰賞	褒 汲北	殿是
卷	三	前七行	在州素政甚有治績、三	累 汲北	
卷		後七行	于時貴戚公王。	王公	
卷		後八行	通敏。殘字〇三	敏 汲北	未批修，修
卷	四	前六行	立晉安王諱。爲皇太子	綱	

卷	葉	行	宋本	殿本	備註
傳卷三十	四	前四行	金紫先。祿大夫	光 北汲	修○三缺此頁
卷	五	前九行	聚書盈七千。卷	十	殿誤
卷		後一行	長子雲童。三汲	章 北	見考證
卷		後三行	少子宗軌。	軌 三北汲	
卷	六	前八行	解禍。奉朝請	禍 汲北	修○三缺此頁
卷	七	前五行	秣。陵 三南北汲	秣	
卷	八	前三行	乃令革作大。小。寺碑	丈八	殿是，南史丈八寺○丈八溝、地名，疑丈八寺以地得名
卷		行			
卷		前七行	值魏王。討中山王元		
卷		行	略反北 三	主 北汲	殿是
卷		後九行	上召。革面敕曰 三南	詔 北汲	殿誤
卷	九	後八行	不能靜冦。殘字	冦 北汲	修寇○三缺
卷	十	前二行	當與其司。飽乃表革		
卷		行	同行 三	同 汲北南	按司飽疑同袍之訛○南史同飽
卷		後一行	四三。行事 三	王 南北汲	修
傳卷卅一	三	後一行	敕不叱。殘字	許 汲北	修

梁書 校勘記 列傳第三十、卅一 頁 七六

卷	葉	行	宋本	殿本	備註
傳卷卅一	三	前二行	如故。殘字	故 汲北	修
卷		前三行	并手敕處分。加給上藥	方	殿誤。本紀、不云武帝知醫
卷	四	前六行	勤於簿。領	簿	殿是
卷		前八行	因制封。名離合等詩 三汲	卦 北	殿是
卷	五	前四行	君侯已得瞻望多。士。三	朝夕 汲北南	
卷		前八行	不念杯杓。之水 三南汲	勺 北	
卷	六	前五行	不能謝絕賓客獨。交		
卷		前　行	黨援 三	猶 南汲北	殿誤
卷		後九行	及。景身與衆竝没 三	反 南汲北	殿誤
卷	七	前八行	其將爲戒。乎	戎	殿是
卷	八	前一行	惟下壺。以臺閣之務 三汲北	壼	殿誤、見晉書列傳四十
傳卷卅二	三	前六行	大。清元年 三	太 北南汲	修
卷		後五行	今侯景分魏國太。半 三汲南	大 北	殿誤
卷		前八行	自魏〻使還 三	有遣字 汲挖北	
卷	四	前二行	遣建康令謝挺通		
卷		前　行	直郎徐陵使此。通好		

卷	葉	行	宋本	殿本	備註
傳卷卅二	四	前二行	事。時侯景鎮壽春三	北 是南汲北	北是○南史北，無是字
卷		後五行	蓋以指於。异南三汲	無於字北	
卷	五	前一行	异天。歷雖多三	忝汲北南	按天乃忝之殘字
卷		前四行	貟外常。侍三南北汲	當	
卷		前五行	歷官自貟外常侍至		
卷		行	侍中＜四職南三汲	有四官皆珥貂自	
卷		行		右衛率至領軍	
卷		行		十二字北	汲古脫，北監有○南史
卷		前八行	珍羞。三南汲	差北	
卷	六	前一行	俄兼大。學博士三	太北南 汲太子博士	殿是
卷		行			
卷		行			
卷	七	前一行	本爲吉凶不可相于。三	干汲北	修
卷		後八行	服未。嫁冠三汲	末北	殿是，大功之末可以冠之嫁女，見六葉
卷	十	前二行	屢一。蠲賦之恩三	下汲北南	修
卷		後五行	今言。妓之夫無有等秩	全	按十六葉卿又云女妓越濫，疑此句有訛

卷	葉	行	宋本	殿本	備註
傳卷卅三	十一	前九行	正彫。流之弊	離	
卷	十二	前七行	止五年之空格尚於無事	中北三汲	
卷		後一行	及國空格、戎備	容	殿是，見十八葉
卷		後六行	權其事宜皆空四格	息費休民	汲古作徵息費休民
卷	十三	前八行	召至。書於前三	主南北汲	殿是
卷	十四	前八行	但未知此是可。使三	何汲北	修
卷		後一行	墨丁制等肘實爲異事	廉平	
卷		後三行	凡所遣使多由墨丁	民訟三北汲	
卷	十五	前九行	去。何可知三	云南北汲	殿是
卷	十七	前七行	若晝若夜〈時疾苦		
卷		後行	之日三汲南	有「無有定」三字北	
卷		後一行	故。可得中主今乃不		
卷		後行	免〈九品之下三	脱故字　有居字汲南北	
傳卷卅三	二	前四行	其年立爲東魏主。三	王北汲	殿誤，見紀三〇中大通四年，本紀不載
卷		後二行	征比。將軍	北三北汲	修
卷		後九行	衛侍中左衛將軍兄。		

卷	葉	行	宋本	殿本	備註
傳卷卅三	二	後九行	景隆後爲廣州刺史 三汲	見 北	殿誤，見考證
卷	四	前一行	以天子之禮遣還 墨丁 三	北 北汲南	
卷		後八行	使。令毀撤 三南汲北	便	北撤作徹
卷		後九行	爪。牙將 三南汲	瓜 北	殿訛
卷	五	前八行	仇。池人也 三南汲	仇 北	
卷	九	前九行	目。取器甲	自 三北汲	修
卷	十	前一行	賊又作登城樓く高十		
卷		後前行	餘丈	有車字	殿是，見侯景傳
卷		前九行	死者太。半	大	殿誤
卷	十三	前一行	保。性豪侈 三	侃 南北汲	修
卷		前一行	胡模 有新致	甚 汲北	三其〇修
卷		前五行	救。賚歌人王。娥兒 三	敕玉 北 南汲敕王	敕是，玉誤，見南史
卷		前九行	太。同中	大 三汲北	修
卷		後四行	嘗南還至連。口置酒 三汲南	漣 北	殿是，南史
卷		後九行	鶡。字子鵬	仝	按侯景傳作鯤，南史
卷		後九行	城陷墨丁於陽平	竄 三南北汲	南史同殿

卷	葉	行	宋本	殿本	備註
傳卷卅三	十二	前九行	侯𦊅呼還。待之甚厚景	景 南史 三南北汲	
卷	十三	前二行	會景倦書。寢	晝	殿是
卷	十五	後二行	羊侃傳并其兄默及		
卷		行	三弟悅給元皆拜爲		
卷		行	刺史悅南史作悦未		
卷		行	知孰是	脱此校語	按悦本傳亦作悦
傳卷卅四	一	後四行	昉亦推。重焉 三	雅 南北汲	
卷		後九行	皆取沃。焉 三不明	決 汲北	修
卷	二	前一行	美。今。人如。故	兼舍 三南北汲	修
卷	二	後四行	湘東王諱。爲會稽太		
卷		行	守	繹	
卷	三	後五行	高祖每月三置。淨饌	致	
卷	七	前二行	營營返魄汎汎𦊅舟。三	虛舟 北汲南	
卷		前四行	叢柯日栱。三南	拱 北汲	殿是
卷		前七行	南陽泹。陽人也 三	湼 南北汲	殿是
卷	八	前二行	荆州太。中正 三	大 汲北	殿是

卷	葉	行	宋本	殿本	備註
傳卷卌四	九	前四行	案々本漢書稱 三汲	有古字 北	見考證
卷	十二	後七行	或欲禪俛、或欲傳子 三	位 汲北	字書俛歡樂也
卷	十三	後七行	漢武帝宗信方士。三	士 汲北南	殿是
傳卷卅五	一	後九行	改構。太極殿	構 汲北	修●三缺此頁
卷	二	前二行	晉安王諱。出爲南徐		
卷		前後行	州	綱	
卷		後三行	餽運難係。	繼 汲北	
卷	三	前六行	於鐘。山宗熙寺築室		
卷		前後行	居焉 汲	鍾 北	
卷		前九行	與湘東王諱。令曰	繹	
卷		後四行	長淮絶澗	涸 北汲	修
卷	六	後七行	當時惟承兄弟及褚翔。	翔 南北汲	三不明似作翔
卷	七	前二行	高祖。三	祖 北南汲	修
卷		前二行	踐祚 三北南	阼 汲	批修未修
卷	八	前四行	在郡末。朞	未 汲北	修○三挖
卷	十	後六行	從兄眕。素 三汲南	眎 北	殿是、見傳四十六

卷	葉	行	宋本	殿本	備註
傳卷廿五	十一	前八行	爲前軍鄱陽王主簿	缺	
卷		行	尚書墨丁郎	部	汲古作中
卷		前九行	出爲南徐州治。中。旣。		
卷		行	近畿重鎮 三缺汲	中從事 北	
卷		後一行	治。爲之	治 汲北	修
卷		後四行	司徒臨川三。司馬	王 汲北	修
卷		後九行	民裕。便之	俗 汲北	修
卷	十六	前六行	絺文。榮利 三	交 汲北南	修
卷		前六行	是以新沓莫之舉杜。		
卷		行	武弗之知 三南汲	社 北	未解
卷		後六行	此。在春坊 三	比 南北汲	修
卷	十七	後一行	晉安王諱。出鎮襄陽	綱	
傳卷卅六	二	前三行	隨。父。宿直於廷尉	仝	按錄事參軍及中書通事舍人均不宿直
卷		前六行	不出廬戶。 三北汲	舍	
卷		後一行	還除。少府卿 三北汲	爲	殿誤
卷	四	後四行	尚書二。公郎 三	三 北汲	修

卷	葉	行	宋本	殿本	備註
傳卷卅六	四	前五行	傳岐○字景平 下同	岐 下同	總目岐子目岐
卷	六	前三行	敕○許之	詔	
傳卷卅七	一	後八行	常○宿○衛○頗○擅○威○名○	常留宿衛頗擅權	
卷		後九行	右衛朱昇○ 汲	昇 北	三補昇○殿是、見南史
卷		前八行	何須我復 模糊 板	鞕 三北汲	補
卷	三	後一行	模糊一字 為侯景所憚	先 三北汲	補
卷		後三行	不得く論 三汲	有復字 北	
卷		後八行	自相矛楯○ 三北汲	盾	同
卷	四	前七行	一○官才非禦侮	下	殿是
卷		前八行	青 殘缺一字 立栅	塘 北汲	補
卷		前九行	此是 缺一字 事	大 北汲	補
卷		後二行	乃使直閤○將軍	閣 北汲	
卷		後九行	粲子 模糊	尼 北汲	修
卷	五	前八行	濟陽考城人也○	脫也字	
卷	六	前三行	高祖怒亦殆○釋之	止	按殆與怠通，滋斂邑，休殆見左傳
卷	八	前二行	乃遣其中軍侯子鑒		

卷	葉	行	宋本	殿本	備註
傳卷卅七	八	前二行	空格 精兵二萬人助神茂 三	帥 北汲	
卷		後三行	表請永和 三	求 北汲	修
卷		後六行	十萬之軍。何由可去	冢	
卷	九	前一行	脱三字 目叱之 三	於滕瞋 北汲	補
卷		前二行	脱一字 兵向闕 三	舉 北汲	補
傳卷卅八	一	後九行	太清 模糊 年	元 北汲	修
卷	二	後一行	遣要範西上。	土	殿誤
卷		後九行	至于。溢城	子	殿誤
卷	四	前八行	高祖幸失。方 三補	朱 汲北	修
卷	六	前四行	二年 缺一字 遇害 三	秋 汲北	補
卷		前五行	字 缺一字、 輔 三	仁 汲北	補
卷		後七行	悉諱。身代 三、補、汲	衍 北	批修，未修
卷	七	前四行	大昕奉慰大。宗 三補	太 汲北	修
卷	八	前三行	死。葬溝壑 三北汲	在	
卷		前九行	又忌。方等	惡	殿是
卷		後八行	入謂 殘一字 妃曰 三	徐 汲北	補

卷	葉	行	宋本	殿本	備註
傳卷卅八	八	前九行	徐妃不答 殘一字 泣而退 三	垂 北汲	補
卷	九	前一行	牓于大閤。 三	閣	
傳卷卅九	一	後二行	仍除雲旗。將軍司馬	騎	殿誤，俄遷雲旗將軍見王筠傳
卷	二	後六行	卿已辨平。	乎 三北汲	修
卷	三	前九行	領齋。仗三百人 三汲	齋 北	殿是
卷	四	後八行	遣五十。兎頭肉薄苦攻 補三	千 汲北	
卷	五	前三行	、城中。放木擲火燹礨		
卷		行	石 汲	上 北	
卷		前五行	攻 不明 城	水 北汲	修
卷	七	後六行	湘東王臣諱。	繹	
卷	八	前一行	已破賊徒。	徒 北汲	修
卷		前一行	正。餘景身	止 北汲	
卷		前二行	必誅凶豎。	豎 北汲	
卷		後五行	進軍 模糊 石頭	于 北汲	修
卷		後五行	横。嶺上	橫 北汲	修
卷		後八行	欲為 缺空 決	一 北汲	補

卷	葉	行	宋本	殿本	備註
傳卷卅九	九	前五行	剥剔士庶民爲其執		
卷		前後行	縛者祖。衣不免 三北	祖 汲	殿誤，見考證
卷	十一	前六行	于。時象軍並進	脱于字	
卷		後二行	復目。江陵 三補	回 汲北	修
卷	十二	後五行	夫人流淚徒行將〻謝		
卷		前後行	罪	有入字	
卷		後七行	夫人往。	脱往字	
卷		後七行	詣閤。自陳無訓	閣	
卷	十三	後二行	虓貴思 模糊一字	沖 三北汲	補
卷	十四	前三行	倍。道兼行 汲	傍 三北	殿誤
卷		前八行	及敬帝初即梁上。位 上三似	主 北汲	按敬帝即位在紹泰元年九月，僧辯進爵在是年二〇月，事實先後傳紀不符。〇不修
卷		前後行			
卷		後七行	殞身宗祏。三	祏 北汲	
卷		後九行	號令江陰。三汲	陵 北	
卷	十五	後六行	散騎常侍裴之横。三汲	横 北	殿是
卷		後七行	自秦。兵寇陝	泰	西，求救於黑泰，見傳五十〇殿是，謂宇文黑泰，泰

梁書 校勘記 列傳第卅九 頁 八七

卷	葉	行	宋本	殿本	備註
傳卷卅九	十五	後七行			兵驍猛、見十四葉前五
卷	十六	後七行	頻遣信裴之横。三汲	横 北	
卷	十八	後四行	覽令。所示深遂本懷 汲三	今 北	
卷	二十	前二行	陳既。平淮南	及陳	殿是
傳卷四〇	一	後三行	二郡大守。三	太 南北汲	修
卷		後八行	侯景冦荊陜。三南北汲	京	殿誤、景襲郢州、見紀五、
卷	二	前三行	景遣其將任約卒銳。		
卷		行	卒五千	率 三南北汲	殿是〇批修未修
卷		前四行	據白壊。	塔 三南北汲 三挖	
卷		前八行	擒。約	擒 三南北汲	修
卷		後二行	以僧祐爲都督 空格 東	城 三北汲 南	南史同殿
卷		行	諸軍事		
卷	三	後九行	軍中兇懼。	洶	
卷	四	前三行	世祖聞之く以下獄 三補	有乃字 汲挖北	
卷		前九行	隨南平至偉。	王 汲北	三補〇修
卷	五	前三行	會黄。來攻	景 三挖汲北	殿是

卷	葉	行	宋本	殿本	備註
傳卷四〇	五	前八行	齊将邢○元建攻秦州		
卷		行	刺史嚴超遠於秦郡三補	郭汲北	殿是○侯景平後郭元建投齊爲將，見陳書本紀一
卷		後三行	元建收餘家空格遁	而北三汲	
卷		後六行	綏○納等降	後汲北三補	修
卷	六	前八行	遂走保○其兄巚於		
卷		行	南陽	依	
卷	七	前一行	徐模糊盛	文三北汲	修
卷		後四行	至姑熟○三汲	孰北	
卷	八	前一行	貞○陽侯	貞三北汲	修
卷		前九行	杜秦○三北汲	泰	
卷	九	後二行	釋初○奉朝請	褐三補汲北	殿是○先批修，又在修字上加末字
卷		後七行	頻殄寇○逆	冠	殿誤
傳卷四一	一	前四行	滕曇恭<三北汲	有注徐普濟宛陵	
卷		行		女子七字	
卷	二	後七行	號爲<曾子	有滕字	
卷	四	前五行	可便今○除釋三	令北	殿是○汲古作使今

卷葉行			宋本	殿本	備註
傳卷四一	五	前五行	主上。以孝治天下	上 汲北	修
卷	七	後三行	上千。萬乘 北	干 三補汲	批修，未修
卷	八	前一行	故思殞。什。	殞仆 三補北汲	修作
卷	九	前五行	始興主。憺	王 三補北汲	十葉作王〇修
卷	十一	前七行	丹陽郡 空三格 三空格中有一缺字	闕三字	南汲均墨丁，北缺此葉
卷	十三	前六行	父聞慰齊工。貟郎	仝	仝誤，當作正，見南齊書劉懷慰傳
卷		前八行	與弟杳歆。相篤勵學	歆	殿是，見劉歆傳
卷		前九行	稍遷宣 空格 晉安王府		
卷		行	參軍	惠 三汲南 北缺頁	
卷	十四	前一行	歆。在處士傳	歆	殿是
卷		前七行	不八。口	入 三南汲	修〇北缺頁
卷		前九行	晉大。傺。安八世孫	太傳 三補汲	修〇北缺頁
卷		後四行	藺稍爰。以經史	爰 三汲	未批修，修〇北缺此頁
卷		後九行	蕭指。 三南	楷 汲	修〇北監缺頁
傳卷四二	一	後九行	邵。國釁舍	郡 三控北汲	修
卷	二	後二行	時荀顗。摯虞之徒 三南北汲	覬	殿誤，見晉書列傳九

梁書 一 校勘記 列傳第四二 頁 九一

卷	葉	行	宋本	殿本	本備註
傳卷四二	二	後五行	乎。原明山賓	平 三挖北汲	修
卷	三	前二行	建國君民在。教爲首	立	與下句由乎經術爲偶，似首在爲教，范汪傳，晉書
卷	四	前一行	陸探微畫。叔夜像	畫 三北汲 三挖	修
卷	五	後四行	晉安北將軍注。六世孫 三	汪 北汲	殿是，見晉書傳四十五
卷	六	前二行	唯與外弟蕭琛。相善、名曰口辯	琛、原批宋本琛係殘字 整理者按：當係斷版 名上有琛字	殿是
卷	七	前五行	或問子。雲神滅	予 三補北汲	宋本不訛○批修，未修
卷		後三行	苓。曰神之於質	荅 三補北汲	修
卷	十	前一行	問日。是非之慮	曰 三補北汲	修
卷	十一	前六行	兄。聖之殊	凡 三補北汲	修
卷		後一行	驊騮盜。驪 三補汲	騄 北	殿是
卷	十三	後六行	徒。跣送喪墓所	徙	殿誤
卷	十四	後八行	少傳家業	傳 三南北汲	
卷	十五	後四行	左傳。三	傳 南北	汲模糊似傳
卷	十六	後六行	江州刺史安成王季。 三汲南	秀 北	殿是，見列傳十六
卷		後八行	而太妃薨。京。邑。 三汲南	在都 北	殿誤
卷	十七	前四行	桉。父之祥禫	按 三南北汲	二字同

卷	葉	行	宋本	殿本	備註
傳卷四二	十七	前五行	二王在遠罤子	諸 南三北汲	南史作世
卷		後五行	按曾子問云。三北汲	曰	殿誤
卷	十九	後一行	經傳互文〱相顯發	衍交字	
卷	廿二	前七行	書。夜自課	書 三補汲北	修
卷		後九行	弟。謂宜即用此人	第	殿誤
卷	廿三	後七行	常懷書目。隨	自 三補汲北	目上有黑影似ノ，修
卷	廿四	前四行	雲麾空格江公	廬 三南北汲	孔子祛傳無此語
卷		後三行	吴郡人也。	脱也字	
卷		後三行	青州刺史皇象九世		
卷		前後行	。孫〱	衍也字	
卷		後四行	九。明三禮	尤 三南北汲 三挖	修
卷	廿五	前二行	大同十一年卒於厚。首	夏 南汲北	汲古北監夏，三朝補板厚。殿誤，按厚疑石之訛，時平西鄱陵王爲郢州刺史，石首屬荊州南郡，見晉書地理志
卷		前後行	三補		
卷		前後行			
傳卷四三	二	後一行	字茂灊。三	灊 北汲	修
卷		後九行	時高祖讌華元。殿	光	見考證

梁書 校勘記 列傳第四二、四三 頁 九二

梁書

校勘記　列傳第四三　頁　九三

卷	葉	行	宋本	殿本	備註
傳卷四三	三	前一行	於坐立奏（殘一字）文甚		
卷		行	美	其 北汲	補
卷		前一行	以洗馬管（殘一字）宮書		
卷		行	記	東 北汲	補
卷		後六行	服除後。爲殿中郎	復	殿是，母憂前爲殿中郎
卷		後九行	高祖踐祚。三北	阼 汲	通
卷	四	後一行	時世。叔父悛繪等竝顯		
卷		行	貴 三	伯 北	殿是，南史悛弟子苞繪悛弟也
卷		後四行	悉〻塵。焉 三汲 瘞	有假字 瘞 北	
卷		後五行	未幾。而皆畢 三汲	無而字 北	
卷		後九行	太子太傅。三	傅 北汲	修
卷	五	前七行	面折其罪。退稱其美 汲三	非 北	
卷		後五行	稚。好辭賦 三	雅 北汲	修
卷		後六行	獻文於南闕者相。望 三	相 北汲	修
卷	六	前四行	使與謝朓。宗史抄撰		
卷		行	羣書 三、汲史	朓 北汲 夬 北	

梁書

卷	葉	行	宋本	殿本	備註
傳卷四三	六	前六行	唯於陵與史。獨留 三汲	央 北	
卷	九	前四行	至如近世謝朓。沈約		
卷		行	之詩	朓	
卷		前八行	吾〈子建一共商搉 三汲	思言 北無吾字，有思言二字	
卷	十	前三行	外兄江淹早〈稱賞 汲	有相字 北	
卷		前六行	注于。寶晉紀 北汲	干	殿是，見晉書五十二
卷		後五行	曾模糊天	祖承 北汲	補
卷		後七行	南鄉模糊	范雲 北汲	未批補，補
卷	十一	前四行	水曹行參 缺一字	軍 北汲	未批補，補
卷	十六	後三行	興嗣世居姑熟。 三汲	孰 北	殿誤
卷		後四行	嘗步自姑熟。 三汲	孰 北	殿誤
卷	十七	後九行	沈約嘗見。均文	見 三北汲	修
傳卷四四	二	後七行	有高才〈多被引進	有者字	
卷		後八行	故不任用峻。乃著辨		
卷		行	命論	脱峻字	
卷	三	前二行	故謹述大。目。因言其		

校勘記 列傳第四三、四四 頁 九四

卷	葉	行	宋本	殿本	備註
傳卷四四	三	前二行	略云三補汲	天旨北	殿誤
卷		前七行	天。閼紛綸莫知其辯。汲	天辨	殿是○三補
卷		前九行	必以玄。天有期三補汲	懸北	
卷		後一行	譊譊讓。咋三汲三補	讙北	
卷		後二行	夫通。生萬物則謂之道三汲	道北	殿誤○三補
卷	三	後七行	確乎純乎一く化而不		
卷		行	易則謂之命三補汲	有作而不易四字北	
卷	四	前四行	文公蹝。其尾	蹝	
卷		前九行	摧迅翮於風次。三汲	穴北	見考證
卷		後五行	位不登於空二字三	執戟北汲	未批補、補
卷		後五行	空一字祀無饗。饑三	宗饗北汲	未批補修、已補修
卷		後六行	以言脫十二字三	古則昔之玉質金	
卷		行		相英麾秀達北汲	未批補、補
卷		後七行	當年脫十二字三	韞奇才而莫用候	
卷		行		草木以共凋北汲	未批補、補
卷		後八行	與麋鹿而同死脫十二字三	膏塗平原骨填川	

卷	葉	行	宋本	殿本	備註
傳卷四四	四	前八行		谷湮滅而無 北汲	未北補、補
卷		前九行	豈可勝道 脱十二字 三	哉此則宰衡之與皂	
卷		行		隸容彭之 北汲	未北補、補
卷	五	前七行	亦憑人而成家。三汲	象 北	殿是
卷		前八行	任百宮。以司職	官	殿是
卷		後八行	而惑者覩湯武之龍躍 三汲	或 北	
卷		前五行	固知三者定乎造化	同	殿誤
卷	六	後五行	沸聲若雷電。三汲	震 北	
卷	七	後一行	檮。杌 三	檮 北汲	修
卷		後五行	比其。狼戾 三汲	于 北	殿誤
卷	八	後七行	今以其片言辯其要		
卷		後行	趣。	趨	殿誤
卷	九	前八行	青簡尚新而宿草		
卷		後行	將烈。三汲	列 汲北	殿誤
卷		後九行	余有悍室。三	悍 汲北	修
卷	十二	後一行	西昌侯蕭深。藻 三汲	淵 北	

卷葉行	宋本	殿本	備註
傳卷四四 十二 後五行	豈云栖（空白）匪商官（空白）	缺	
卷 行	理 三	缺 北汲	
卷 後九行	思自（殘缺二字） 三	祛遣 北汲	補
卷 十三 前四行	悵。隔芳塵 三汲	悵 北	
卷 前五行	得造。虛心末席 三	箔 北汲	
卷 前八行	幼。孤 三汲北	幼	
卷 十七 前八行	遷安成王 脫四字 三	左常侍兼 北汲	未批補，補
卷 後九行	兼記室 脫四字 三	隨府江州 北汲	未批補，補
卷 十八 前八行	遷秣陵令。三	令 汲北	修
卷 十九 前二行	祖秉人。宋冀州刺史 汲三	民 北	南齊書劉懷慰傳秉民〇按民字因唐諱改人
卷 前三行	父聞。慰齊東陽太守 三	懷 汲懷一作聞	按懷慰本名聞慰，見南齊書傳三十四
卷 二十 前四行	葛洪字苑作木旁若。汲三	若 北	
卷 廿一 前一行	太史三〻世表 三汲	有代字 北	殿是，見史記
卷 前四行	張安世 脫三字 三	傳曰持 北汲	補
卷 前八行	縣人。三百餘人詣闕		
卷 行	請留 三汲	民 北	

梁書　校勘記　列傳第四四　頁 九八

卷	葉	行	宋本	殿本	備註
傳卷四四	廿二	前三行	代裴子野知著作郎		
卷		行	事昭明太子太子薨	不疊太子二字 北	殿是○知著作郎事句，太子二字不應疊，以沓嘗兼東宮通事舍人，故下文云云
卷		行	三補汲		
卷	廿三	後八行	晉安諱○爲皇太子 三汲	綱 北	
卷	廿四	後四行	諷○誦 三	諷 汲北	未北修，修○兼正理者，按，陳出筆勘不僞，但未見有何異同
卷	廿五	後五行	故不能久事隱靖○ 三補汲	靜 北	
卷	廿七	後五行	穿○綜百家	穿	殿誤
卷	廿九	後七行	晉司空泳○六代孫 三	氷 北	殿是，見晉書傳四十三○汲古訛泳
卷	卅	後一行	全脫 三	學晝夜手不輟卷	
卷		行		初爲安西法曹行	
卷		行		參軍泳時 北汲	補
卷		前二行	全脫 三	已貴顯吏部尚書	
卷		行		徐勉擬泳子晏嬰	
卷		行		爲宮僚泳 北汲	補
卷		前三行	脫七字人才粗可 三	有垂泣曰兄子幼	
卷		行		孤七字 北汲	補

卷	葉	行	宋本	殿本	備註
傳卷四四	卌	前三行	以晏嬰所 脱二字 三	忝迴 北汲	補
卷		前四行	遷安 脱二字 三	成王 北汲	補
卷		前五行	以彊學 脱二字 所禮接 三	爲王 北汲	補
卷	卌三	後一行	建陵寺刹。下銘 三	剎 北汲	修
傳卷四五	二	後九行	而遨遊 模糊 世	人 三北汲	修
卷	三	前三行	兄求亦隱居吳郡獸。		
卷		後前行	丘山	虎	
卷		後二行	預。章王嶷	豫 三汲北	殿是
卷	五	前一行	志安容睞。	膝 北汲	修〇三缺
卷		前二行	脱落开。骸	形 三北汲	修
卷		前二行	栖志窅。寘	窅 三北汲	
卷		前九行	日契。資。須太官別給	費所	
卷		後三行	聘。錢二萬	聘 三挖北汲	修
卷	六	前七行	又入鍾山定林寺聽內		
卷		後前行	興。	典	殿是
卷	七	前三行	已築く郊外 三汲	有室字 北	

卷	葉	行	宋本	殿本	備註
傳卷四五	七	前四行	閒。謝朏罷吳興郡 三	閒 汲北	
卷		前五行	不還亂。恐後之 三汲	脱亂字 北	
卷		後五行	是爲樂士。	土 三捝汲北	殿是，指若邪言
卷	九	前七行	往代令。之郊丘	合 三汲北	殿是
卷	十一	後九行	汝夭。壽盡	夫 三汲北	修
卷	十三	後二行	黃綺無閒。山林 三	閅 汲北	閒亦通
卷		後九行	自非考之龜 墨丁 無		
卷		行	以驗也	著	
卷	十四	前一行	及布卦既構五爻 三汲	楪 北	
卷	十五	前六行	非我願。始。 三補汲	始願 北	
卷	十七	後一行	令獻二刀。於高祖 三汲	冊 北	按南史作丹
卷	十八	後二行	太守張庆。爲起講舍	友 南史	
卷	十九	前四行	事母兄弟。孝友	最	
卷		後七行	又。於山北 三	又 汲北	修
卷		後八行	時人仍。謂爲離垢先生	乃 三捝汲北	
卷	廿	前一行	書。夜行道	晝 三汲北	修

卷	葉	行	宋本	殿本	備註
傳卷四五	廿	後八行	臨川王安。辭命	宏	殿是，見列傳十六
卷	廿一	前七行	主者敦。召	檄	殿誤
卷	廿二	後三行	離得。休寂	則 三汲北	殿是
卷	廿三	後五行	反其死也 三	及 北	殿是
卷		後七行	而。姬孔之教不然者 三北汲	面	殿誤
卷	廿四	後二行	康成使無十。吉	卜 三汲北	修
卷		後三行	況於吾人而當華泰	尚	南史同殿
卷		後五行	氣絕不須復。魄 三汲	魂 北	南史同殿
卷	廿五	前六行	謂歆曰心力勇 墨丁 能		
卷		行	精心。生 三汲	猛 死 北	南史〇按南史作心力堅猛必破死生
卷		後九行	恣其取 墨丁	足 北汲	南史同殿
卷	廿六	前一行	乃以言。質錢二萬	書 三汲北	修
卷		後一行	學道。黃老 墨丁 涉釋教 北	通 該 北	墨丁汲古訛說
卷	廿八	後一行	遂居於士。臺山	土 三搭汲北	
卷		後二行	欽其風 模糊	味 三汲北	未批修，修
卷		行			

卷	葉	行	宋本	殿本	殿本備註
傳卷四五	廿八	後四行	皆得所未 殘一字	聞	修
卷		後五行	亦板。爲法曹參軍 斷板	板	修
卷		前五行	或有基。於。少欲 南	寡志 三挖汲北	基於二字可通
傳卷四六	二	前五行	國史書之。	之 三南北汲	殿是○批修未修
卷		前八行	舉秀不。	才 三南北汲 三挖	修
卷		前九行	被王。所認	主 三南北	修○汲斷痕
卷		前一行	二家辭理。等 三南汲	證 北	
卷		後五行	長文。貪殘	吏 三南北汲 三挖	修
卷		後六行	爲政。甚得民和	政 三南北汲	修
卷	三	前一行	死者太。半	大	殿誤
卷		前二行	悉裹以笙。席 三補汲 嘉靖南	葦 北	殿誤，授葦謂之笙見楊子方言
卷	四	前六行	有貞婦萬晞。者 嘉靖南汲	睎 北	
卷		後二行	就家受。太中大夫 嘉靖南汲	授	殿是○稍受以經史，見謝藺傳
卷		後四行	爲制以敎其子く	有曰字	
卷	五	前一行	不。周於身 三	衣 汲北	修
卷		前九行	蒸嘗之詞。 三汲	祀 北	

卷	葉	行	宋本	殿本	備註
傳卷四六	六	前二行	初母未病く於外染衣三汲	行令字北	
卷		前六行	尚書令劉景。領丹		
卷		後行	陽尹三汲	秉北	殿是，見宋書長沙景王道憐傳
卷		前七行	時劉景。表桀	秉	殿是
卷		前八行	景。素重季直	秉	殿是
卷		前九行	俄而景。等伏誅	秉	殿是
卷		後一行	時褚彥回。爲尚書令	淵	按褚淵字彥回，見南齊書傳四
卷		後二行	彥回。卒	淵	
卷		後三行	以彥回。有至行	淵	
卷		後五行	季直又請儉爲彥回。		
卷		後行	立碑	淵	
卷	八	前五行	大。尉王儉三	太汲北	修
卷		後二行	梁書五十一。	二	殿是○應作二、批修未修
傳卷四七	一	前八行	伏暅。	晅三汲北	殿是
卷		後三行	故長史之職。號墨丁親		
卷		後行	民	職爲北三汲	墨丁南史作曰

卷	葉	行	宋本	殿本	備註
傳卷四七	二	前一行	元年始去〻貲計丁		
卷		前後行	爲布 三汲	有人字 北	
卷		前九行	治有異續。	績 三汲北	未批修，修
卷	七	前一行	起家爲守。晉熙王		
卷		前後行	國侍郎 三補汲	宋 北	南史宋，以下文齊初假，宋是〇晉熙王銶見南齊書傳十六〇宋晉熙王昶見宋書傳三十二〇查范述曾天監八年卒，年七十九。宋晉熙王昶元嘉廿二年年十歲封義陽王〇按元嘉二十二年距天監八年六十五年，時述曾年十四歲。
卷		前後行			
卷		前後行			
卷		前後行			
卷		後二行	不受饋明帝聞甚嘉之 三汲	遺 北	
卷	九	後六行	豫章老幼號哭舉。送 三汲	攀 北	
卷	十	後一行	謙。慰喻而〻一無所納	有遺字 北	
卷		後二行	反。掠得生口	及 南 三補汲北	修
卷		後三行	徽。還	徽 三補汲北	修
卷		後六行	患、謙疆。直 三補北	彊 汲	殿是
卷		後六行	託事遣。使京師	遣 三補汲北	修
卷		後七行	寧朔將軍。	軍	軍字不類，似應填過重，插〇。整理者按：此条另批無関，似不必出校。

卷	葉	行	宋本	殿本	備註
傳卷四七	十	後九行	進。載縑帛以送之三補汲南	追北	
卷	十一	前五行	東昏永元元年還く		
卷		行	大夫	有缺二字注	
卷	十三	前三行	友人舉。送謙舍三汲	輿北	
卷		後二行	爽當。有求不稱意	嘗	
卷		後三行	乃爲履。謎以喻廉三	屐汲北	殿是
卷		後五行	以此取名是。也三汲	位北	
卷		後八行	仍兼太學博士等。除		
卷		行	東陽郡丞	尋	殿是
卷	十三	後九行	兩觀之誅且。及	宜三補北汲	修
卷	十七	後三行	宣城大。守三	太汲北	修
卷		後五行	時泉陵侯滐。朗爲桂		
卷		行	州三汲	淵北	按滐乃潔之訛
卷	十八	前九行	居人。間絕請謁	民	
卷		後二行	以顏色于。人	干三汲北	修
卷		後四行	歸家。	家三汲北	修

卷	葉	行	宋本	殿本	備註
傳卷四七	十九	前三行	斷。雕爲樸 三補	斵 汲北	殿是
傳卷四八	一	前八行	遣伏波將軍路 墨丁 開		
卷		行	百越	博德 三北汲	殿是
卷		前九行	自武帝以來 墨丁 獻。見。	皆朝貢 北	汲古作皆獻見○見考證
卷		後一行	遣使 墨丁 吳孫權時	獻貢及 南史三北汲	
卷		後二行	遣宣化從事朱應中		
卷		行	郎康泰 墨丁	通焉 南史三北汲	
卷		後三行	因立記 墨丁 通中國者		
卷		行	蓋斟	傳晉代 南史三北汲	
卷	二	前七行	織爲班。布也	斑	
卷		前八行	歲。置水中 三汲	無歲字 北	
卷	四	前三行	交龍王甀。 三甀	甀 南北汲	修
卷		後六行	謂之千。漫 三南汲	干 北	按南史作干作縵，本書狼牙脩國傳作都縵
卷		後七行	亦曰都漫。	縵 三南北汲	
卷		後九行	如佛象。之飾	像 三南北汲	殿是
卷	五	前六行	國王事尼。	尼 三汲北	修

梁書 校勘記 列傳第四八 頁 一〇七

卷	葉	行	宋本	殿本	殿本備註
卷 傳卷四八	五	前七行	交州刺史杜弘文墨丁牙		
卷		行	欲討之	建 三北汲	殿是，見宋書
卷		前八行	八年墨丁冠墨丁郡入四		
卷		行	會浦口	又 九德 三北汲	殿是，見宋書
卷		前九行	遣墨丁相墨丁兵赴討	隊主道生帥 三北汲	殿是，見宋書
卷		後一行	爾後墨丁遣使貢獻	頻年 三汲北	殿是、宋書十二年、十五年、十六年、十八年
卷	八	前七行	俗殘字躶體	本 三汲北	修
卷		前八行	扶南國俗本躶體。身		
卷		行	被髮不制衣裳	文	
卷	九	前二行	復以兵威攻伐旁國		
卷		行	咸復。屬之	服 三抱汲北	南史同殿
卷		後八行	遇得麞鹿及人亦噉		
卷		行	自。蒼梧以南 汲三	之 北	殿是，見南史
卷		後九行	唯歸。人著貫頭	婦 三抱汲北	殿是
卷	十二	後三行	次至丹楊。	陽	
卷		後三行	乃登、越成。四望	城 三汲北	殿是，見南史

卷	葉	行	宋本	殿本	備註
傳卷四八	十二	後六行	函中又。有銀函	脱又字	
卷	十五	前三行	爲高埋。所得	悝 三汲北	修
卷		前四行	又尾官。寺慧邃 三汲北	宮	殿誤，見伏曼容傳
卷		前八行	模。有識者 三	莫 汲北	殿是
卷		後八行	明耀滿日。	目 三挖汲北	修
卷	十六	前一行	問訊。三	訊 北汲	
卷		前四行	及畫。塔	畫 三汲北	修
卷		後二行	并獻火齊珠。古貝	吉 三挖汲北	
卷		後五行	出班布古。貝檳榔	吉 三挖汲北	
卷	十七	前七行	墨丁加禮敬	日 三汲北	
卷		前八行	遣長史毗墨丁跋摩		
卷		行	奉表	員 三北汲	殿是、南史同殿
卷		後五行	猶處雷。山流注雪水	雪 三汲北	
卷	十八	前四行	土氣物産與〈南略同	有扶字	南史同殿
卷		前五行	男女皆祖。	祖 三汲北	修
卷		前六行	以古。貝爲干縵	吉 三挖汲北	南史古

卷	葉	行	宋本	殿本	備註
傳卷四八	十八	前八行	其國累樓。爲城三汲	塼北	南史同殿
卷		前九行	有幡旄旗鼓罩台。蓋	：	
卷		後行	兵衛甚設三汲	白北	南史同殿
卷		前一行	後嗣襄。弱	哀三挖汲北	殿是
卷		前三行	逐。奔天竺	遂三挖汲北	修
卷		前七行	眉間白。毫	白三汲北	修
卷		後八行	其色照曜赤。如月光	亦三汲北	殿是，上文其白如雪
卷	十九	前三行	爲極尊勝天主。	王三汲北	修
卷		後七行	問訊。	訊三汲北	
卷		前五行	其國人披古。貝如帊	吉三汲北	
卷		後五行	王乃用班。絲布	斑	
卷	二十	前四行	平坦。	垣三汲北	修
卷	廿一	前一行	古。貝螺林。雜香藥等三汲南	吉 杯北	殿是
卷		後三行	坝。竹	卭三北南汲	修
卷		前六行	其各。雖異	名汲三北南	修
卷		後一行	瑇瑁。火齊三	瑁北作瑁南作瑁	殿是

卷葉	行	宋本	殿本	備註
傳卷四八 廿一	後二行	細摩。白疊好衺。三	摩 衺 北汲南	殿是
卷 廿二	前二行	積日香槁。乃糞去之	稿	殿誤，見考證
卷	前二行	賈人從寺中徵雇。三汲	顧 北	通用
卷	後六行	西比。入歷灣邊數國	北 三北汲	修
卷 廿三	前三行	下注〻江 三汲	有大字 北	
卷	後二行	〻王出遊四兵隨從	有大字	
卷	後五行	沈溺。以濟 三汲北	弱	殿誤
卷 廿四	前八行	雜香古。貝等物	吉	吉貝古貝疑一物即棉花
卷	後一行	五穀隨人所種不須〻		
卷	行	節 三汲	有時字 北	
卷	後六行	五。色潔潤	玉	殿是
卷 廿五	前一行	爲嬖妾潘貴妃作		
卷	行	釵。釧	釵 汲北	殿是〇三作釵
卷 廿六	後八行	有消奴部〻愼奴部 三汲	有絶奴部三字 南史北	
卷 廿七	後三行	兄死妻嫂。三	嫂 汲北	
卷 廿九	前八行	封遼東帶方二國正。三	王 汲北南	殿是

卷	葉	行	宋本	殿本	本備註
傳卷四八	廿九	前九行	後路。有遼東郡	略 三汲北	修
卷	卅	前九行	百濟亦據有遼西晉平		
卷		後行	二郡地。吳自置百濟郡 三	矣 南史同殿汲北南	百濟所治謂之晉平郡，見宋書百濟傳，疑上文（八行）晉世二字衍，按宋書固不曰晉世，但言其後
卷		前行			
卷		後三行	除太。都督 三南北汲	大	殿是
卷	卅一	前七行	行不張狀。	拱 三北汲	修
卷		前七行	呼帽曰。複。衫。袴。曰褌。三汲北	有冠襦曰三字複衫袴褌	
卷		前八行	亦秦韓之遺俗云。	云 三汲北南	修
卷		後一行	并二。匠畫師	工 三南北汲	修
卷		後三行	悌。泣 三	涕 汲北南	修
卷		後八行	有以。中國人 三	似 汲北南	修
卷	卅二	前六行	普通二年王募。名。秦。三補	名募泰 汲南北	按南史作王姓募名泰
卷		後六行	倭者自云太白。之後 補三	伯 汲北	殿是，見晉書四夷傳
卷	卅四	前八行	督倭。新羅任那伽		
卷		前行	羅秦韓慕韓六國諸		
卷		後行	軍事	脱倭字	

卷	葉	行	宋本	殿本	備註
傳卷四八	卌四	後一行	有朱。儒國	侏	
卷		後三行	身黑眼白。	白 三汲北	修
卷	卅五	前六行	扶桑葉似銅。三南汲	桐 北	
卷		後二行	不赦北獄〻者 三汲南	有在北獄三字 北	
卷		後七行	國主。行 三汲南	王 北	殿是、見六行
卷		後九行	有牛角〻長 三汲南	有甚字 北	
卷	卅六	後三行	至二三日。競入水則		
卷		後前行	任娠 三	月 汲北南	殿是
卷		後九行	其聲如犬。	吠	
卷	卅七	後六行	初慕容弈洛于。有二子	干 三汲北	
卷		後六行	洛于。卒 汲北	干 三	
卷		後八行	因遂西。上隴 三	徙 北汲	按南史作西徙上隴
卷		後八行	度袍罕	枹 三北汲	修
卷	卅八	前九行	自謂曾祖奕洛于。始		
卷		後前行	封昌黎公 三北	干 汲	
卷		後二行	至其末。孫	末 三汲北	修

卷	葉	行	宋本	殿本	備註
傳卷四八	四一	後五行	呵○跋檀國 三補汲北	阿	殿誤、見南史
卷	四三	後四行	衣○古貝布	吉 三南北汲	北修、未修
卷		後六行	正○姓葛沙氏	王 三南北汲	修
卷		後九行	氊帽○	帽 三北汲	修
卷	四五	前二行	大同七○年	十 三挖汲北	殿誤、見本紀三
卷		後六行	目○立	自 三北汲	修
卷	四七	前八行	是後數歲二○至焉	一	
傳卷四九	一	後三行	又遷 脱一字 前將軍 三	安 北汲	補
卷		後四行	南徐 脱一字 刺史 三	州 北汲	補
卷	二	後九行	馬五十四○ 三補	匹 北汲	修
卷	七	前四行	依前旨○還蜀 三汲北	喻	喻意於紀許其還蜀、見六葉後一行
卷		前五行	景○戍	丙	
卷		前五行	巴東○民○符昇徐子初等	興人	
卷		後九行	睥○睨宮扆 三汲	睥 北	
卷	八	前一行	覬幸災變 三補北汲	顗	殿誤
卷	九	後六行	敗軍之將勢宣譽○勇 三汲	語 北	敗軍之將指世祖遣世子方事○殿誤、意謂不及

卷	葉	行	宋本	殿本	備註
傳卷四九	九	前後六行			譽之勇也
卷		前後八行	橘洲脱六字不剋三	譽又盡銳攻之北汲	補
卷		前後九行	全脱三	卒疲弊泉因出擊	
卷		前後行		大敗之斬首三千級	
卷		前後行		溺死者北汲	補
卷	十	前後八行	成其擧。禍三北汲	擧	
傳卷五〇	五	前後六行	便已狼顧大。噬三補汲	犬北	殿是
卷		前後九行	南請援於簫。氏三補	蕭汲北	修
卷	六	前後五行	遣遵道模糊崤中	向三汲北	修
卷	八	前後一行	送地拘空格非樂爲也三	秦北汲	不必補
卷		前後八行	凝脱八字三	霜塹落秋蒂自	
卷		前後行		殞此北汲	補
卷		前後九行	又見誣脱八字三	兩端受疑二國斟	
卷		前後行		酌北汲	補
卷	九	前後九行	庶其可反。汲三北當脱一字	及是北汲	及字殿誤
卷	十	前後八行	退攻城甫。拔之三北汲	父	殿是、按城父屬豫州梁郡見南齊州郡志上

卷葉行			宋本	殿本	備註
傳卷五〇	十	後前 五行	車萬餘兩。	輛	
卷	十一	後前 六行	啓請東治 三ヽ地位不擁	冶 北汲	修
卷	十四	後前 三行	子女妻妾以。配。軍營	悉入	
卷	十五	後前 三行	綸擊。大破之 三汲	脫擊字 北	
卷		後前 八行	賊盡 空格 輜重器甲	獲 三北汲	
卷		後前 八行	以火車焚城東南隅		
卷		後前 行	火。樓 三汲	大 北	
卷	十六	後前 一行	又築 空格 山 三	土 北汲	補
卷		後前 七行	荆州刺史湘東王諱。	繹	
卷	十九	後前 五行	疆場。無虞	場	殿誤
卷	廿一	後前 七行	相與見誤 模糊一字 還		
卷		後前 行	壽春 三	乃 汲北	補
卷		後前 九行	伯超無 脫一字 臣功何		
卷		後前 行	論 三	罪 汲北	補
卷		後前 九行	賞罰無章何 模糊一字		
卷		後前 行	爲國 三	以 汲北	補

卷葉行	宋本	殿本	備註
傳卷五〇 廿三 前二行	而快。陛下佞臣之手 三	快 北汲	修
卷 後二行	景大怒即決石闕前水	既	殿誤
卷 廿四 前三行	可各復本任。 三北汲	仕	殿誤
卷 前九行	竝奔千魏。 三	于 北汲	修
卷 後七行	鎮姑熟。 三汲	孰 北	殿誤
卷 後九行	時高殘缺三字德殿 三	祖坐文 北汲	補
卷 廿六 前四行	惟吳南。以西南陵以		
卷 行	北而已 三汲	郡 北	
卷 前七行	推前淮南太守文成侯		
卷 行	寧为主。 三汲	王 北	殿誤
卷 廿七 前一行	景出頓姑熟。 三汲	孰 北	殿誤
卷 後三行	前江都令祖晧。	皓	殿是，見南史祖冲之傳
卷 廿八 後五行	景黨不能平故害之。	人	殿誤
卷 廿九 前八行	胡天共軌。 三北	軌 汲	
卷 後六行	六龍晏駕。 三北汲	宴	殿誤
卷 後九行	奉圖乞 脱一字 三	援 汲北	補

卷	葉	行	宋本	殿本	備註
傳卷五〇	卅一	前一行	元羅爲太空格 三	傳 北汲	
卷		後五行	死傷太半。三北汲	大	殿誤
卷	卅二	後三行	其大。尉 三	太 北汲	修
卷		後七行	豫章安王。三	王 北汲	修
卷	卅三	前八行	久見幽繋。三	繋 北汲	修
卷	卅四	前一行	謝答空白等 三	仁 北汲	補
卷		前二行	自加九錫之空白 三	禮 北汲	補
卷		後九行	僞有司奏改警蹕爲		
卷		行	永吉。三汲	蹕 北	
卷	卅五	後八行	子鑒保姑熟。	孰	殿誤
卷		後九行	攻劉神茂神板損將 三	茂別 北汲	補
卷	卅六	前三行	助子鑒守姑熟。	孰	殿誤
卷		前五行	景往姑熟。	孰	殿誤
卷		後七行	景大脱四字立栅 三	驚乃緣淮 北汲	補
卷		後八行	航僧辯及諸將脱四字		
卷		行	城 三	遂於石頭 北汲	補

卷	葉	行	宋本	殿本	備註
傳卷五〇	卅六	前九行	景殘脫五字 三	大恐自率侯 北汲	補
卷	卅七	後四行	逡板損歎息 三	巡 北汲	補
卷		後五行	與其儀同田遷〇汜希		
卷		行	榮等	范	
卷	卅八	前二行	至臺〇豆洲	壺	
卷		前四行	焚骨楊〇灰 三	揚 北汲	修
卷		前四行	曾羅〇其禍者 三汲北	羅	
卷		前七行	性猜殘一字 三	忍 北汲	未批修，已修
卷		後四行	於是鬱〇怏 三	快 汲	北似快改快〇修
卷	卅九	前九行	且〇非天誘其衷 三汲	宣 北	殿是
卷		後三行	殘板鎮恇擾	邊 北汲	補〇三十九頁後半頁、三朝本缺
卷		後四行	吾模糊段如此	今 北汲	補
卷		後四行	勿作脫板家事乎	晉 北汲	補
卷	四〇	前一行	起自汝除〇死三湘 三汲	陰 北	殿是
卷		前二行	太極殿前作獸〇視 三汲	虎 北	
卷		前三行	大同太〇醫令朱虵	大	殿誤

梁書

校勘記　列傳第五〇　頁　一一九

卷	葉	行	宋本	殿本	備註
傳卷五〇	四〇	前六 後 行	有。僧。通道人者 寫補	有僧 北汲	三依殘影寫補
卷		前 後三 行	所恨大。鹹	太 北汲	修〇四十後半頁三朝殘不全
卷		前 後九 行	侯景小豎。 北汲豎	豎	
卷		前 後 行			
卷		前 後 行			
卷		前 後 行			
卷		前 後 行			
卷		前 後 行			
卷		前 後 行			
卷		前 後 行			
卷		前 後 行			
卷		前 後 行			
卷		前 後 行			
卷		前 後 行			
卷		前 後 行			

卷	葉	行	宋本	殿本	本備註
目録卷	十一	前後中縫行	梁書紀。三		當作目
传卷廿三	十二	前後八行	督豫淮陳穎建霍義士。州	七 三補汲北	修
卷		前後二行	先經此任者。是夔又居焉	至 三補汲北	
卷卄六	三	前後六行	自且至中	旦 三北汲	修
卷卅四	七	前後二行	野挨。興伏 三	挨 北汲	修
卷卄九	十五	前九後行	協我浪。規：似墨污 三	良 北汲	未批修，已修
卷		前八後行	纔及下舡。三	船 北汲	
卷卌	十	前二後行	戚戚無權。三	懽 北汲	修
卷		前後六行	末。臨川内史 三	宋 北汲	修
卷	十八	前七後行	嘗為敗家。賦 可疑	冢	未批修，已修
卷	廿五	前三後行	伏挺字士標。	摽	未批修，已修
卷卌九	三	前五後行	惡。落葉	悲 北汲	眉批：此條漏查三朝。修
卷		前後五行	徒。横去不歸 三汲横	從横 北汲從	修
卷五十	四	前七後行	位標。上等 三汲	標 北	未批修，已修
卷		前後行			
卷		前後行			

一 校勘記 補遺 頁 一二〇

張元濟 著
王紹曾
杜澤遜 整理
邵玉江
王紹曾 審定

百衲本二十四史校勘記

陳書校勘記

商務印書館
二〇〇一年·北京

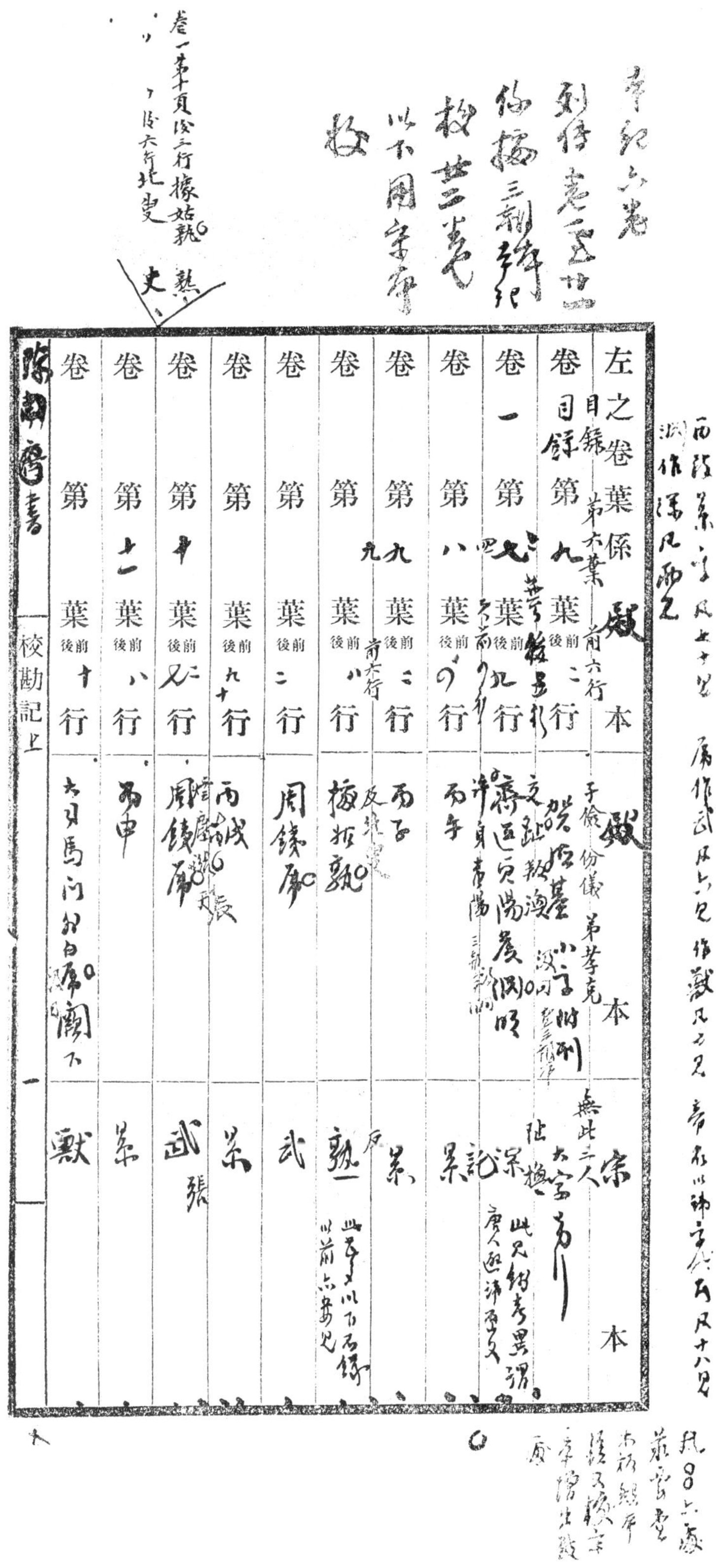

張元濟先生《陳書校勘記》手稿之一

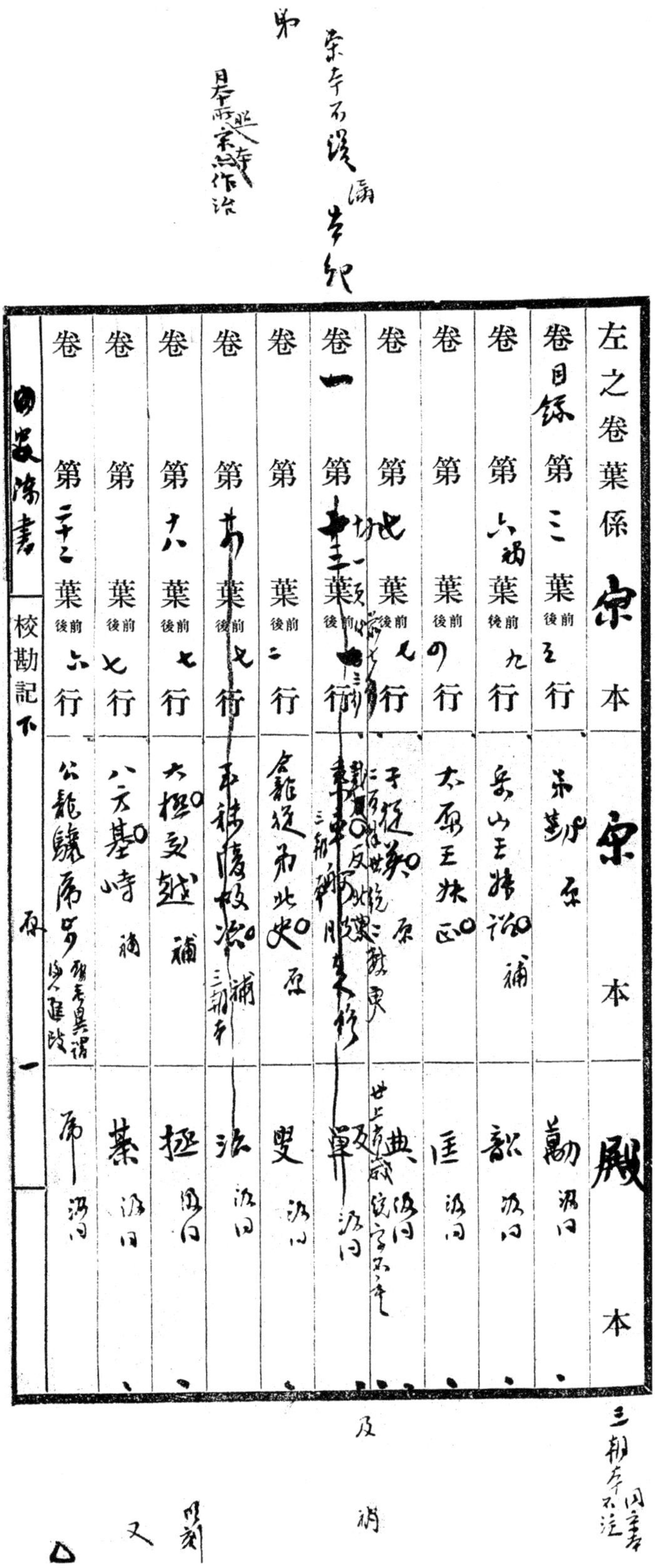

張元濟先生《陳書校勘記》手稿之二

目録

陳書校勘記整理說明

一、《陳書校勘記》原稿甲乙丙三册。其中甲册為張元濟先生民國十六年四月手校原稿，分上下兩部分。上以殿本為底本，以宋本為校本，並參校三朝本、汲古閣本。下以宋本為底本，以殿本為校本，參校本同。封面有民國十六年四月十八日張元濟署名。又一九五八年五月十三日蔣仲茀識「僅留供參考」。乙册封面題「陳書舉疑」，均以宋本（或稱衲本）為底本，以殿本為校本，以三朝本、北監本、汲古閣本為參校本。卷內通篇經張元濟批閱，有民國二十年十一月、民國二十一年二月三日、民國二十二年七月二十二日等識語。封面有民國二十六年七月十三日蔣仲茀識語，謂「此册內各條均已與新校記對過」。又一九五八年五月十三日蔣仲茀批：「僅留供參考」。丙册封面題「陳書校勘記」，下有識語：「此據百衲本清樣與石印殿本對校，並將從前所作校勘記一册、舉疑一册并移注於此册。26/7/13，茀注。」又批：「定。用此册。28/5/13茀。」又有「製板須知」兩行。此次整理仍以丙册定本為準，而將甲乙丙册中不見於丙册定本之校記、批語依原書卷葉次序逐條補入，以求完整。

二、原稿用特製紅格紙，自上至下以次分卷、葉、行、宋本（或稱衲本）、殿本五欄，今依式迻録。惟於下方增備注欄，以容欄外及行間批語。

三、《陳書》所用底本為宋刻眉山七史本，係以原北平圖書館藏二十一卷配以日本静嘉堂文庫藏原陸心源皕宋樓藏本十五卷，全書無一明修版。校記中簡稱「宋」或「宋本」。

四、校勘記中與宋本對校者為清乾隆武英殿刻本，簡稱「殿」或「殿本」。參校本有三朝本、明北監本、明末毛氏汲古閣本，分別簡稱「三」、「北」、「汲」。

五、原校勘記於宋本欄内摘出原句，並在有異文、衍文、或脱文處作出標記，然後於殿本欄内寫出異文。參校本與宋本同者，則於宋本摘句下注出參校本之簡稱，與殿本同者亦然。今均依式迻録。

六、原校勘記於書眉及行間多有考證案語，今悉録入備注欄内。考證案語不止一條者則加○間隔之。

七、當時影印宋本，對宋本之明顯脱誤曾據殿本及參校本加以修改或補脱，原校記下闌外批「修」或「補」者即是。凡此類「修」、「補」等字樣均移入備注闌内。

八、原校記丙册定本於衲本闌或殿本闌批有⊗號，表示訛誤，今改為「宋誤」或「殿誤」，注於備注闌内。

九、整理者曾將原校記與《百衲本二十四史》内影印宋本《陳書》及殿本《陳書》覆核，偶見校記摘句筆誤，經予改正。又有批「修」而實未修，或未批修而實已修者，均於備注闌注出。

十、本校勘記共一千一百二十二條。其中批「修」且已修者一百七十六條。未批「修」而已修者二十五條。批「修」而實未修者二條。批「漏修」且確未修者十九條。批「誤修」者三條。

正文

卷	葉	行	宋本	殿本	備註
目卷	一	~~後~~前六行	高祖上<	有姓陳氏諱霸先	序云其書舊無目，列傳名氏多闕謬，因別爲目錄一篇，目錄與傳時有出入，此一因也。
卷		後前 行		六字	
卷	二	後~~前~~五行	章昭遠	達 北三汲	宋本誤〇漏修
卷	三	後~~前~~五行	王通弟勤 三	勱 北汲	宋本誤
卷	六	~~後~~前九行	岳山王叔詔 三	韶 北汲	宋本誤
卷	六	後~~前~~四行	太原王叔正 三	匡 北汲	宋本誤
卷	七	~~後~~前七行	子從英 三	典 北汲	宋本誤
卷	七	~~後~~前八行	傳綽	傳	批漏修〇未修
卷	七	後~~前~~一行	蕭摩訶< 三	有子世廉三字 北汲	
卷	九	~~後~~前七行	二百餘世統統數更	歲世 北三汲 統字不重	
卷	九	後~~前~~七行	恐不足以定箸	著	通用
紀卷一	三	~~後~~前三四行	交阯叛換	趾 渙 北三汲	殿渙字誤
卷	四	~~後~~前九行	縊于閤下	閣 三汲北	通用
卷	五	~~後~~前一行	李遷仕託身當陽	許 北三汲	
卷	七	~~後~~前八行	進剋姑熟 三	孰 汲北	
卷	八	~~後~~前四行	聚其鋒銳 三汲	鋒 北	

陳書　校勘記　高祖上　頁二

卷葉行	宋本	殿本	備註
紀卷一　九葉　前後八行	齊送貞陽侯深明		
卷　葉　前後　行	還主社稷 三	淵 北汲	此見考異謂唐人避諱原文
卷　十葉　前後七行	景午 三汲	丙 北	
卷　十一葉　前後八行	景子 三汲	丙 北	
卷　十一葉　前後三行	載反北叟來降	及 三汲北○南史	殿誤○按書載杜龕黨也，北叟龕之從弟北叟與杜龕並誅見十三葉可見二人不同時降也○孟賜死則似非敵人。
卷　十一葉　前後五行	據姑熟 三	孰 北汲	
卷　十二葉　前後一行	周鐵武 三	虎 北汲	避諱
卷　十二葉　前後七行	往南州採石以迎齊援	采 北三	
卷　十二葉　前後一行	景戌 三汲	丙 北	
卷　十二葉　前後一行	景辰 三汲	丙	
卷　十二葉　前後四行	煙塵張天 三	漲 北汲	
卷　十三葉　前後五行	卒酉高祖出石頭	辛	修
卷　十三葉　前後八行	據姑熟反 三	孰 北汲	
卷　十三葉　前後九行	石頭採石南州悉平 三	采 北汲	
卷　十三葉　前後二行	龕從弟北史司馬沈		
卷　葉　前後　行	孝敦竝賜死 三	叟 北汲	宋誤○梁書列傳四十叟

卷葉行	宋本	殿本	本備註
紀卷一 十三 前後三行	周鐵武・三	虎 北汲	
卷 十四 前後七行	景・申 三汲	丙 北	
卷 十四 前後一行	白獸・闕下 三	虎 北汲	
卷 十四 前後八行	爾・日天子揔羽林禁兵	即 三汲北	南史無此事
卷 十六 前後一行	傳・野猪	傳 三汲北	漏修○傅傳衲史毛樣多不分，既不作傅即認爲不誤。
卷 十六 前後三行	七月・景子 三汲	丙 北	
卷 十六 前後六行	自太・社至象闕	大 汲北三	紀二十三大社○礼記郊特牲大社注大音太
卷 十七 前後三行	弟休先・	光 汲三北	殿誤○兄霸先見紀二第五葉
卷 十七 前後一行	自廣州渡・嶺	度 汲三北	通用
卷 十七 前後四行	位・太傅 北三汲	大	殿誤
卷 十七 前後七行	景・申 三汲	丙 北	
卷 十八 前後七行	遠踰滄海大極・交越 三	拯 北汲	殿誤○依上文康濟黔首則拯字通○頂上遠踰滄海則極字誇張其幅員，但綴以大字仍未盡愜當
卷 十八 前後二行	洎乎石頭姑孰・三	孰 汲北	
卷 十八 前後七行	八方基・跱 三	碁 汲北	宋誤○英雄碁峙見三國志。
卷 十八 前後八行	却按・下髻 北三汲	按	宋殿均誤○應作椄通案
卷 十九 前後二行	屠彼・袄逆 三	妖 北汲	

卷	葉	行	宋本	殿本	備註
紀卷一	十九	前後二行	凡厥人祇。北三汲	祇	宋殿均誤
卷	十九	前後四行	重華大聖嬀滿。惟賢	汭 北三汲	宋誤○漏修
卷	二十	前後三行	屠猰。貐。於中原 北三	仝	宋殿均誤○按山海經作窫窳○考証閣本窳作貐○汲窳注一作貐
卷		前後行			
卷	二十	前後七行	豕司昏撓。三	撓 北汲	通用
卷	廿一	前後八行	驕恣甚於尉他。	佗 三	北汲誤陀
卷	廿一	前後五行	枕	枕 北汲南	三作枕
卷	廿一	前後六行	提鋾拊。心	撫 北三汲	通用
卷	廿三	前後三行	人祇。感咽 北三	祇 汲	殿誤
卷	廿三	前後四行	姑熟。褋要 三	孰 北汲	
卷	廿二	前後一行	俎	組 三北南汲	修
卷	廿四	前後二行	雖金陵佳。氣 三汲	佳 北	殿誤
卷	廿四	前後四行	裁舉靈缽。亦抽金		
卷		前後行	僕 三	鉟 汲北南史	宋誤○玉篇鉟刃戈。又與鈹通
卷	廿四	前後五行	異季。廣之皆誅	李 北三汲	宋誤○李廣為隴西太守誘降羌八百餘人詐而同日殺之，見前漢書廣傳
卷	廿四	前後六行	任約叛換。三	渙 北汲	殿誤

陳書 高祖上 校勘記 頁 五

卷	葉	行	宋本	殿本	備註
紀卷一	廿四	~~後~~前八行	掃是攙槍 北三汲	仝	均誤○通欃槍○彗星曰欃槍
卷	廿四	~~前~~後三行	公凨駕兼道衣製杖		
卷		前後 行	戈 三	秉羽杖 北	汲秉羽杖戈○南史衣製杖戎
卷	廿五	~~後~~前七行	巳爲東帝 北汲	已 三	當作已但相差甚微故不入校.
卷	廿五	~~前~~後一行	各歷歲時	多 南史	三北汲南均誤作名
卷	廿五	~~前~~後三行	厓		修○未修○三南均缺
卷	廿五	~~前~~後五行	公武靈乙暢	已 北三汲	筆衲誤
卷	廿六	~~前~~後一行	仁惠爲墓	基 北三汲	衲誤○漏修○南板擴實是基
卷	廿六	~~前~~後七行	稱	稱 南三	一畫脫誤不入校
卷	廿七	~~前~~後二行	金獸符第一至第五 三	虎 汲北	
卷	廿八	~~後~~前八行	是用錫公武賁之士		
卷		前後 行	三百人 三	虎 汲北	
卷	廿八	~~前~~後一行	包一 徽偏○北汲不偏	色	自南均作抱、三朝作抱.
卷	廿八	~~前~~後八行	江州之尋陽	潯 北三汲	
卷	廿九	~~後~~前六行	經緯乾理 三	坤 北汲	理應誤
卷	三十	~~後~~前四行	人祇之至願乎 北三	祗 汲	殿誤

陳書 校勘記 高祖下 頁六

卷	葉	行	宋本	殿本	備註
紀卷一	三十	前後一行	裁遇許由	裁 汲三北	宋誤○宋本或係古寫不能認爲誤
卷	三十	前後九行	徽徽皇極將甚綴旒 三	徽徽 北	殿誤○汲徽徽注一作徽徽○上句慄慄形容崩角，徽徽形容綴旒。
卷	卅一	前後二行	龍行武步 三	虎 北汲	
卷	卅一	前後七行	兇集傳首 三	渠 汲北	宋誤
卷	卅一	前後八行	下漏深泉 三	淵 汲北	
卷	卅一	前後四行	時乘御辯 汲三北	宇	見考證○上句「安國字萌本因萬物之志」○當作安國字民乘時御宇
卷	卅一	前後七行	敬從人祇之願 三北	祇 汲	殿誤
卷	卅二	前後四行	縣五都帝人懷于紀	王 汲北	三殘作王○宋誤○南王字不全○漏修
卷	卅四	前後三行	典澈或本作曲澈前有		
卷		前後行	典澈湖亦同皆疑	無此十六字 汲	
紀卷二	一	前後五行	皇帝臣諱 三	霸先 汲北	
卷	一	前後七行	以命于諱 三	霸先 汲北	
卷	一	前後四行	諱爰初投袂 三	霸先 汲北	
卷	一	前後八行	且愶謳訟 三	謌 汲北	謳謌訟獄雙用不誤
卷	一	前後九行	諱自惟菲薄 三	霸先 汲北	
卷	二	前後二行	將師	帥 南北汲	修

卷	葉	行	宋本	殿本	備註
紀卷二	二	前後三行	再造黔黎	黔 汲三北	
卷	三	前後九行	景子輿駕幸鐘山祠		
卷		前後行	蔣帝廟 三	丙祀 北	汲景祀
卷	三	前後六行	有自氤氳混沌之世 三	自有 汲北	殿誤○有作又字用，如殿本則有字不可通。
卷	四	前後六行	言念遷坰但有慙德 三	桐 北汲	宋誤○此字可疑確係原誤
卷	四	前後二行	剖符名守	宇 北汲	三南作字○守字義長
卷	四	前後四行	若有萑蒲之盜 三	萑 後同○北汲	
卷	四	前後五行	擅彊出險	幽 北三汲	宋誤
卷	四	前後五行	或使	咸 三南 北汲	修
卷	五	前後八行	祔于太廟 三	祔 北汲	殿誤
卷	五	前後五行	十一月景申 三汲	丙 北	
卷	六	前後一行	壁彼關河功踰蕭寇 三	辟 北汲	
卷	六	前後八行	景辰 三汲	丙 北	
卷	六	前後七行	北徐州刺史唱義之		
卷		前後行	初首爲此職 三汲	昌 北	考異云昌義之人名○初字衍○唱當作昌，昌義之見梁書本傳，初字衍
卷	七	前後六行	親祠南郊 三	祀 北汲	

卷	葉	行	宋本	殿本	備註
紀卷二	七	前四行	晚訂軍資未送者	輓 北汲	殿誤○齊梁間謂賦民爲訂晚訂猶言晚近所賦于民，若作輓則何云未送。
卷		行	竝停 三		
卷	七	前七行	親祠北郊 三	祀 北汲	
卷	七	前八行	表稱去乙亥歲八月	云 汲三北	乙亥歲即梁紹泰元年○殿誤
卷	八	後一行	親祠明堂 三	祀 北汲	
卷	八	前七行	親祠太廟 三	祀 北汲	
卷	八	前九行	景寅 三汲	丙 北	
卷	九	前四行	八月景寅 三	丙 北汲	
卷	九	前五行	詔臨川王諱西討 三	禱 北汲	
卷	十	後六行	夷	東 北汲	南三字殘似夷○修
卷	十	前三行	臨川王諱 三	禱 北汲	
卷	十	前五行	景寅 三汲	丙 北	
卷	十	前八行	景戌 三汲	丙 北	
卷	十	前九行	此	北 三北汲南	修○殿本卷十二頁有北字
卷	十一	前四行	詔臨川王諱省揚徐	禱 北汲	
卷		行	二州辭訟 三		

卷	葉	行	宋本	殿本	備註
紀卷二	十一	後八行	三月景申 三汲	丙 北	
卷	十二	前一行	孚 北汲	孚	三委，訛○南委，明捝
卷	十二	前三行	良由四聰弗遠千里		
卷		行	功應 三	達 勿 汲北	宋功誤○「四聰弗遠」紀六第十葉又見
卷	十二	前四行	郢田雖呪 三	疏 北汲	殿誤○郢田楚田也○田不可疏○用孝子彭咒語
卷	十二	後一行	景午 三汲	丙 北	
卷	十二	前二行	幸鐘山祠蔣帝廟 三	祀 汲北	
卷	十二	前二行	景辰朔 三汲	丙 北	
卷	十二	後五行	景寅 三汲	丙 北	
卷	十二	後九行	獲琳從弟襲主帥		
卷		行	羊暕 三	暕 北汲	
卷	十三	前三行	徵臨川王諱往皖口 三	禕 北汲	
卷	十三	前八行	高祖臨訊獄省訟 三	脫省字 北汲 南宋	訊獄，獄名，是何處可注入。
卷	十三	前九行	高祖疾又甚 三	脫又字 北汲	辛丑疾小瘳故云又
卷	十三	前九行	景午 三汲	丙 北	
卷	十三	一行	追臨川王諱入纂 三	禕 北汲	

卷	葉	行	宋本	殿本	備註
紀卷二	十三	前三行後	景申 三汲	丙 北	
卷	十四	前二行後	及乎踐祚。三汲北	作	張批：以上覆，民國廿六年八月十七日
紀卷三	三	前一行後	景午 三汲	丙 北	
卷	三	前二行後	銜世祖大纂。	入 北三汲	宋誤〇宋本紀二第十三葉下追臨川王諱入「纂」
卷	三	前四行後	宽		南無、作宽〇此點原誤 似可不加
卷	三	前五行後	以寧寓縣。	寓 三汲北	宋誤〇疑確係原誤
卷	三	前六行後	臨川王諱。三	犞 北汲	
卷	三	前四行後	眇屬朕躬 三	耖 北汲	殿誤
卷	三	前九行後	庶祗畏在心 三	祇 北汲	宋誤
卷	四	前二行後	景辰 三汲	丙 北	
卷	四	前九行後	徙封始興嗣王諱。爲		
卷		前 後 行	安成王 三	頊 北	汲誤作頊
卷	五	前八行後	遣	遺 三北 汲南	修
卷	五	前三行後	親祠南郊。三	祀 北汲	
卷	五	前五行後	慶動人祇。抃流庶俗 三	祇 忭 北汲	祇宋殿均誤
卷	五	前七行後	親祠北郊 三	祀 北汲	

卷	葉	行	宋本	殿本	備註
紀卷三	五	前九行	景申 三汲	丙 北	北汲申均訛甲
卷	六	後一行	敗齊兵于博望	攻 北三汲 見南史	殿誤
卷	六	後二行	俘馘以萬計	馘 北三汲	宋誤○漏修
卷	六	前五行	亦同拜眚 三	肆 北汲	宋誤
卷	六	前八行	今氣祲廓清 三	氛祲 北三汲	宋誤○漏修
卷	六	前九行	夫妻三年於役不幸		南史不載此語
卷		行	者復其妻子 三	妻 北汲	宋殿同誤
卷	七	前三行	三月景辰 三汲	丙 北	
卷	七	後九行	稱朕哀矜之意 三	矜 北汲	宋誤
卷	七	後三行	朗	朗	南作朗○修朗
卷	八	後二行	景子 汲	丙 北三	
卷	八	後六行	改桂陽之汝城縣爲		
卷		行	盧陽郡	成廬 汲北	三成盧○殿廬誤○見隋書地理志下
卷	八	前一行	江寧既是舊塋 三	有 北	
卷	九	後七行	棫樸載哥 三	歌 汲北	考異歌古作哥
卷	九	後九行	良可哀惕 三	惕	宋誤○北汲惕誤

卷	葉	行	宋本	殿本	備註
紀卷三	九	前一行	景·辰 汲	丙 北三	
卷	九	前六行	萬·寶可收 北三汲	寶	殿誤
卷	九	前九行	畫·夘彫薪	夘 北三汲	殿誤○見管子侈靡篇
卷	十	前一行	哥·鐘列於管庫 三	歌 北汲	
卷	十	前三行	景·子 汲	丙 北三	
卷	十	前八行	寬·網沓刑	省 北三汲	
卷	十一	前四行	遣巴州刺史侯安鼎·		
卷		行	守之 北三汲	都	殿誤○時侯安都以司空會侯瑱南討巴湘未嘗爲巴州刺史侯安鼎當别自一人
卷		行			
卷	十一	前一行	二·月景戌· 三汲	丙 北	
卷	十一	前二行	二月乙卯 三	三 北汲	宋誤○前行有二月丙戌
卷	十一	前八行	秋七月景·午 三汲	丙 北	
卷	十二	前五行	景·辰 三汲	丙 北	
卷	十三	前六行	景·戌 三汲	丙 北	
卷	十三	前八行	親·祠南郊 三	祀 北汲	
卷	十三	後四行	親祠北郊 三	祀 北汲	

卷	葉	行	宋本	殿本	備註
紀卷三	十三	前後八行	三月景·子安成王諱·三	丙項北	汲景項
卷	十四	前後四行	六月景·辰三汲	丙北	
卷	十四	前後五行	安成王諱·三	項北汲	
卷	十四	前後四行	詔安成王諱·三	項北汲	
卷	十四	前後六行	春正月景·子三	丙北汲	
卷	十五	前後三行	安成王諱·三	項北汲	
卷	十六	前後二行	十二月景·申三汲	丙北	
卷	十六	前後八行	親祠·北郊三	祀北汲	
卷	十七	前後一行	念俾納隍載勞負扆·	扆北三汲	殿誤
卷	十七	前後五行	申	甲北汲三南	修
卷	十七	前後九行	安成王諱·三	項北汲	
卷	十八	前後二行	景·戌三汲	丙北	
卷		前後行			
卷	十八	前後六行	末	未三北南汲	修
卷	十八	前後八行	性靈共測·者也	惻北三汲	宋誤
卷	十九	前後六行	念茲罪隸·	扆北三汲	

卷	葉	行	宋本	殿本	備註
紀卷三	十九	前後九行	景子 三汲	丙 北	
卷	二十	前後五行	安成王諱 三	項 北汲	
卷	二十	前後一行	無忘愧惕 汲北	惕	宋誤〇三惕
卷	二十	前後五行	景寅 三	丙 北汲	
卷	廿一	前後六行	橈而易之爲不肖 三	撓 汲北	通用
卷	廿一	前後八行	其若馭朽	真 北三汲	
卷	廿一	前後七行	天嘉三年高句驪王	無此十五字	
卷		前後行	高湯或本作高陽		
紀卷四	一	前後六行	安成王諱 三	項 北汲	
卷	二	前後一行	鎮（不明）將軍	東 三北汲	未批修〇已修
卷	二	前後六行	新除中護軍沈略爲		
卷		前後行	護軍將軍 三	恪 北汲	宋誤〇見沈恪本傳〇天嘉六年十二月以沈恪爲中護軍
卷		前後行			
卷	二	前後七行	御史中丞徐陵爲吏		
卷		前後行	部尚書 北三汲	度	殿誤〇見徐陵本傳
卷	二	前後九行	四四丁酉立妃王氏爲皇太后	作秋八月三字 三北汲	

陳書　校勘記　廢帝　頁　十五

卷	葉	行	宋本	殿本	備註
紀卷四	二	前後四行	二后重區咸乂	有光九二字 三北汲	宋本重下爲墨丁
卷	二	前後七行	言瞻宁位 三	瞻 北	宋誤○汲瞻
卷	二	前後八行	思遺恩	播 三北汲	
卷	三	前後二行	親祠南郊 三	祀 北汲	
卷	三	前後二行	華皎誅反	謀 三北汲	宋誤○漏修
卷	三	前後二行	景申 三北汲	丙	
卷	四	前後一行	王師電邁	速 北三汲	殿誤
卷	四	前後三行	景辰 三汲	丙 北	
卷	四	前後五行	華皎	皎	通用
卷	四	前後八行	親祠太廟 三	祀 北汲	
卷	四	前後五行	安成王諱 三	頊 北汲	
卷	四	前後八行	中撫大將軍新除征		
卷		前後行	南大將軍 三	脫此十二字 北汲	見本傳
卷	五	前後七行	五月景辰 汲	丙 三北	
卷	五	前後七行	安成王諱 三	頊 北汲	
卷	五	前後八行	景午 汲	丙 北三	

卷	葉	行	宋本	殿本	備註
紀卷四	五	前後八行	親祠太廟 北三	祀 汲	
卷	五	前後一行	景午 汲	丙 北三	
卷	五	前後四行	親祠太廟 三	祀 北汲	
卷	五	前後五行	景午 汲	丙 北三	
卷	六	前後二行	昔梁道季末	運 三北汲	可強通
卷	六	前後七行	固不哀慼	戚 北三汲	通用
卷	六	前後七行	嬪嬙弗隔	丱角 北三汲	殿誤
卷	六	前後八行	豈但衣車所納	依 北三汲	殿誤○見漢書昌邑王傳
卷	六	前後四行	小豎 三北汲	竪	
卷	六	前後六行	便相模糊召	徵 北汲	修○三挖
卷	七	前後七行	太傅麾下 三	傳 汲北	修
卷	七	前後八行	陷以深利 三	啗 汲北	宋誤
卷	七	前後四行	送還藩邸 汲三	邸 北	宋誤
卷	七	前後四行	大傅安成王 汲	太 汲北	修
卷	七	前後七行	闢地開彊 北三	疆 汲	通用
卷	八	前後一行	傳弟之懷又符太伯 三	久 北汲	

陳書

校勘記　宣帝　頁　十七

卷	葉	行	宋本	殿本	備註
紀卷四	八	後四行	歸祔•武園 三	祔 汲北	殿誤
卷	八	後五行	攬筆潸•然 三	潸 北汲	宋誤○漏修
卷	八	前二行	仁厚儒•弱	懦 北三汲	儒字不誤
紀卷五	一	前一行	馬軍主李揔•三	總 汲	通用
卷	二	前二行	朕以寡薄•北三汲	簿	殿誤
卷	二	前三行	志守藩•維	蕃 北三汲	
卷	二	前七行	空•誓蒼旻 三	堅 北汲	堅字義長
卷	二	前八行	對揚璽紱•三汲	紱 北	殿誤
卷	四	後一行	親祠•南郊 三	祀 北汲	
卷	四	後四行	親•祠太廟 三	祀 北汲	
卷	四	後七行	以吏部尚書領大箸•		
卷		前後行	作•徐陵	著 三	
卷	四	前一行	乎•東將軍	平 三汲北	修
卷	四	前六行	親•祠太廟 三	祀 北汲	
卷	四	前九行	親•祠太廟 三	祀 北汲	
卷	五	前後一行	三月景•申 汲	丙 北	三破殘

卷	葉	行	宋本	殿本	備註
紀卷五	五	前後一行	景午・三汲	丙北	
卷	五	前後三行	竝令收斂・三	命北汲	
卷	五	前後五行	維是荒境自拔・三	投北汲	殿誤
卷	六	前後六行	雖府帑末充・	未三南汲北	原批修○未修
卷	六	前後六行	去其甚泰・	泰甚北三汲	
卷	六	前後七行	自今維作田值水旱・		
卷		前後行	失收・	未	殿誤
卷	六	前後二行	須遞相檢示・	通汲北	義可兩通○三訛作違
卷	六	前後七行	親祠太廟三・	祀汲北	
卷	七	前後二行	親祠南郊三・	祀汲北	
卷	七	前後二行	親祠北郊三・	祀汲北	
卷	七	前後三行	親祠明堂三・	祀汲北	
卷	七	前後三行	可賫帛各有差北三汲	仝	同誤○此非詔語可字疑衍
卷	七	前後四行	親祠太廟三・	祀汲北	
卷	七	前後七行	景午三汲・	丙北	
卷	八	前後三行	親祠太廟三・	祀北汲	

陳書　校勘記　宣帝　頁十九

卷	葉	行	宋本	殿本	備註
紀卷五	八	後七行	磻溪之傳韜決	訣 汲北	三殿缺○衲誤
卷	九	後一行	檐簦以遊	擔 北三汲	通用○見爾雅
卷	九	後三行	終其滯淹 三	身 北汲	其可通
卷	九	後九行	景寅 三汲	丙 北	
卷	十	前二行	親祠太廟 三	祀 北汲	
卷	十	前四行	姑熟饒曠 三	孰 北汲	
卷	十	前八行	猶未 模糊 復	克 北汲	修○三原
卷	十一	前五行	親祠南郊 三	祀 北汲	
卷	十一	前五行	親祠太廟 三	祀 北汲	
卷	十一	前六行	親祠明堂 三	祀 北汲	
卷	十一	前九行	景戌 汲	丙 北三	
卷	十一	後七行	己巳瓦梁城降 三	石 汲北	殿誤○考異云通鑑瓦梁城○甲子已克石梁城則降者非石梁城
卷		前後 行			
卷	十一	後八行	景子 汲	丙 北三	
卷	十二	前三行	景戌 汲	丙 北三	
卷	十二	前七行	淮陽沭陽郡竝棄城走 三	沭 汲北	殿誤

卷	葉	行	宋本	殿本	備註
紀卷五	十二	前六行	景戌 汲	丙 北三	
卷	十三	前二行	景子 三汲	丙 北	
卷	十三	前二行	景辰 三汲	丙 北	
卷	十五	前六行	親祠太廟 三	祀 北汲	
卷	十五	前七行	周遣使來聘	聘 北三汲	
卷	十五	前八行	景辰 三	丙 北汲	
卷	十六	前三行	景午 汲	丙 北三	
卷	十六	後四行	親祠南郊 三	祀 北汲	
卷	十六	後五行	親祠北郊 三	祀 北汲	
卷	十七	前三行	景戌 汲	丙 北三	
卷	十七	前五行	輿駕	輿 三南北汲	修
卷	十七	前五行	親祠太廟 三	祀 北汲	
卷	十七	前六行	陳桃根又表上織成		
卷		前 後 行	羅文錦被各二百首 三	文 北三汲 有表字 北汲 無百	
卷		前 後 行		首二字 北	汲有百首二字○殿文字誤○南史織成羅紋錦被表各二○按織成羅與錦被各二百端，端字又為帝，傳寫訛首耳。
卷		前 後 行			

卷	葉	行	宋本	殿本	殿本備註
紀卷五	十七	前一行	景•戌 汲	丙 北三	
卷	十七	前二行	以尚書右僕射王瑒		
卷		後前行	爲尚書く僕射 三南史	行右字 汲	殿誤○考証云衍○北有左字○按紀是年十二月以尚書僕射王瑒爲尚書左僕射○此六月事也下文十八葉前九行十二月以尚書僕射王瑒爲尚書左僕射
卷		後前行			
卷		後前行			
卷	十七	前三行	改作雲龍神獸•門 三	虎 北	汲虎注一作獸
卷	十六	後五行	景•辰 汲	丙 北三	
卷	十八	前八行	親祠•太廟 三	祀 汲北	
卷	十八	前九行	庚寅尚書左僕射王		
卷		後前行	瑒卒	仝	此八年四月事也按本傳作六年卒必有一誤
卷	十九	前二行	親•祠北郊 三	祀 北汲	
卷	十九	前五行	景•子 三汲	丙 北	
卷	二十	後一行	逋租田米粟夏調綿		
卷		後前行	絹絲•布麥等	石 北三汲	殿誤
卷	二十	後二行	丑•年訖七年	五	修
卷	二十	前四行	景•子 汲三	丙 北	

卷	葉	行	宋本	殿本	備註
紀卷五	廿一	前五行	櫛風沐雨	櫛 北三汲	宋誤○漏修
卷	廿三	前九行	洛爾稷契朱武 三	虎 北汲	
卷	廿三	前三行	夕惕于懷 北三汲	惕	殿誤
卷	廿四	前四行	景戌 三汲	丙 北	
卷	廿四	前六行	春欽之人 北三汲	仝	宋殿仝誤○應作欽，見史記平準書
卷	廿五	前一行	景午 三汲	丙 北	
卷	廿六	前二行	正道多違澆風靡乂	又靡 北三汲	殿誤○乂通艾止也
卷	廿六	前八行	今可宣勒主衣尚方諸		
卷		前 後 行	堂署等	勑 汲三	殿誤○勒者勑之意見本頁後四行，再看他處
卷	廿六	前一行	大予祕戲非會禮經	太子 三北汲	殿誤
卷	廿六	前一行	樂府倡優不合搉正	雅 北三汲	宋誤○漏修
卷	廿六	前四行	并勒內外文武車馬		
卷		前 後 行	宅舍	勑 北三汲	
卷	廿七	前三行	揔督安隨等九州八		
卷		前 後 行	鎮諸軍事 北三汲	仝	疑當作鄖，前九行可証○南史僅言都督水陸諸軍○
卷		前 後 行			八月作鄖以九州八鎮降，周書作安隨九州八鎮

卷	葉	行	宋本	殿本	備註
紀卷五	廿八	後一行	景子 三汲	丙 北	
卷	廿八	後四行	景戌 三汲	丙 北	
卷	廿八	後四行	周將王延貴率衆援		殿誤○五行生擒延貴等
卷		前後行	歷陽 三	廷 北汲	
卷	廿八	前一行	民天所資歲取無託	失 汲北三	衲誤殿亦誤○民以食爲天似可解
卷	廿九	後八行	景辰 汲三	丙 北	
卷	三十	前一行	公除之制悉依舊准	制 汲三北	殿誤
卷	卅一	後一行	弗可傳於寶位 汲三北	仝	疑當作以○騈文亦有此等拗句。
卷	卅一	後二行	及乎弗忝 三北	平	殿誤
卷	卅一	後二行	大事咸委焉 汲	悉 三北	殿誤
卷	卅一	後四行	呂梁覆車	軍 北汲三	
紀卷六	一	前一行	高宗崩 三	祖 汲	殿誤
卷	二	後五行	章大寶	寶 三汲北	宋係俗寫
卷	二	後六行	景寅 三汲	丙 北	
卷	二	前一行	皇帝叔慎爲岳陽[illegible]	王 汲三北	殿是
卷	三	後五行	稻田使者箸自西京	稻 著 汲三北	著通用

卷	葉	行	宋本	殿本	備註
紀卷六	三	後七行	俗吏因以·侮文	而	殿誤
卷	三	後七行	輟·來成羣 三	耒 汲北	宋誤
卷	三	前五行	用適·和美	道 汲三北	
卷	四	後一行	景·夜損懷 三汲	丙 北	
卷	五	後三行	景·申 三汲	丙 北	
卷	五	前七行	逖 三南	遂 汲北	修
卷	六	後三行	景戌 三汲	丙 北	
卷	六	後五行	九月景·午 三汲	丙 北	
卷	六	後七行	景·寅 三汲	丙 北	
卷	七	後七行	江·揔 三	總 北汲○後同	
卷	七	前九行	景·辰 三汲	丙 北	
卷	八	前六行	蓋由庚·極務 三	亟 汲北	通用見荀子
卷	九	後一行	是乃木吏·箕斂之		
卷		前後行	苛也 三	下 汲北	宋誤
卷	九	後五行	景·寅 三汲	丙 北	
卷	十	後四行	慈·房桂棟 三	蕙 汲北	宋誤

陳書　校勘記　後主　頁二五

卷	葉	行	宋本	殿本	備註
紀卷六	十	前後五行	丙戌 三北	仝	汲作景
卷	十	前後二行	久著前無 三	徽 汲北	應作橅○按無古橅字○按規模之模同橅，古文𢒟，隸省作無，然則無古通橅
卷	十	前後四行	四聰弗遠 三	達 汲北	
卷	十一	前後三行	景戌 三汲	丙 北	
卷	十一	前後四行	景申 三汲	丙 北	
卷	十一	前後七行	肆艫艦閱武 三北	肄	殿誤○考証云肆誤從南本改○按肆陳也不誤肄字實誤○汲肆注一作肄
卷		前後行			
卷	十一	前後二行	吏部尚書謝伷爲尚		
卷		前後行	書僕射 南史	伸 北三汲	殿誤○十四葉尚書僕射謝伷○查三年八月以左民尚書謝伸爲吏部尚書宗本亦自矛盾
卷		前後行			
卷	十一	前後六行	理從鉗鈇 汲三北	仝	仝誤○應作鈇，見史記
卷	十一	前後六行	惷愚杜默	蠢 汲三北	通用
卷	十二	前後二行	景子 三汲	丙 北	
卷	十二	前後八行	姦究斯作 三汲北	在	殿誤
卷	十三	前後八行	景子 三汲	丙 北	
卷	十三	前後二行	景辰 三汲	丙 北	

卷	葉	行	宋本	殿本	備註
紀卷六	十三	前七行	周羅睺三	睺北	殿誤○汲作睺○按應作睺見釋典
卷	十三	前八行	自く洲岸入石頭三	有蔡字北汲	修
卷	十四	前二行	伸	伷三南汲北	
卷	十五	後七行	景子三汲	丙北	
卷	十五	前五行	韓擒虎趨横江	趣北三汲	
卷	十五	前六行	濟採石三	采北汲	
卷	十五	前六行	景寅三汲	丙北	
卷	十五	前六行	採石戍主徐子建三	采戌北汲	戌誤
卷	十六	後四行	遣驃騎大將軍司徒		
卷		行	豫章王叔英屯朝室三北汲	仝	仝誤○應作堂，見豫章王傳
卷	十六	前六行	居省中	在三北汲	
卷	十七	後一行	景戍汲	丙北	三破缺
卷	十七	後二行	發自建鄴	業汲北	三破缺
卷	十七	前三行	此之不圖遽移天		
卷		行	歷三北汲	遠	殿誤
卷	十八	後六行	惠以使口	下北汲三	

卷	葉	行	宋　本	殿　本	備　註
紀卷六	十八	後八行	戰勝攻取之勢■■末		
卷		行	之有也	近古 北汲三	
卷	十八	前九行	將驕卒墮 三	惰 汲北	通用○禮記樂令韓非子史記隋上惰均通用
卷	十八	後九行	於是秦人方疆	秦 彊 汲	宋秦誤○漏修○三北秦彊
卷	十八	前二行	由乎數戰く數戰則		
卷		行	民疫	有數勝二字 汲	宋誤○三勝戰則民疫
卷	十八	前四行	後主主	生 南北汲	修
卷	十九	後六行	心怵於嗜慾 三	怵 汲	殿誤
卷	十九	前八行	早標令德 汲三	標	查字書標摽不言通用但魏書似曾數見
傳卷一	一	後九行	因襲憎置伐不同矣	增 代 汲北 三甫	修
卷	一	前四行	昭華昭容昭儀 三	儀 容 汲北	脩華脩儀脩容爲準儀當在容先
卷	一	前八行	令之所綴	今 三北汲	令是言綴取當時法令若作今則與下句意重沓○殿誤
卷	二	後二行	后毋蘇	母 三汲	宋誤
卷	二	後四行	手爪長五寸 三汲	爪 北	宋誤
卷	二	後五行	則一爪先折 三汲	爪 北	宋誤
卷	二	前一行	及高祖踐祚 北汲三	阼	并非通用○祚位也○又子祭祀升阼階故曰踐阼明祭祀

卷	葉	行	宋本	殿本	備註
傳卷一	三	後一行	景申三	丙北汲	
卷	三	後八行	高祖踐祚北汲三	阼	
卷	三	前二行	追贈后母高綏安		
卷		行	縣君	毋三	宋誤
卷	四	後七行	官者	宦三南北汲	修
卷	四	前七行	枝	技三南北汲	修
卷	七	後二行	猶是深被恩遇三	由北汲	宋誤○按字書由通猶
卷	九	前七行	採其光豔麗者	尤北汲三南	似光字攛、應稍修○已修
卷	九	前八行	令習而哥之三	歌汲北	歌古文哥
卷	十	前七行	詩表關睢之德三	雎北汲	殿誤
傳卷二	四	後四行	養爲巳子母遂與之北	己毋三	汲巳母○衲誤
卷	四	前七行	厚加賵遺而遣之	贈三北汲	
卷	五	後七行	且日辭勳	旦北汲	修○三南
卷	七	後一行	仍除都督南豫州諸		
卷		行	軍之■威將軍	事武北三汲	
卷	七	前一行	抽槊上馬■而進	無罣丁北三汲	

陳書 校勘記

卷	葉	行	宋本	殿本	備註
傳卷二	七	前三行	嗣徽等移營莫府■。	山 北三汲	
卷	七	前五行	舉兵踰。嶺 三補	踰 北汲	修
卷	七	前六行	時新吳洞主余孝頃		
卷		行	奉。兵應勑	舉 北三汲	
卷	七	前九行	艦百餘乘。■上牢	在 北三汲	
卷	八	前一行	周。鐵武 三	虎 北汲	
卷	十	後一行	贈侍中司空。 三	空 汲北	修
卷	十	後六行	配享高祖廟庭。 汲三北	廷	
卷	十	前九行	大。嘉二年 三	天 北汲	修〇後十六十七葉均有天嘉字
卷	十二	後七行	邑四伯。户 三	百 北汲	
卷	十三	後二行	猶據採。石 三	采 北汲	
卷	十三	後四行	徐■。徽等復入丹陽 三	嗣 北汲	
卷	十三	後八行	救老獲兔。	免 三汲北	修
卷	十三	前四行	齊軍入。敗 三	大 北汲	宋誤
卷	十四	後八行	令所親官。者 三	宦 北汲	修
卷	十四	前九行	甘言許。厚賂	許 三汲北	修

陳書 校勘記 頁 二九

卷葉行	宋本	殿本	本備註
傳卷二 十四 前後九行	乃爲以小船	僞 三汲北	修
卷 十五 前後六行	便桉劒上殿	按 汲北三	通用
卷 十七 前後三行	安都作連城收異 汲三北	全	疑攻○考証云攻之訛○以異時奔處嶺谷間故云捕
卷 十七 前後三行	爲流失所中	矢 三汲北	修
卷 十七 前後九行	其年使民詣闕表		
卷 前後行	請立碑 三	吏 北汲	下文自以功安社稷漸用驕矜使字亦通 殿誤
卷 十八 前後一行	嘗陪樂遊禊飲 三汲	禊 北	宋誤
卷 十九 前後八行	推埋發掘 三汲	椎 北	
卷 二十 前後三行	愍世子	愍	修○愍原缺點是諱否入○無關
傳卷三 二 前後五行	以應我軍 三	義 北汲	
卷 三 前後二行	人齊	入 北汲三	修
卷 三 前後七行	加開府儀司 三司	同 北汲三	修
卷 三 前後一行	與瑱相桓	拒 北汲三	修
卷 三 前後二行	令從第濟知後事	弟 三北汲	通用
卷 三 前後三行	自夏凡冬	及 北汲三	修
卷 三 前後三行	盡倣耳木稼	收其禾 汲北 三甫	修

卷	葉	行	宋本	殿本	備註
傳卷三	三	前四行	濟與其部下侯方兒		
卷		前行	不協 三	侯 汲北	宋誤○南史侯
卷	三	前五行	既失恨本 三甫	根 汲北	修
卷	三	前八行	必能容巳 北汲	己 三	宋誤
卷	四	前五行	東闗春水稍長 汲三	仝	應作漲○長增盛也
卷	四	前八行	舟艦竝壞没于沙中 三北汲	益	殿誤
卷	五	前一行	衆無附者及與妻		
卷		前行	妾左右 北三汲	仝	仝誤○應作乃○考証云乃之訛
卷	六	前九行	勑令衡州刺史 北汲三甫	命	
卷	七	前九行	恐蕭廣州不肯口之 三北汲	致 北汲三	
卷	八	前六行	不住謁勃	往 汲北三	修
卷	八	前五行	仍進廣州 北汲三	乃	殿誤○按顧嘗事蕭勃在廣州○前三行「蕭勃在廣州」顧事之「欲令出嶺蕭勃留之」故此云仍也
卷	八	前九行	進授散騎常侍	授 三汲北	修
卷	九	前七行	時人莫不嘆伏 三	服 北汲	
卷	九	前四行	大嘉中 三甫	天 汲北	修
卷	十	前八行	苗稼燋枯 三	樵 北汲	

卷	葉	行	宋本	殿本	備註
傳卷三	十	前後二行	君葬之曰 三	日 汲北	宋誤
卷	十一	前後一行	即席興論當世之務	與 三北汲	修
卷	十一	前後八行	自佽	抜 三北汲	修
卷	十一	前後七行	遣安成王諱 汲	頊 北	三缺頁
卷	十三	前後六行	令軍中益脩口攻具	治 北三汲	
卷	十三	前後一行	堅城未拔	抜 北三汲	漏修
卷	十四	前後五行	貔武争馳 三	虎 北	汲虎注一作武
卷	十五	前後一行	龍麾 三 缺筆	麾 北汲	修
卷	十五	前後一行	其吹將	次 北三汲	修
卷	十五	前後四行	貟外散騎侍郎惠覺 汲三北	驃	殿誤○貟外散騎侍郎見傳六傳九
卷	十五	前後五行	明徹	徹 三北汲	
卷	十五	前後七行	尋以憂憤遘疾	遘 三北汲	遘通冓冓通遘
卷	十六	前後一行	爰初躡足乞届元戎 三汲	迄 北	宋誤○不通用
卷	十六	前後六行	無辭入褚之屈 北三	褚 汲	宋誤
卷	十七	前後三行	海安縣伯邑三百户	五 北三汲	宋誤○傳卷四封沌陽縣子邑三百户進爵爲侯增邑并前五百户
卷		前後行			

陳書 校勘記 頁 三二

卷	葉	行	宋本	殿本	備註
傳卷三	十七	後三四行	侯瑱傳分搥盪頓蕪湖		
卷		前後行	洲尾或本作分頓疑吴		
卷		前後行	明徹字通昭或本作通		
卷		前後行	炤疑	無此二十九字	
傳卷四	二	前六行	於苦竹灘襲·勅前軍		
卷		前後行	歐陽頠 北三汲	龔	殿誤
卷	三	前四行	誠節·梗亮	綆 三北汲	通用
卷	三	前七行	時有盱·眙馬明	旰 汲	殿誤○北三均誤作旰
卷	四	後九行	仍鎮採·石 三	采 北汲	
卷	六	後四行	累遷通直散騎侍郎		
卷		前後行	句容令·	令 北三汲	宋誤○漏修
卷	七	前四行	佘·孝頃	余	殿是
卷	七	後四行	時水長漂疾 北三汲	仝	
卷	八	前八行	謂爲程獸· 三	虎 北	汲虎一作獸
卷	九	前四行	無使餧·而 三	餒 汲北	古通用
卷	九	前五行	以子饗·襲封	仝	考証云南史嚮

校勘記 頁 三三

卷	葉	行	宋本	殿本	備註
傳卷五	一	前六行	俘獲甚衆	俘 汲北 三甫	修
卷	三	後七行	步艦竪 板損	拍 汲北	修〇三補柏
卷	三	後八行	則又 板損	竪 汲北	修〇三補竪
卷	四	前一行	量預其一 北三汲	重	殿誤
卷	五	後三行	高祖受禪	禪 汲三北	宋誤〇誤修
卷	五	後八行	多戀本生	土 三北汲	宋誤
卷	五	前八行	太建元年 北汲	大 三補	殿誤
卷	五	前九行	買梁陵中樹 原有墨丁改痕	陵 三汲北	修
卷	六	前六行	梁揚州議曹從事 汲三北	仝	仝誤〇杜子偉傳又見
卷	八	前二行	江水大長 北三汲	仝	
卷	八	四行	并刀乘之	力 汲三北	修
卷	九	前六行	太建二年 三汲北	大	殿誤
卷	九	前九行	程文李	季 三汲北	修
卷	十	後一行	編箄爲橋 三	葦 北汲	
傳卷六	二	後四行	大破之元建三年高		
卷		行	祖園廣陵 三	無元建二字 北汲	宋誤

卷	葉	行	宋本	殿本	備註
傳卷六	二	前九行	隨章昭連。南平歐陽紇	達	宋誤
卷		行	三汲		
卷	五	後六行	永定元年。三北汲	九	殿誤○按永定無九年
卷	五	後九行	敬。成。父。度爲吳郡		
卷		行	太守 三汲	無敬成父三字北	敬成父三字實衍○敬成傳本爲度之附傳且六行已言領度所部士卒
卷		行			
卷	六	後二行	自歐陽引埭上泝江由。		
卷		行	廣陵 三汲	仝○南史同此	江由疑○若由字作從解不可通○按廣陵屬南兗州○由疑出之訛
卷		行			
卷	六	前九行	高祖懼其泄已。三	巳北汲	殿誤
卷	八	前一行	蕭映。卒 汲三	暎北	殿誤○前七行八行後一行均作映○南史無此句
卷	九	後一行	尋爲君司馬。三	郡北汲	宋誤
卷	九	前二行	引恪令勒兵入辭因		
卷		行	衛敬帝如別宮 三	脱辭字北汲南史	無辭字意不足，辭者自吳興入朝將返郡陛辭也
卷	九	前五行	高祖踐祚。北三汲	阼	
卷	九	前八行	。三年遷使持節 三北汲	二	殿誤○永定二年已見六行

卷	葉	行	宋本	殿本	備註
傳卷七	二	前後一行	出爲使持節故諸常		
卷		前後行	侍三	散騎北汲	原誤
卷	三	前後一行	所在鋒起三汲	蜂北	
卷	三	前後九行	恐爲巳患	仝	仝誤〇應作己〇三作己
卷	四	前後二行	乃引齊軍入城汲三北	八	殿誤
卷	六	前後一行	賜以女樂口<	有妓一部三字三汲北	
卷	六	前後七行	遂貽喪什三	身汲北	什疑仆之訛
卷	九	前後八行	高祖踐祚三北汲	作	原未批修，已修
卷	九	前後九行	曹慶等殘一字周迪三	攻北汲	原未批修，已修
卷	九	前後一行	殘三字都世祖三	擒炅送北汲	原未批修，已修
卷	九	前後二行	帶脱二字武昌三	西陽北汲	原未批修，已修
卷	九	前後三行	據東陽脱五字還三	反世祖召炅北汲	原未批修，已修
卷	九	前後四行	炅還脱五字年三	本鎮天康元北汲	原未批修，已修
卷	九	前後五行	散騎常脱五字遷三	侍太建元年北汲	原未批修，已修
卷	九	前後六行	常侍脱五字持節三	五年進授使北汲	原未批修，已修
卷	九	前後七行	六脱五字州刺史三	州諸軍事安北汲	原未批修已修

卷	葉	行	宋本	殿本	備註
傳卷七	九	前後八行	并前脱五字隨都督 三	一千户其年 北汲	原未批修，已修
卷	九	前後九行	所向克捷脱八字齊 三	一月之中獲十二城 北汲	原未批修，已修○據三朝版補修克字
卷	十	前後七行	故殘一字賜女妓一部 三	仍 北汲	原未批修，已修
卷	十	前後八行	贈脱一字州刺史 三	司 北汲	原未批修，已修
卷	十	前後九行	封武昌殘一字公 三	郡 北汲	原未批修，已修
卷	十	前後九行	至脱一字城太守 三	宣 北汲	原未批修，已修
傳卷八	一	前後四行	子方泰方亮 三	慶 北汲	宋誤○六葉後二行方慶
卷	一	前後三行	尋與高宗俱往荆州 三	祖 北汲	殿誤，考異謂應作宗
卷	一	前後四行	又與高宗俱遷關右 三	祖 北汲	殿誤，考異謂應作宗
卷	二	前後一行	寔資邢衛 三	式 北汲	
卷	二	前後七行	旋踵未由 北汲三	仝	仝誤○應作末
卷	三	前後二行	扞城之寄 三北汲	扜	殿誤
卷	三	前後七行	景子 汲三	丙 北	
卷	四	前後三行	武賁班劒百人 三	虎 汲北	
卷	四	前後四行	梁敬帝即位 三汲	景 北	殿誤○見梁書
卷	五	前後六行	攻逼京邑 北三汲	師	

卷葉	行	宋本	殿本	備註
傳卷八 六	前二行	高祖踐祚 汲三北	阼	
卷 六	前二行	襲封南康郡王 三	脱郡字 汲北	
卷 六	前三行	奉忠壯王祀 三	莊 汲北	殿誤○見四葉後七行
卷 六	前三行	禮秩一同皇〻子 三	行太字 汲北	見南史列傳五葉
卷 六	前六行	永言跂子 三	予 汲北	修
卷 六	前九行	謚曰愍	愍 汲	宋誤○三誤作愍
卷 七	前一行	十九州諸軍事 北三汲	仝	按自廣衡至石崖僅十八州
卷 七	後三行	高宗登玄武門觀宴		
卷	行	羣臣以觀之 三北	親 汲	殿誤○周置兩觀以表宮門見三輔黃圖
卷 七	後九行	不承則上測 北	刑 三汲	殿誤○測囚之法見傳二十七沈洙傳
卷 八	前二行	無屈法而申慈	由 三北汲	殿誤○申對屈言
卷 十	前七行	舉兵以應隋軍 三汲	無以字 北	
卷 十	前八行	宋州刺史婦仁縣公 主	歸 北汲	宋誤○按歸仁隋屬梁州 宋誤
卷 十	前九行	榮陽人 北三汲	滎	
卷 十	後五行	及隋文踐祚 汲三北	阼	
卷 十	後八行	聯華霄漢 三	霄 北汲	修

卷	葉	行	宋本	殿本	備註
傳卷八	十	前八行	或壞子之暱 三汲	攘 北	殿誤○見漢書列傳廿一
傳卷九	一	後八行	與胡穎共知後事 三	穎 汲北	宋誤○本傳穎
卷	一	前三行	高祖踐祚 三汲北	阼	
卷	一	前五行	所以糾合枝幹 三北	糾 汲	宋誤○似誤修
卷	二	後五行	擬可永脩縣開國侯 三	永 汲北南史	宋誤○按永脩縣南齊屬豫章郡
卷	二	前九行	詳別下安吉原鄉故		
卷		行	鄣三縣	躬 北汲	殿誤○三殘缺
卷	三	後三行	高祖踐祚 三汲北	阼	
卷	四	後二行	高祖踐祚 三汲北	阼	
卷	四	前六行	晉熙王<瓛 三	有蕭字 北汲	
卷	四	前七行	以應接之功 三	無之字 北汲	
卷	五	後九行	無俾城壞 三	俾 北汲	
傳卷十	一	前二行	當時計畫莫不預<三	有焉字 北汲	
卷	一	前五行	以爲從事中郎 三	侍 北汲	殿誤
卷	二	前九行	滌瀫源而澄九泒 三汲	登 派 北	殿登誤派是
卷	三	後一行	鯨鯢式剪 三汲	翦 北	

卷	葉	行	宋本	殿本	備註
傳卷十	三	前九行	感恩徇巳。北汲	仝	仝誤〇應作己〇三作己
卷	四	前三行	宛洛蕪曠。三	無 北汲	殿誤〇下句長夏無半菽之産
卷	四	前八行	檐簦入趙 北三	擔 汲	殿俗字
卷	六	前九行	兼太舟卿 三北	府 汲	考証云監本誤舟〇按太舟卿見舊唐書職官志三
卷	六	前六行	宣毅長沙王長史 三	義 北	殿誤〇見長沙王本傳四年爲宣毅將軍〇汲誤隸
卷	七	前四行	高宗悉其沮衆 三	祖 北汲	殿誤〇按此太建五年事也
卷	七	前六行	章令有司桉問 三	帝 按 北汲	桉按通用〇宋章誤〇疑誤修
卷	七	前九行	謹桉宣遠將軍 三	按 北汲	
卷	九	前四行	梓宫俠御繐服在凶		殿誤〇按繐服對上吉服言〇下文内外侍靈是同何忽繐服有異〇又靈無使御則已有則必應繐服
卷		前行	鹵簿中 三	經 北汲	
卷		前行			
卷	九	前七行	吉部位中公卿以下 三	伍 北汲南史	
卷	十	前二行	豈容社經而奉華蓋 三	社 北汲南史	宋誤
卷	十	前七行	桉王文憲喪服明記 三	按 汲北	
卷	十	前九行	箸白綃帽。三北汲	著 帽	箸著通用〇北汲作帽〇漏修
卷		前行			

卷	葉	行	宋本	殿本	備註
傳卷十	十	前七行	既箸●白帽	著	
卷	十	前八行	理無彤●服 三	彤 北汲	
卷	十一	前一行	既陳筵●机	几 北汲	通用○三誤作机
卷	十一	前一行	繐帷靈●屏	房 北三汲	殿誤○按靈屏猶言靈扆○房當是扆之訛○按扆狀如屏風
卷		前後行			
卷	十一	前四行	紅紫相糅●	揉 汲北	殿誤○糅雜也白羽與赤羽糅見儀禮○揉屈之也楺同○三作楺
卷		前後行			
卷	十一	前五行	爲服之制斯壹● 三	一 北汲	
卷	十一	前六行	非塗堊於彤●闈 三汲	彤 北	
卷	十三	前三行	維●侍靈之人主書宣		
卷		前後行	傳● 三	帷 北汲	通用
卷	十三	前三行	齊●幹應勑悉應不故● 三	齋改 汲北	宋誤○主書宣傳齋幹應勑皆執事銜名○按下文豈應變服貂玉此改字即下文變字
卷		前後行			
卷	十三	前四行	詹事太常中丞孔中●		
卷		前後行	庶●諸通表樞 三	及 北汲	見疏語○殿誤
卷	十三	前二行	謹自參●緘 北三汲	三	

卷葉行			宋本	殿本	本備註
傳卷十	十三	前後三行	更申揚搉•	權 北汲	殿誤○三誤作權
卷	十三	前後九行	深被知過•	遇 北汲	三挖○宋誤
卷	十四	前後四行	文翰亦乃展力 三	幹 北汲	
卷	十四	前後二行	劉師知傳孔中庶諸		
卷		前後 行	通疑	無此十字	
傳卷十一	三	前後四行	光太元年• 三甬	大 汲北	修
卷	三	前後八行	父琳司徒左長史 三	空 北汲	南史徒見考証
卷	五	前後二行	勳獨以清白箸聞•	著 北三汲	通用
卷	五	前後五行	郡中凋弊 三	凋 北汲	通用
卷	五	前後九行	高祖爲丞相爲兼丞•		
卷		前後 行	相長史 三	勳 汲北	宋誤○爲兼二字不得連綴
卷	六	前後八行	者而無倦•	老 三乙汲北	修
卷	六	前後二行	爲諫•逆順之理 三甬	陳 北汲	修
卷	七	前後一行	美容儀模糊二字•沈靜	性 三北汲	補
卷	七	前後五行	生子岊主及岊竝卒•	岊岊 北汲三	字書無岊字有岊字
卷		前後 行	于梁世		

陳書 校勘記 頁 四二

卷	葉	行	宋本	殿本	備註
傳卷十一	七	前七行	并贈昆官	昆 北汲三	
卷	七	前八行	同姓爲王 三	主 北汲	宋誤
卷	八	後一行	駙馬都尉置口漢武	由 三北汲	
卷	八	後八行	晉武踐祚 三北汲	作	
卷	八	前三行	未及成殘一字之禮	人 三北汲	修
卷	八	前五行	尋領右軍殘軍	將 三北汲	修
卷	八	前六行	拜表模糊解	自 北汲	三目硃筆描自
卷	八	前九行	雖參殘選事	掌 三北汲	補
傳卷十二	一	後八行	韋戴 三	載 汲北	宋誤○総目載，正文戴字 德基
卷	一	前一行	頗有文詞 三	才 北汲	
卷	一	前四行	帝今衆爲竹賦 三	令 汲北	修
卷	一	前四行	賦成奏<帝善之手		
卷		前後行	勅答曰 三	有之字無善之三字 北汲	
卷	二	後一行	及景▢▢城 三	圍臺 汲北	
卷	二	前一行	衆性危嗇 三	忝 北汲	
卷	二	前五行	朝▢共誚其所爲	士 北三汲	

卷葉行	宋本	殿本	備註
傳卷十二 二 前後六行	遂歷詆公卿	詆北三汲	宋誤
卷 三 前後九行	及莊■立北	僣三汲	
卷 三 前後一行	以泌爲侍中■相長史	丞北三汲	
卷 三 前後二行	琳■■	單敗北三汲	
卷 四 前後四行	南陽涅陽人也	湼北三	汲作湼
卷 四 前後八行	父汎三南史	泛北汲	殿誤○見南史陸山才傳
卷 五 前後五行	計畫多出山才	晝三南北汲	修
卷 五 前後六行	仍鎮豫章	乃北三汲	
卷 前後行			殿誤○五行政事悉以委之○後三行爲豫章太守○查宋書南豫州豫章郎江州○陸山才嘗佐周文育鎮南豫州故云仍
卷 前後行			
卷 五 前後三行	文育爲能曇朗所		
卷 前後行	害三	熊北汲	
卷 六 前後九行	封甲口亭侯	亭汲北	已修○三作亭
卷 七 前後一行	俄遷侍殘一字	中三汲北	補
卷 七 前後七行	少聰惠三	慧汲北	通用
卷 七 前後八行	篤模糊好學三	志汲北	修

卷	葉	行	宋本	殿本	本備註
傳卷十二	八	前一行	模糊一字敏	沉 三汲北	原未批修，已修
卷	八	前六行	高唐殘一字守	太 三北汲	原未批修，已修
卷	九	前一行	并奉梁敬帝勅く載		
卷		行	解兵 三	疊勑字 北汲	宗誤
卷	九	前一行	乃以其衆降于高祖 三	無其字 北汲	
卷	九	前九行	通直散騎常時 三	侍 北汲	宗誤
卷	九	前四行	不入籬門者幾十載 三 北汲	仝○南史仝此	可疑
卷	九	前七行	汝陰大守 三	太 北汲	修
卷	九	前八行	以仁孝箸稱 三	著 北汲	通用
卷	十	前一行	朱衣直閤 三	閣 北汲	通用
卷	十	前六行	封清源縣侯邑二百		何其少也○傳三「海安縣伯邑三百户」○傳十四「進爵增邑并前四百户」
卷		行	户 北三汲	仝	
卷	十	前一行	名箸前代 三	著 北汲	通用
傳卷十三	二	前八行	陳已思歸之意 三	巳 汲北	殿誤
卷	三	前七行	若自虧身禮	體 北三汲	
卷	三	前九行	德菅在耳	音 三浦汲北	修

卷	葉	行	宋本	殿本	備註
傳卷十三	四	後六行	情•深宛沛 三汲北	清	殿誤
卷	四	後七行	理切倚門•三	閭 北汲	
卷	四	後八行	雖周生之思•三北汲	全	下句戴禮垂文之字似未稱字形似後補
卷	四	後九行	劬勞萬機•三	幾 汲北	通用
卷	六	後五行	廣求英儁•	雋 北三汲	宋誤○漏修
卷	六	後五行	豈可栖遲東土•	棲 北	
卷	六	後八行	而刻迹丘園 三	削 北汲	宋誤
卷	八	後一行	此頌典裁清拔•三	抜 北汲	宋誤
卷	八	後四行	唯以書籍目娛•	自 南北汲三	修
卷	九	後四行	使燒寄所卧屋•三	室 北汲	
卷	九	後四行	■•獨天時	匪 北汲三	
卷	十	後一行	初濟■•難	艱 北三汲	
卷	十	後一行	泣盡繼之以血 三	有而字 北汲	
卷	十	後九行	主上入•基明德遠被 三	承 北汲	
卷	十二	後一行	爭衡天下 模糊一字 足以		
卷		前後行	屈強	退 三北汲	修

卷	葉	行	宋本	殿本	本備註
傳卷十三	十一	前二行	雄張偏隅 三	長 汲北	
卷	十一	前三行	琳則瓦解冰泮 三	泮 汲北	通用
卷	十一	前三行	投身異城 三	域 汲北	修
卷	十一	前四行	委命闕廷 三	庭 北汲	
卷	十一	前五行	〈東南之衆 三	有擁字 北汲	
卷	十一	後一行	任以爪牙 三北	瓜 汲	殿誤
卷	十一	後二行	罪異畢諶	畢 三北汲	修
卷	十三	前七行	餘善石渠危亡繼及 三	右 北汲南史	殿是○見史記列傳五十五○衲誤
卷	十五	前二行	僮豎	竪 三北汲	通用
卷	十五	後六行	綸時自講大品經 三北汲	文	殿誤
卷	十六	前六行	東名實則蒭芥柱		
卷		行	下之言 三	束 汲北	殿誤
卷	十六	後一行	乃隱乎茅山 三	于 北汲	
卷	十七	前六行	冀郎署之薄宦	官 三北汲	殿誤
傳卷十四	一	前五行	華晈	皎 三北汲	總目晈傳文晈○通用
卷	一	前八行	箸作佐郎 三	著 北汲	

陳書 校勘記

卷	葉	行	宋本	殿本	備註
傳卷十四	一	前一行	仲舉獨坐齋內。三	齋 北汲	通用
卷	一	前七行	山陰令。	令 三北汲	修
卷	二	前八行	到仲舉庸劣小才。	力 汲三北	殿誤
卷	三	前二行	從其凶謀。	恶 三北汲	殿誤〇上文云姦謀顯露
卷	四	前一行	周文育鎮北郭。香		
卷		前　行	嚴寺 南史	鄴 汲三北	殿誤〇見周文育傳〇城北香嚴寺
卷	五	前一行	人。侍醫藥 三甫	入 汲北	修
卷	五	前六行	平日。入省執之 三甫	旦 汲北	修
卷	五	前九行	皎梁代爲尚書■。部		
卷		前　行	令史 三	比 汲北南史	
卷	七	後二行	湘川。地多所出 北三汲	仝	疑當作州〇時皎爲湘州刺史〇七行湘州出杉木舟
卷	九	前七行	鎮採。石 三	采 汲北	
卷	十	前七行	亦無爽於臣節者矣 汲北三	仝	仲舉子高亦以不白之冤被誅〇華皎凶終史臣但稱其忠於文帝豈史臣語有所晚耶〇無爽於臣節史論指仲舉子高非指華皎〇按華皎末節不終史臣之言匪確論也
卷		前　行			
卷		前　行			
卷		前　行			

頁 四八

卷	葉	行	宋本	殿本	備註
傳卷十五	二	前八行	蕭乾字思惕 三	惕	宋誤○北汲均誤作惕
卷	三	前三行	趙他歸順	佗 北汲三	通用
卷	三	前六行	陳郡陽夏人也	夏陽 北三汲	殿誤
卷	三	前六行	祖濬 北汲三	淪	殿誤○字不通用○見南齊書列傳二十四 宋誤
卷	四	前二行	辭以道祖	阻 北三汲	
卷	五	前七行	故領弘善宮衛尉 三甫	政 汲北	修
卷	五	前九行	授金紫光祿大 模糊	夫 三甫汲北	修
卷	六	前三行	朝庭親賢	廷	
卷	六	前四行	大建五年卒 三	太 北汲	宋誤○按太建宣帝年號見紀五
卷	六	前四行	太舟卿 三北	府 南汲	按太舟卿見舊唐書職官志三
卷	七	前一行	除丹陽尹承 三	丞 汲北南史	
卷	七	前一行	奔干荆州	于 三甫汲北	修
卷	八	前一行	非所長嘗〻 三補寫	有聘字 汲北	修
卷	十	前六行	且食訖 三	旦 汲北	修
卷	十	前六行	及踐祚 北三汲	阼	通用
卷	十一	前五行	醫藥	醫 三北汲	

陳書

卷	葉	行	宋本	殿本	備註
傳卷十五	十一	前一行	足爲周且 是旦字	旦 三汲北	
卷	十三	前五行	蕭允字升佐 三	叔 北南史	殿誤○考證弟引字升休見十五葉○汲叔注一作升○
卷		行			
卷	十三	前九行	容止醞 模糊一字	藉 三北汲	修
卷	十三	前九行	轉湘東 模糊一字	王 三北汲	修
卷	十四	前二三行	天嘉三年徵爲太子		
卷		行	庶子三年除稜威將		
卷		行	軍 汲三北	並仝	按三年疊見疑必有訛○南史不載此事○本紀不載
卷	十四	前八行	未嘗以榮利干懷	干 三汲北	已修
卷	十五	後二行	且夕自爲列曹	旦 三北汲	修
卷	十五	後三行	至德三年	三 三北汲	修
卷	十五	前六行	引字升休 三	叔 北南史○汲注一作升	
卷	十六	後三行	與弟彤 汲三	彤 北	
卷	十七	前二行	時殿内朋主吳璡 三	隊 北汲南史	案朋矢藏也朋主亦通
卷	十七	前九行	弟彤 汲	彤 北 三	
卷	十八	後七行	固之蔬菲禪悅	蟬蛻 三北汲	殿誤

校勘記 頁 五〇

陳書 校勘記 頁 五一

卷	葉	行	宋本	殿本	備註
傳卷十五	十八	前九行	上官傳陸	博 三北汲 修	
傳卷十六	三	前三行	官至王府主簿 三汲	簿 北	殿誤
卷	三	後四行	以功拜直閤將軍除員		
卷		行	外散騎常侍假節東徐		
卷		行	州刺史封永安縣侯邑		
卷		行	五百戶 三北	仝	考証一本闕此二十五字○可刪○汲古閣本闕
卷	五	前二行	牙毋陵 三汲北	陳	考証各本誤陵從南史改
卷	五	前四行	每戰□先鋒陷陣 三	輒 汲北	
卷	六	前二行	功績竝箸	著 三汲北	
傳卷十七	一	前四行	王瑒 三	瑒 汲北	殿誤○字書無瑒字○目錄瑒
卷	一	前五行	陸罽 三	繕 北汲	宋誤○目錄繕○傳文繕字士繻○考証一本繻作儒
卷	二	前五行	乃遣長兄君嚴往焉 三	令 北汲	
卷	三	前二行	光大元年除尚書吏		
卷		行	部郎 三北汲	徐	殿誤
卷	三	後二行	都督〻廣等十八州 三	有交字 汲北	宋誤
卷	三	後七行	王瑒字子璵 三	瑒 汲北	殿誤○以下並同

卷	葉	行	宋本	殿本	備註
傳卷十七	四	前後四行	授。場散騎常侍 三	場 汲北	殿誤〇以下並同
卷	四	前後五行	永定。元年 三汲北	九	殿誤〇永定無九年
卷	五	前後二行	父。倕梁御史中丞 三汲	任 北南史	考証一本倕
傳卷十八	一	前後五行	汝南安城人。也 三	無也字 汲北	
卷	一	前後九行	顴汝神情穎。晤 三	晤 北汲	宋誤〇晤同瞻與晤音义各别
卷	一	前後八行	初置司文。義郎 北三汲	仝	可疑〇下文以弘正爲司義侍郎〇傳廿一司文侍郎
卷	二	前後三行	夏啓用。誦	周 三挖 汲北	修
卷	二	前後八行	復興於。遂古 三	邃 北汲	字書不通用
卷	五	前後二行	遅比來。郵 三	郵 北汲	此字疑有訛〇宋誤〇字書云郵字集韵作郵
卷	六	前後二行	若。束脩以上 三北	束 汲	殿誤
卷	八	前後三行	可。箸單衣裙衫故履 三	著 汲北	通用
卷	十	前後二行	授以。麈尾 三汲	塵 北	宋誤
卷	十	前後五行	勿以童。雅相期 三	稚 汲北	修
卷	十	前後九行	請具。束脩 三北	束 汲	殿誤
傳卷十九	二	前後四行	高。宗即位太建元年 三	祖 北汲	殿誤〇太建高宗年號
卷	三	前後五行	及克姑。熟 三	孰 北汲	

卷	葉	行	宋本	殿本	本備註
傳卷十九	四	前後六行	張世貴	責 三補北汲	修
卷	五	前後八行	以場功名素箸	著 北三	
卷	五	前後六行	坐壇場交通抵罪	場 抵 汲北	三場
卷	六	前後一行	及箸詩賦 三	著	
卷	六	前後四行	處巳率易 北汲	己 三	
卷	七	前後二行	天長路遠地久雲多 三	靈 北汲	路遠則不可階而升雲多則地又模糊不可尋天以路屬之地以雲屬之此正儁語靈字不可通
卷		前後 行			
卷	七	前後七行	推鋒却敵 三	摧 北汲	宋誤
傳卷二十	一	前後三行	子儉〈弟孝右 三	有份儀二字 克 汲北	總目作克傳又作克〇宋誤
卷	二	前後五行	今我來聘 北汲三	來我	殿誤
卷	二	前後九行	凝暉照於魯陽	暉 北三汲	宋誤
卷	二	前後七行	地缺東南 三汲	西 北	
卷	三	前後五行	豈徒豳王徒雍 汲	徙 三北 文集	宋誤
卷	三	前後六行	方今越常藐藐	裳 汲北三	
卷	三	前後六行	肅脊 北	春 三汲	修〇但修目，大勿動
卷	三	前後九行	的的宵烽 北汲	烽 三	殿誤

卷	葉	行	宋本	殿本	備註
傳卷二十	三	前後三行	治兵匯派。三	泒 汲北 文集	
卷	四	前後四行	緣道亭卸。	郵 北三汲	宋誤○宋本闌批：此恐是當時郵之別寫
卷	五	前後一行	腰脫一字爲其皂隷	韃 三北汲	補
卷	五	前後二行	遂殘一字狼心	駭 三北汲	補
卷	五	前後三行	政復葅。筋。三筋	葅筋 汲北葅	
卷	五	前後五行	本。朝公王。	主 三汲北	修
卷	五	前後七行	倶沾。霜露 三	霑 北汲	通用
卷	五	前後二行	羣凶梃。爭	挺 三汲北	通用
卷	五	前後六行	使。當屈指能筭 三	便 北汲 文集	宋誤
卷	五	前後七行	江皐。三	臯 北汲	
卷	五	前後八行	春春井井如鬼如神 北	全	全誤○上文身寫江皐家留河朔○井井往來連屬貌見易經○汲三文集均作春春
卷		前後行			
卷	五	前後九行	英俊訏。謨 北三	訐	殿誤○汲誤許
卷	六	前後一行	或焚藁。而奏書	藳 北汲三	殿誤○字書引史記屈原傳作藁从木
卷	六	前後八行	雖著。前經 三	著 汲北	
卷	六	前後一行	爰及偏裨。	裨 北汲三	

卷	葉	行	宋本	殿本	備註
傳卷二十	六	前二行	虞哥。引路	歌 北三汲	
卷	六	前五行	若曰祅。氛永久 三北	祑	殿誤○汲妖
卷	七	後一行	更大。天年 三	夭 北汲	修
卷	七	後六行	吾知其決。北三汲	仝	仝誤○疑當作訣○當從文集作訣○訣作別字解時與
卷		前後　行			決通用
卷	八	前八行	妻子。之情	子 三汲北	修
卷	九	後一行	俱餧 殘一字 壁	墻 三　北	補
卷	九	前三行	若鄙言爲謬。汲	戮 三北	
卷	十	後九行	領大箸。作 後八行同	著 北三汲	
卷	十	前一行	時安成王諱爲司空 三	頊 北汲	
卷	十	前二行	直兵鮑僧。叡 三	叔 北	汲叔注一作僧
卷	十	前八行	領大箸。作	著 三汲北	通用
卷	十一	後三行	王。大尉 三	太 北汲	修
卷	十一	後五行	殘一字 定之時	永 三汲北	修
卷	十一	後六行	府庫 殘一字 虛	空 三北汲	修
卷	十一	前一行	猶言大。屈 三	太 汲北	

卷	葉	行	宋本	殿本	備註
傳卷二十一	十一	前九行	深明鄙 模糊	意 三北汲	補
卷	十二	後一行	高 模糊一字 入輔	宗 三汲北	修
卷	十二	後三行	三。年遷尚書左僕射	二 三北汲	殿誤○按本紀三年遷尚書僕射○四年遷左僕射○與此不符
卷		前行			
卷	十二	前七行	餘竝如故 殘一字 年	七 北汲	修○三作十
卷	十三	前一行	文 殘一字 詞宗	日 三北汲	修
卷	十三	前六行	太建 殘一字	中 三北汲	修
卷	十四	前五行	避 殘一字 江陵	于 三北汲	修
卷	十五	後九行	紀予。高宗嘉之 三	平 汲北	修
卷	十七	前二行	更爲夭。妻	夫 三汲北	修
卷	十七	前五行	除剡令	郯 三汲北	殿誤○郯屬東海郡○剡縣屬會稽○見南史孝克傳
卷		前後行			
卷	十八	前二行	或見人箸。衣冠	著 三北汲	
卷	十八	前三行	或門閤。自然開閉 三汲北	閤	通用
傳卷廿一	三	前三行	鑄暴秦之在。字 汲北	仝	考証疑誤
卷	三	前後一行	面江源。之重沓 北汲三	原	

卷	葉	行	宋本	殿本	備註
傳卷廿一	五	後三行	惟爾道業標峻 三	標 汲北	通用
卷	六	前六行	箸作佐郎 三	著 汲北	
卷	七	前八行	輕其賦役	戰 三北汲	殿誤
卷	八	後一行	領箸作	著 三汲北	
卷	八	後八行	漢書疑事十條 殘	餘 三汲北	修
卷	九	後八行	固辭不免 北汲三	允	
卷	十	後三行	將畢苦壞 三北汲	苦	殿是○苦壞猶言苦塊 宋誤
卷	十一	後七行	興選難才	典 三北汲	宋誤
卷	十一	後九行	察垂涕拜請▨▨東		
卷		後前行	皐賤族	曰臣 北汲三	時寮志在海表故云
卷	十一	前一行	頃東忝竊	來 三北汲	修
卷	十一	前五行	臣雖無識	目 北三汲	殿誤
卷	十一	前五行	頗知審已 北	己 三汲	殿是
卷	十一	前七行	羽儀世胄 汲三北	冑	殿誤
卷	十二	後六行	花練一匹 南史	練 三北汲	
卷	十二	前八行	察勵色驅出 三	厲 北汲	宋誤

陳書

校勘記　　頁

五七

卷	葉	行	宋本	殿本	本備註
傳卷廿一	十三	前後五行	人•勅	又 三汲北	修／
卷	十三	前後二行	土•周於身 三	上 汲北	殿誤
卷	十三	前後八行	宦•途遂至通顯 三	官 北汲	殿誤
卷	十四	前後一行	瞑目之後 三	瞑 汲北	宋誤
卷	十四	前後三行	若非分相干• 北汲三	千	殿誤
卷	十五	前後一行	手筆典裁■◦◦◦古		
卷		前後行	猶難輩匹	精當自 汲三北	
卷	十五	前後二行	且訪對■◦◦◦	甚詳明 北三汲	
卷	十五	前後三行	勅便索本■◦曰我■◦姚		
卷		前後行	察文章	上于 北三汲	
卷	十五	前後一行	我所和弟五十韻• 三	韻 北汲	宋誤
卷	十六	前後九行	史臣先■•禀茲令德	臣 汲三北	
卷	十六	前後一行	王•於九流七略之書	至 三挖汲北	修
卷	十六	前後二行	名山石室之記• 三	紀 汲北	
傳卷廿二	一	前後三行	直閣•将軍 三	閣 汲北	
卷	二	前後二行	時高宗•在周 三	仝	考証云監本袒從本紀改◦ 北汲均誤作祖

卷	葉	行	宋本	殿本	備註
傳卷廿二	二	前七行	今既入奉大宗 三	太 汲北	殿誤○大宗指皇統言
卷	二	後四行	所以闡彰厥德下變		
卷		行	民望 汲三北	仝	疑當作丕
卷	二	後七行	聖性天深 北汲	大 三	殿誤
卷	三	前八行	東揚州 三	揚 南北汲	修
卷	四	前六行	殞于車中時年十八 汲三北	脱此五字	木板脱○石印本不脱
卷	四	後九行	告於太社	大 北三汲	
卷	五	前二行	生知孝敬	坐 北三汲	殿誤
卷	八	前二行	與臨汝侯方慶竝爲		
卷		行	衡州刺史	西 北汲	殿誤○見方慶傳○傳八方慶傳朝廷以勇爲東衡州刺史時西衡州刺史衡陽王伯信
卷		行			
卷	八	後四行	遷干瓜州 三甫	于 北汲	
卷	九	前七行	恃節	持 南北汲三	修
卷	九	前八行	早擅英猷	昔 汲北	殿誤○三誤作旦
卷	九	後二行	叔慎	淑 南北汲三	修
卷	九	後九行	東揚曹二州諸軍事	豐 三北汲南史	

陳書 校勘記 頁 五九

卷	葉	行	宋本	殿本	備註
傳卷廿三	十	前後九行	申婕好	妤 南北汲	修〇三作毋
卷	十一	前後三行	劉姬生臨江王叔顯 三	海 汲北	殿誤〇見本紀六
卷	十二	前後四行	吳郡大守	太 三北汲	修
卷	十三	前後五行	箸白布帽	着 三北汲	通用
卷	十三	前後八行	尚書閤下 三	閣 汲北	通用
卷	十四	前後八行	東楊州刺史	揚 三北汲	
卷	十五	前後四行	南除州諸軍事 三	徐 南北汲	修
卷	十六	前後七行	文軌大同 汲	軌 三北	修
卷	十七	前後六行	淮南王叔彪 三	淮 北汲	宋誤〇漏修
卷	十八	前後六行	字子思高宗第十三		
卷		前後行	子也	五 北汲三	宋誤〇第十三子見十八葉六行
卷	十九	前後一行	克日請降	剋 三北汲	通用〇八行克期而入也
卷	廿一	前後一行	禎明二年入關	三 北三汲	宋誤〇南史不載
卷	廿二	前後六行	臨江王叔顯 三	海 南史北汲	殿誤〇見本紀六
卷	廿四	前後七行	至德三年	二 三北汲	殿誤〇應作三〇見本紀六 納漏修仍認爲三
卷	廿五	前後三行	爲涿令	涿 三汲北	修

卷	葉	行	宋本	殿本	備註
傳卷廿二	廿六	後二行	容貌蕞陋	最 三汲北	殿誤○見左思魏都賦
傳卷廿三	一	前二行	遷大僕卿 北三	仝	仝誤○應作太○汲作太
卷	二	後七行	愧王沈之出賑	沉 北汲	通用○三作沈
卷	三	後八行	呼與爲對 三	對奕 北汲	
卷	四	前七行	清正立已 三	巳 北汲	殿誤
卷	五	後一行	横糊一字服一具	朝 三汲北	修
卷	六	前一行	須更聞奏 汲	吏 北三	殿誤
卷	八	後一行	十二年授散騎常侍	三 北三汲	宋誤○十二年已見上句見本紀五○南史不記年歲
卷	九	後一行	吾欲將乞鄱陽兄弟		
卷		行	聽其報讎 北汲三	我	
卷	九	前七行	衛供侍益謹	持 北汲三	殿誤○見傳廿六供侍益謹○又見殷不害傳
卷	九	前九行	承聖初高祖爲南徐		
卷		行	州刺史	宗 三北汲	殿誤○見本紀一
卷	十	後二行	歷外兵參軍事	脫事字 三汲北	傳卌四武陵王府參軍事○傳廿六除智武府外兵參軍事○又見謝貞傳
卷		行			
卷	十	前八行	將諫之	誅 北汲○三補	修

卷	葉	行	宋本	殿本	備註
傳卷卅四	一	前八行	皆箸聲績	著 三北汲	通用
卷	一	前九行	度支尚書王■	瑒 三北汲	應作瑒見王瑒本傳
卷	三	後八行	乃殘一字司徒	除 三北汲	補
卷	三	後九行	模糊一字建元年	太 三北汲	補
卷	三	前二行	爲殘一字州刺史	江 三汲北	補
卷	三	前六行	又領大箸作 三	著 北汲	通用
卷	四	後二行	箸作如故	著 三汲	通用
卷	四	後三行	詳練譜諜 三北汲	牒	通用見史記
卷	六	後二行	宣成王爲揚州刺史 三	城 汲北	殿是
卷	六	後四行	野王又好丹青善		
卷		行	图寫 三	善 無善图寫三字 汲北	見梁書傳二
卷	六	前七行	領大箸作 三	著 汲北	通用
卷	八	後一行	尋召爲撰史學士 三	無尋字 汲北	
卷	八	後二行	從興皇〈惠朗法師 三	有寺字 汲北	
卷	八	後四行	箸无諍論以詆之 三	無 北汲	无濁修
卷	八	後八行	以比之心	此 南北汲三	修

陳書 校勘記 頁 六二

卷	葉	行	宋本	殿本	備註
傳卷廿四	八	前後四行	鯤鵬之摶運 北三	搏 汲	殿誤○見莊子
卷	八	前後四行	蹇乘決羽 北三汲	蹇	殿是○見前漢叙傳駑蹇之乘○蹇與蹇義各別
卷	九	前後六行	蹤朕不可得	朕 三南北汲	北朕見佩觿集
卷	十	前後五行	呵毀之曲	阿 三北汲	殿誤○呵毀就片面言阿毀兼雙方言 以下文排拂異家則呵字是○專對諍言呵毀爲優
卷		前後行			
卷	十	前後七行	若以偏箸之心 三	著 北汲	殿誤
卷	十	前後四行	奮鋒穎 三汲	鋒 北	殿誤
卷	十一	前後一行	以偏箸爲失言	著 北三汲	殿誤
卷	十一	前後五行	即有取捨	舍 北汲三	
卷	十二	前後二行	此文明箸	著 汲三北	通用
卷	十四	前後四行	浩浩乎堂堂乎	無乎字 三北汲	
卷	十四	前後七行	戲論哉糟粕哉	於 汲北三	殿誤○戲論與糟粕對時○以筆墨脣舌爲戲論無諍明道爲糟粕
卷		前後行			
卷	十五	前後一行	受高驪使金	麗 北三汲	高驪國見本紀三○高驪國遣使獻方物
卷	十五	前後三行	澤被區宇	被 南北汲三	已修
卷	十五	前後九行	高宗崩後主即位 三	祖 北汲	殿誤○前行云太建中

卷	葉	行	宋本	殿本	備註
傳卷廿四	十六	前後一行	競排詆之・三	抵汲北	
卷	十六	前後一行	乃除大市令・北三汲	仝	南史作太
卷	十六	前後七行	祠・七廟而不出三	祀北汲	
卷	十六	前後九行	今壇場・曰慼三	場北汲	
卷	十六	前後三行	俱以才學顯著・三	著北汲	
傳卷廿五	一	前後三行	蕭摩訶く三	有子世廉三字北汲	
卷	一	前後九行	其始・橫糊夫蔡路養	姑南北汲三	修
卷	二	前後八行	胡箸・絳衣三	著北汲	通用
卷	二	前後五行	轉大・僕卿三北	太汲	宋誤
卷	三	前後八行	明徹乃奮鬍・曰三	髯北汲	宋誤○按字書鬍可同髩髮 然則鬍亦可同髯
卷	三	前後二行	願公率・步卒	引汲北	三公率「作火入」
卷	四	前後一行	三公黃閣・三	閤汲北	通用
卷	四	前後二行	開黃閣・門三	閤汲北	
卷	四	前後四行	後主・委摩訶備禦之		
卷		前後行	任・汲三北	王	殿誤
卷	六	前後九行	潁・川陳禹汲三北	潁	

陳書　校勘記　頁　六四

陳書

卷葉	行	宋本	殿本	備註
傳卷廿五 七	前六行	直閣○將軍三	閤汲北	通用
卷 七	前一行	進軍斬譙○並拔之三	蘄北汲	宋誤○見本紀五○汲譙誤作誰
卷 八	前三行	後主令宮人裝束○以		
卷	前後行	侍忠汲三	束北	殿誤
卷 八	前七行	性便佞○三	佞	修○南北汲作佞
卷 九	前五行	後主弗之知也○三	無也字北汲	
卷 九	前六行	國寔○北三汲	無寔字	
卷 九	前六行	二人之罪く三	有也字北汲	
卷 九	前六行	竝戮之於前闕三	無於字北汲	
卷 十	前六行	太建初轉車二字模糊川刺史	豐三汲北	修
卷 十一	前一行	京口採○石俱是要所三	采北汲	
卷 十一	前四行	師老卒墮○三	惰北汲	
卷 十一	前八行	猛將部曲三十○餘人三	千北汲	殿誤○三十餘人當數百人方可爲功○若三千人何能直登紀舟
卷	前後行			
卷 十三	前八行	く元年授通直散騎常		
卷	前後行	侍三汲北	仝	疑有脫訛○疑天康元年事○本紀不著○南史光大元年

校勘記　頁　六五

卷	葉	行	宋本	殿本	備註
傳卷廿五	十四	前後三行	斬其敦城王張元範三	主北汲	宋誤〇本紀三有巴陵城主疑主是〇北齊南史均不著
卷	十五	前後二行	南北兗晉等各く拔三	有自字北汲	
卷	十五	前後五行	率舟師四萬治江夏三	頓北汲	
卷	十六	前後五行	獨標忠勇三北汲	標	通用
卷	十六	前後五行	誠貫皎日	皎三北汲	通用
卷	十六	前後七八行	奔擒虎く遣使致書以		
卷		前後行	招廣達く時屯兵京師三	疊擒虎二字 無以	
卷		前後行		字 疊廣達二字北汲	被招者廣達屯兵者亦廣達〇應疊
卷	十六	前後九行	中大大	夫三北汲	修
卷	十六	前後二行	即日還營三	日北汲	宋本欄批:可作爲日
傳卷廿六	四	前後九行	廢帝嗣立	位三汲北	
卷	五	前後二行	寡婕	嫂北汲	三作嫂
卷	五	前後五行	箸作佐郎三	著汲北	通用
卷	八	前後二行	依僧家尸陁林法三	屍北汲	殿誤〇見西域記
卷	八	前後三行	覆以葦席	茨北三汲	
卷	八	前後三行	所有文集	脫文字三汲北	

卷	葉	行	宋本	殿本	備註
傳卷廿六	十	前七行	乾亦中冷苦癖	癖 南北汲〇三補	修
傳卷廿七	一	八行	賀德基 三総目	旁注「鄭灼」之下	
卷	一	前四行	王殘一字規	元 南北汲三	修
卷	一	後五行	本因古之六學斯則		
卷		行	王教之典籍く先聖所		
卷		行	以明天道 三汲南	以教之典籍斯則	汲同殿注一作以教之典籍斯則
卷		行		有斯則二字 北	
卷	一	前八行	開弟子負 三	置 南北汲	宋誤
卷	二	後二行	唯國學乃經經各置助		
卷		行	教云 三南	無唯國學乃經五字 北	汲同衲但注一本缺此五字
卷	二	後四行	勞之東帛 三	束 北汲	殿誤
卷	三	後四行	自泰清之亂 三北	仝	仝誤〇應作太〇汲作太
卷	四	前七行	羣臣陪薦 北三汲	倍	殿誤
卷	五	後一行	儀體八十餘卷 南三	禮 北汲	修
卷	五	前九行	爲至月未除靈 南	末 北汲三	修
卷	六	前一行	此蓋禮之主也	正 南北汲	宋誤〇三誤作王

卷	葉	行	宋本	殿本	備註
傳卷廿七	七	前後 八行	被•使封藏 三	被 汲北	修
卷	八	前後 八行	身無完者• 三	虜	應作虜○北汲作虜
卷	八	前後 二行	依范泉箸•制 三	著 汲北	通用
卷	九	前後 二行	狀列•其抵隱之意	到 北三汲	殿誤
卷	九	前後 四行	以時刻短促到•罪人不		
卷		前後 行	款 三	致 北汲	宋誤
卷	九	前後 九行	數刻侵夜玉• 糊模	正 南北汲三	已修成五○殿似訛○正字不可通五是少日言多五刻者以日短乃見多耳
卷	九	前後 九行	是少日• 南北汲三	口	
卷	十	前後 二行	獄因無以在夜之•致		
卷		前後 行	誣 三	而 北汲	
卷	十	前後 八行	召衮講論•	諭 三北汲	殿誤
卷	十一	前後 一行	閒•以劇談 北汲	聞 三寫補	殿誤
卷	十一	前後 二行	衮•時•騁•義	時衮說朝聘義 北汲○三寫補	殿誤
卷	十一	前後 四行	少受業于皇偘• 三北汲	侃 南	十二葉前三行作偘
卷	十一	前後 九行	張崔傳三禮於同郡		
卷	十二	前後 行	劉文紹 不提行○三	提行○汲北	

卷	葉	行	宋本	殿本	殿本備註
傳卷廿七	十二	前後六行	沈德威字懷遠 不提行○三	提行○北汲	
卷	十三	前後一行	以講授道俗 三	即 北汲	
卷	十三	前後七行	衣資罄之	乏 北汲○三補	修
卷	十三	前後五行	幼受易于博士褚仲		
卷		前後行	都 北三汲	初	殿誤
卷	十四	前後六行	爲先輩推伏 三	服 北汲	
卷	十五	前後九行	時造玉柄麈尾 北汲三	王	殿誤
卷	十五	前後四行	諮議參軍	諮 北汲	修○三模糊
卷	十五	前後八行	此即是張譏後事禎		疑衍後事二字○南史後事下有陳亡二字
卷		前後行	明三年入隋 汲北三	仝	
卷	十六	前後三行	傍通[illegible]義	異 三北	汲同殿注一作異
卷	十六	前後七行	世祖師位	即 南北汲三	修
卷	十七	前後一行	華晈 三	皎 北汲	通用
卷	十七	前後六行	環林壁水 三	璧 北汲	修
卷	十八	前後五行	夕焰熢火	烽 南北汲三	修
卷	十八	前後七行	裒成之祠 北汲三	仝	仝誤○應作褒○見漢書平帝紀○褒成宣尼公

卷	葉	行	宋本	殿本	備註
傳卷廿七	十九	前後七行	模糊一字德大業	盛 三汲北	修
卷	二十	前後三行	箸治五禮儀一百卷 三	著	通用
卷	二十	前後五行	兼文林箸士 三	著	通用
卷	二十	前後五行	未嘗離左石	右 三汲北	修
卷	廿一	前後八行	東閤祭酒 三	閣 北汲	通用
卷	廿一	前後八行	箸春秋發題辭	著 三汲北	
傳卷廿八	一	前後二行	陆琰弟瑜く 三	有瑜從父兄玠從父弟琛九字 北汲	傳文瑜爲琰之附傳玠琛又附于瑜傳不應有目
卷	二	前後七行	若名位文學晃箸者 三	晃著 汲北	晃字可疑○晃明也
卷	二	前後八行	杜之偉等學既兼		
卷		前後行	文 北汲三	仝	可疑
卷	二	前後六行	撰定儀註 北三	注 汲	宋誤
卷	二	前後九行	以之口掌記室	偉 北三汲	
卷	三	前後三行	尋除揚州議曹從事 三 北汲	仝	本卷議曹此爲第二見似應作儀曹○原批查○未查
卷	三	前後五行	無孔子顔子登哥詞 三	歌 北汲	
卷	四	前後四行	剋日舉哀	克	通用
卷	五	前後五行	江德操字德藻 三南汲	藻 北南史	見疑義○子目藻見考證

卷	葉	行	宋本	殿本	本備註
傳卷廿八	六	前後七行	潁川鄢陵人也 三	無也字 北汲	
卷	六	前後八行	父<彌梁長城令 三	有沙字 汲北	宋誤○南史有沙彌傳
卷		前後行			
卷		前後行			
卷	八	前後四行	所司收僧辯及其子顔		
卷		前後行	<於方山 三汲	有屍字 北	
卷	八	前後七行	以家財營葬具凡七		
卷		前後行	柩 三	無具字 北汲	
卷	十	前後四行	大子愛玩文辭	太 南北汲三	修
卷	十	前後八行	遇有猛獸 三	虎 北汲	
卷	十	前後九行	俄而獸斃 三	虎 北汲	
卷	十一	前後四行	令之苟昇講座 三	升 北汲	
卷	十二	前後四行	執孝經唱士<章 三南	有孝字 北汲	
卷	十二	前後八行	哭而弁兮	突 三汲北	宋誤
卷	十三	前後五行	遷安成王長子寧遠		
卷		前後行	府記室參軍 三	史 北汲	宋誤

卷	葉	行	宋本	殿本	備註
傳卷廿八	十三	後八行	丁母憂去職服闋三	無去職二字北汲	殿誤
卷	十四	前一行	一覽無復遺失三	無復失二字北汲	
卷	十四	前五行	并親製祭文三	無祭字北汲	
卷	十四	前六行	遣使者弔祭三	無者字北汲	
卷	十四	後三行	此故忘言之地論其		
卷		前後行	博綜子史三	全	與第通用
卷	十五	前五行	恒有酸恨三	梗北	汲同殿但注一作恨
卷	十五	前七行	瑜有從父兄玠汲三	無有字北	
卷	十五	前七行	玠字潤玉不提行〇三	提行〇北汲	
卷	十五	後六行	琛字潔玉不提行〇三	提行〇汲北	
卷	十七	前九行	之元始與朝庭有隙三	隙汲北	隙本作隙
卷	十七	後一行	之死仰面歎曰	元三汲北	修
卷	十七	後三行	徐中衛三	除汲北	修
卷	十七	後四行	銳精箸述三	著汲北	通用
卷	十七	後八行	繼年之作無若春秋三	編北汲	宋誤
卷	十八	前後六行	既六師古	云三北汲	修

卷	葉	行	宋本	殿本	備註
傳卷廿八	十八	前一行	如千卷	干 三北汲	修
卷	十八	前九行	如千卷 三	干 汲北	修
卷	廿一	後三行	甚見佳賞 三	嘉 北汲	
卷	廿一	後九行	每自昇座說經 三	升 北汲	
卷	廿一	前八行	撰史箸士 三	著 北汲	通用
卷	廿一	前九行	侍郎箸士 三	著 北汲	通用〇廿四葉又見
卷		行			
卷	廿三	前五行	卓冐履險艱 三	冐 汲北	通用
卷	廿四	後二行	轉雲麾新安王府記		
卷		行	室參軍	仝	汲墨丁
卷	廿四	後三行	撰史箸士 下同〇三	著 下同〇北汲	通用
卷	廿四	後七行	時論咸伏其廉 三	服 北汲	
卷	廿五	前二行	失文學者	夫 三汲北	修
卷	廿五	前九行	江德操字德藻或本		
卷		行	江德藻字德藻疑	無此十五字	
傳卷廿九	三	前五行	迪椄甲保境 三	按 北汲	通用

卷	葉	行	宋本	殿本	備註
傳卷廿八	十三	前後八行	丁母憂去職服闋 三	無去職二字 北汲	殿誤
卷	十四	前後一行	一覽無復遺失 三	無復失二字 北汲	
卷	十四	前後五行	并親製祭文 三	無祭字 北汲	
卷	十四	前後六行	遣使者弔祭 三	無者字 北汲	
卷	十四	前後三行	此故忘言之地論其		
卷		前後行	博綜子史 三	仝	與第通用
卷	十五	前後五行	恒有酸恨 三	梗 北	汲同殿但注一作恨
卷	十五	前後七行	瑜有從父兄玠 汲三	無有字 北	
卷	十五	前後七行	玠字潤玉 不提行〇三	提行〇北汲	
卷	十五	前後六行	琛字潔玉 不提行〇三	提行〇汲北	
卷	十七	前後九行	之元始與朝庭有隙 三	隟 汲北	隙本作隟
卷	十七	前後一行	之死仰而歎曰	元 三汲北	修
卷	十七	前後三行	徐中衛 三	除 汲北	修
卷	十七	前後四行	銳精箸述 三	著 汲北	通用
卷	十七	前後八行	繼年之作無若春秋 三	編 北汲	宋誤
卷	十八	前後六行	旣六師古	云 三北汲	修

卷	葉	行	本	殿本	備註
傳卷廿九	九	前後九行	爲郡箸姓	著 三汲北	
卷	十一	前後七行	領東陽太中 三南	守 北汲	修
卷	十二	前後三行	三邊巳人	乂 南北汲三	修
卷	十二	前後三行	所宜清珍	殄 南北汲三	修
卷	十三	前後二行	寶應自海道寇臨		
卷		前後行	安永嘉 北三汲	仝	考異云當作海
卷	十三	前後三行	多致王帛子女 三	玉 南北汲	修
卷	十三	前後八行	時東西嶺路 北三汲	道	
卷	十四	前後五行	寶應遣兵助之 三	脱兵字 北汲	殿誤
卷	十四	前後二行	遼東叛換 三北汲	渙	殿誤○見前漢書
卷	十四	前後八行	自爲渠帥	渠 北汲三	汲帥誤作師
卷	十四	前後九行	爰肆蜂豺 汲	蜂 北三	
卷	十六	前後二行	⿰車蘭方壺而建旗 三北汲	仝	應作轥
卷	十六	前後六行	長逝遺誠 北汲三	仝	疑誠○遺誠作遺表解○下文征南薨時
卷	十七	前後四行	前豫寧太守任蠻奴	章 北汲	殿誤○見任忠傳○三誤作單
卷	十七	前後八行	桉欒揚旌 三	按 北汲	通用

卷	葉	行	本	殿本	備註
傳卷廿九	十七	前九行	前宣威太守錢肅 三北汲	仝	考異云當作城
卷	十七	後七行	非止肆眚乃加賞擢 三	青仍 北汲	殿青誤
卷	十七	後九行	趑趄	趦 三汲北	通用
卷	十八	前八行	郡邑巖穴之長 三	穴 北汲	宋誤
卷	十九	前二行	陳寶應傳此皆明恥教		
卷		前後行	戰濡須鞠旅恐有誤	無此十七字	
卷	十九	前三行	潼州刺史李睹或本作		
卷		前後行	季睹或本作李睹疑	無此十七字	
傳卷三十	一	前九行	疆梁 三北	彊 汲	修
卷	二	後七行	事務多闕治省閣執		
卷		前後行	事之司 三	涉 北	汲破脫
卷	三	後五行	仍加鞭捶	棰 三北汲	通用
卷	三	後八行	翌日且 三	旦 北汲	修
卷	四	前六行	呼其田士	甲 三汲北	修
卷	四	後二行	給報之口	曰 三汲北	修
卷	四	前後八行	叔陵馳騎拔刃追之 三	刀 北汲	

卷	葉	行	本	殿本	備註
傳卷三十	五	前七行	汗豬其室	汙三汲北	修
卷	五	前九行	凶逆梟鏡三	獍汲北	
卷	五	前九行	時從什滅三	珍北	宋誤〇什疑仆之訛〇汲同殿注一作釋
卷	六	前四行	邑二千戶三北汲	石	殿誤〇木板本石印本作戸〇木板抄配誤作石
卷	七	前四行	酣醉以後	已三汲北	通用
卷	七	前四行	重加櫝楚	檚	三作檚〇字書檚楚之俗字
卷	七	前五行	都督揚南徐東揚南		
卷		前後行	豫四州諸軍事	陽北三汲	殿誤
卷	七	前七行	固又善謿謔	嘲汲三	通用
卷	八	前七行	尸於東昌館門三	屍北汲	殿誤
卷	八	前六行	轘磔形骸三汲	轅北	殿誤
卷	九	前二行	始興王傳王飛禽除伏		
卷		前後行	波將軍或本作仗後將		
卷		前後行	軍疑	無此二十字	
卷		前後行			
卷		前後行			

卷	葉	行	宋本	殿本	備註
紀卷一	十三	前一行	乘車。舸脫走三	單汲	修
卷	廿八	後二行	旅。弓十旅。矢千	旅汲	修
卷二	三	前五行	濟河沈。壁	沈汲	修
卷	十三	前四行	罝城柵。	栅汲	修
卷		前六行	兼太宰中書合。	令汲	
卷三	一	後六行	時亶城刼師。補	師汲	
卷四	六	後八行	稱兵上統。	流汲	修
卷五	三	前三行	大。建元年	太汲	修
卷五	六	後二行	須違。相檢示	通汲	通字可〇按：衲作遞
卷	廿六	後八行	戌。寅	戌汲	
傳卷一	四	後八行	出為<麾將軍	雲汲	修
卷十七	二	後九行	任。梁為尚書金部郎	仕汲	修
卷十八	五	前八行	不免秦嶽。	獄汲	修
卷十八	十	前二行	時謝岥。何安在坐	岐汲	修
卷十九	四	前八行	目。夜攻逼	日汲	修
卷二十	五	後六行	山川刑。勢	形汲	修

卷	葉	行	宋本	殿本	備註
傳卷二十	十三	前五行後	乃詔將作為造太齊。	齋 汲	未批修，已修「大齋」
卷	十五	前三行後	懼徐。沮其象	儉 汲	徐可通
卷廿一	五	前五行後	具贍。允塞	瞻 汲	修
卷	七	前七行後	聞見日慱。	博 汲	修○修作慱
卷	十	前八行後	未膺力。筆	刀 汲	修
卷	十五	前四行後	徐段。名高一代	陵 汲	修
卷廿三	六	前八行後	後王。恐其為變	主 汲	修
卷		前行後			
目錄卷	三	前五行後	南康愍王曇朗〈方泰方慶	有子字	
卷	五	前六行後	徐陵〈弟孝克	有子儉份儀四字	
卷	八	前一行後	陸琰弟瑜〈	有瑜从父兄玠从父弟琮九字	
紀卷一	三	前六行後	今若奪人沮。象	沮	
卷	十三	前七行後	庫狄伏連	厙	修
傳卷二	十八	前一行後	井。問省中事	并	
卷三	三	前二行後	齊遺慕容恃德瑱于夏首	鎮	未批修，已修
卷六	一	前四行後	徐度于。敬成	子	未批修，已修

卷	葉	行	宋本	殿本	宋本備註
傳 卷六	二	前 後六行	時年五十日。	四	未批修，已修
卷	五	前 後六行	以父憂云。職	去	未批修，已修
卷八	二	前 後一行	乘流縱釁。	舋	
卷十五	四	前九 後行	豫州大中正。	正	未批修，已修
卷二十	六	前一 後行	朝廷之十。	士	未批修，已修
卷		前 後行			
卷		前 後行			
卷		前 後行			
卷		前 後行			
卷		前 後行			
卷		前 後行			
卷		前 後行			
卷		前 後行			
卷		前 後行			
卷		前 後行			
卷		前 後行			